旅スケッチ2

ラオス

歴史を超える笑顔の中で

文・写真
田口洋美

ラオス人民民主共和国、シェンクワン県ゲオバト村。赤ん坊をおんぶして鍬をふるう女の子が、髪の毛を振り乱して大地と格闘していた。村では来る日も来る日も、野良で働く子供たちに出会った。実にたくましい。そして、明るい。

モン族の村、ゲオバド

二〇〇六年三月。僕はラオス人民民主共和国の首都、ビエンチャンから北東へ一五〇キロほど離れた山岳地帯、シェンクワン県のゲオバト村にいた。

ゲオバトはモン族という少数民族（中国で言うミャオ族）の村であった。私がモン族の村を訪ねることになったのは、長年、国内やロシア連邦の極東、東シベリア地域で行ってきた狩猟研究を東南アジアで同じように展開してみたいと考えていたからだった。案内してくれたのは「ラオス山の子ども文庫基金」を立ち上げて少数民族の子供たちを支援し続けている安井清子さんとラオス文化研究所のソムトン・ロブリアヤ氏だった。

村人の集まる水場。女や子供たちの声がたえない

足踏み式の石うす。トウモロコシをひいていた

焼畑地。
新たに拓かれた

ソムトン氏は、シェンクワンから国道七号線に沿ってノンヘイト(Nong Haet)へ向かう車中で、ベトナム戦争から北爆、そしてアメリカ軍が撤退していった一九七〇年代を振り返り、強い口調でいった。

「一九六七年、米軍のラオス爆撃で、私は父を亡くしました。その後、私は母とともにベトナムに逃れて流転の日々をすごしました。そして、戦争の終結と同時にラオスに戻ってきたのです。

私はアメリカが嫌いです! 父を失ったということもありますが、私の故郷を破壊したからです。御免なさい。貴方は日本人ですね。私はコミュニストですよ!」

開け放った窓から、太陽熱を多分に含んだ乾いた風が吹き込んできた。私はソムトン氏の話を聞きながらビエンチャンからシェンクワンへと向かう機内から見た、対照的な風景を思い出していた。それは、美しい水田と畑が広がる一見長閑《のどか》な大地の所々に穿《うが》たれた生々しい爆弾穴であった。ベトナム戦争終結から三〇年を経ても、大地にその傷跡が残されていることに、改めて戦争の恐ろしさとすさまじさを感じずにはいられなかった。

私たちは、標高一四二〇メートルあまりのノンヘイトの宿から毎日ゲオバト村に通うことになった。そして、ソムトン氏が村の知り合いから借りてきたバイクの後部座席に乗り、毎日のように一〇キロあまりの山の凸凹《でこぼこ》道を往き来することになった。

ゲオバト村は戸数八二戸、村の中には小中学校が一つあり、人口は五〇〇人あまり。子供たちがとても多い。ラオス山間部の村の多くがそうであるように、ゲオバトも農耕の村であった。

ノンヘイトからゲオバト村。来る日も来る日も、野良で働く子供たちに出会った。

実にたくましい。そして明るい。

赤ん坊をおんぶして鍬《くわ》をふるう女の子が、髪の毛を振り乱して大地と格闘していた。それは正に格闘である。荒れた雑草だらけの土地を起こし、畑に拓《ひら》く。

でも、子供たちは辛いなどという言葉を一言もいわない。

飛行機の窓から、いたる所に爆弾穴が見えた

水牛で畑をならす

「おじさん！　ご飯食べた。夜、うちに食べに来る」。実に楽しそうに声をかける。

母親と子供たちが、並んで鍬をふるっている。水牛で畑を起こしている。大人も子供も、笑顔がまぶしいほどに輝いている。

私も子供の頃に父と二人で畑の片隅にあった古木の根を抜根するために格闘したことがあった。その木の根のことも、場所も、今も忘れることはない。子供の頃に耕した場所はその子供が成長しても記憶は消えない。土地の記憶、土地への思いは、こうして一鍬、一鍬、ふるううちに体の中に染み込み、また彼らの汗を土が吸い取り、人と土地の関係をより深く結びつけてゆくに違いない。本来、ふるさとというものは、そう

裸足で子供たちが鍬をふるう

家畜の世話は子供たちの仕事

水汲みに向かう少女。
「おじさん、ご飯食べた？」

した労働の繰り返しによる土地との分かちがたい歴史的な関係の所産なのだ。それは正に身体化された場所。理屈で補えるものではない。

ラオスの山の民モン族は、今でこそ定住しているのだが、かつては山を転々と移りながら焼畑をし、狩猟や漁撈《ぎょろう》をして暮らしを立ててきた移動民であった。

私たちの国は、経済成長の中で何かを忘れてきてしまった。ラオスの人々が持つ、この何気ない笑顔、真摯《しんし》で凛々《りり》しいほどの素顔の中に、歴史を乗り越えようとする人間の力を見たように思う。

ゲオバト村で私が改めて気付かされ、確認したのは、そのことであった。

子供たちの笑顔に出会うたび
元気をもらった

東北学

TOHOKUGAKU

時空を駆ける、フィールドワーク

02 2013 Summer

東北芸術工科大学
東北文化研究センター

東北学 TOHOKUGAKU 02

目次

ドキュメンタリーをつくるということ

アートディレクション…中山ダイスケ
カバーデザイン…安孫子主弥／小谷拓矢
イラストレーション…安孫子主弥

巻頭鼎談

「映像」が持つ可能性について
——現実とどう向き合っていくか

鎌仲ひとみ×根岸吉太郎×田口洋美

田口　今日、お二人にお話を伺いたいと思っているのは、一つは映像が持っている可能性ということについてです。この「可能性」というのは、どういうことかと言うと、社会変革的な事柄に対して、映像はどうかかわっていくことができるのかということです。そして、その映像そのものが、そうした場に居る人たちにどういう影響を与えることができるのか。

今回は劇映画の根岸吉太郎監督（東北芸術工科大学学長）と映像作家の鎌仲ひとみさんにお越しいただいていますので、劇映画とドキュメンタリー側からの密度の濃いお話をたくさん伺えるのではないかと期待しております。

「パブリック」不在という日本の状況

田口　ドキュメンタリーということで言えば、ちょうど、今、NHKのBS1で、オリバー・ストーン監督が製作したフィルムが全一〇回のシリーズで放映されています。『もう一つのアメリカ史　テレビドキュメンタリー』というタイトルです。

私はその中の何本かを観たんですが、一つはトルーマンによって長崎・広島の原爆投下が、どのように決定されていったのかというのがテーマでした。

鎌仲　アメリカなどでは、パブリックドメイン（社会全体の公共財産：著作物などで著作者の権利が放棄され、あるいは消失し一般公衆に属する状態）やアーカイブといったものを、とても安く使用することができますね。向こうの作家さんたちはそれをうまく活用してアーカイブ・ドキュメンタリーを作っています。アーカイブの使い方がとても上手いんです。ところが日本にはそうしたアーカイブがありません。それこそＮＨＫが、何十年も撮ってきたものを自分たちだけがためこんで、そこから引っ張り出してきては、時おりアーカイブ・ドキュメンタリー的なことをやるというのが現状です。

田口　うん、『アトミック・カフェ（The Atomic Cafe）』（ケヴィン・ラファティ、ジェーン・ローダー、ピアース・ラファティ監督・製作／一九八二年、米国）なんていうのはそういう映画ですね。

鎌仲　あれはアーカイブ・ドキュメンタリーですよね。日本のアーカイブ・ドキュメンタリーの最高傑作は、土本典昭さん（一九二八〜二〇〇八年。代表作に『水俣《みなまた》――患者さんとその世界』『不知火海《しらぬいかい》』など）の『原発切抜帖』（一九八二年）だと思うのですが、この国のパブ

鎌仲ひとみ（かまなか・ひとみ）
映像作家。早稲田大学卒業と同時にドキュメンタリー映画製作の現場へ。1990年『スエチャおじさん』を監督。カナダ国立映画製作所を経て93年ニューヨークのペーパータイガーに参加。95年帰国、以来フリーでTV、映画の監督をつとめる。2003年『ヒバクシャ――世界の終わりに』を監督、核をめぐる三部作となる『六ヶ所村ラプソディー』（2006年）、『ミツバチの羽音と地球の回転』（2010年）を次々に発表。2011年度全国映連賞・監督賞受賞。最新作『小さき声のカノン――選択する人々』を2014年秋公開の予定。

リックドメインは新聞にしかありません。アメリカなんかでは、モーションピクチャーで、現像代を支払えば、その実費だけで著作権フリーで使わせてくれます。もう情報の開かれ方というものが、日本とアメリカではとても違うんですね。今回の原発事故だって、どれだけ情報が公開されているのか。

根岸　映像的に開かれていることと事実の開かれ方とは、また異なるのでしょうが、しかし本当に日本には「パブリック」というものがないですね。もちろん映像に関してもです。

根岸吉太郎（ねぎし・きちたろう）
東北芸術工科大学学長。映画監督。
1950 年東京都生まれ。早稲田大学卒業、1974 年日活入社。1978 年に監督デビューし、1981 年 ATG 製作の『遠雷』でブルーリボン賞監督賞と芸術選奨新人賞受賞。『探偵物語』、『ウホッホ探検隊』で評価を高め、2005 年の『雪に願うこと』で芸術選奨文部科学大臣賞、第 18 回東京国際映画祭四部門受賞。2009 年の『ヴィヨンの妻〜桜桃とタンポポ〜』でモントリオール世界映画祭最優秀監督賞受賞。2010 年紫綬褒章受章。

鎌仲　そうです、ないですね。そういったものを、何とか作っていけたらいいなとは思うのですが。

田口　たしか日本にも、いくつかそういったライブラリーがあったようにも思いますが。

根岸　そうですか。しかしどう考えても、現在のところ一番それらを所有しているのはＮＨＫでしょうね。あとは記録映画ということになりますか。

鎌仲　それに関係することで言えば、例えば、すでにいくつかの現像所も撤退すると言っているし、フィルムを現像する場所がなくなってきつつありますよね。

そうなると、このまま行けば今まで日本で記録されてきた膨大な数のフィルムが腐っていってしまうわけですよ。ということは、それらをデジタル化してフィルム・アーカイブを作るという、一つのチャンスでもあるんですね。個人が一時間のフィルムをデジタル化しようとすると一〇〇万円近い費用がかかってしまうのですが、こうした風前のともしびである在野のフィルム作品に対して、例えば国が「費用は負担しますので、それらを全部デジタライズしましょう」と動けば、みんなそこへ持っていって、そしてパブリックのドメインにしてしまう。こうなれば相当いいなと思うのですが、夢のような話なのかもしれません。

田口　その背景には、映画産業というか映画という表現媒体の国民からの支持の低下ということがあるのでしょうか。

鎌仲　日本人のライフスタイルの中で、わざわざ映画館に行って映画を観るというのは、とっくに廃《すた》れてしまっているのではないかと思います。ですから、映画を作るということの意味が、ちょっと変わってきているような気がします。私の場合、そもそもドキュメンタリーは映画館ではかけてもらえないので、そのようなことは最初から考えず、みんなが勝手に映写機を回して上映会をして、小さな一日限りの映画館を自分の地域につくるという運動を展開していくことにしたんです。映画の上映を素人がやるというわけですね。

自分たちで上映するというスタイル

鎌仲　従来は、映画センターといったものが各地にあって、そこの人たちが機材を持って出向いていき、きちんとした映写技師がフィルムを回すというものでした。いわば地域での上映を独占していたんですね。文部省推薦といったような映画を持っていって、映写機と技師のセットで上映会をする——そういう形でしか、地域では上映されていなかったわけです。ですから、公民館などの場所で上映会を草の根式にやり始めたときには、映画センターの人たちから「何でそんなことするんだ」って、すごく怒られましたよ。素人がやったって、ろくな上映にはならないし、フィルムだってボロボロになってしまう、と。たしかに、本当にボロボロになって返ってくるんですよね。ツメを掛け

自らの体験を通して、核兵器の非人道性、低線量被曝の恐ろしさを訴える肥田舜太郎医師（『ヒバクシャ――世界の終わりに』より）

るところとかが、もうボロボロに。

でも私は、それでもいいや、と思いました。そうしなければ伝えたいことは広がっていかないし、開かれていかないな、と思ったんです。最初は『ヒバクシャ』という16ミリの作品でしたね。そうしていたら、映画の上映を自分たちだけで行えるということに関心を持ってくれる人たちやグループがどんどん増えていったんです。

根岸　それ以前のドキュメンタリーの上映形式というのは、どうなっていたんですか。

鎌仲　そうですね、例えば土本さんの場合、「不知火キャラバン」と称して、映写機やフィルムなど、自分たちが全部担いでいって、不知火海の各村を回りながら上映していくということをやったりしていましたね。小川紳介さん（ドキュメンタリー映画監督、一九三五〜九二年。代表作に『三里塚《さんりづか》・第二砦《とりで》の人々』『ニッポン国古屋敷《ふるやしき》村』など）たちも、そういった「キャラバン」をやっていました。「映像の可能性」ということ以前に、やはり映画が観る者に届くか届かないかということは、撮っている側からするととても重要ですよね。まずは観てもらわないと、話にならないんだから。

根岸　おそらく、ドキュメンタリーを作るということにおいては、もっと切実だと思うんです。劇映画の場合は、いろんな問題ももちろんあるけれども、基本的には、先ほどの話ではないけれど、映画館にいかに来てもらうかということが第一義でしょう。

ドキュメンタリーの人たちに、以前はどうでしたかと聞いてみたのですが、どういうものを観せたいか、誰に観せたいのか、どういう気持ちで作ったかといったことと、その上映形態が、どうもかなり一致していたようなんですね。

　それはもちろん、時代が要請した映画が作られていたということでしょう。そして、その上映形態が自ずと決まっていくというわけです。今、鎌仲さんが、「私はこの映画をこういう気持ちで作って、そしてこれをこういう人たちに観せたいんだ」と言うとき、それを誰かに任せるとか、自分で担いでいくとかいったことだけではなくて、上映するグループ、集団を形成していくということと、その映画の中で訴えていることが、かなり一致しているんじゃないかという気がしますね。

鎌仲　そうですね、重なっていますね。

田口　僕が記憶しているのは一九七〇年代の後半ですが、そのころは、ドキュメンタリーというものは、劇場などでかかるというよりも、自分たちでお金を出し合って借りてくるものだと思っていました。フィルムライブラリーなどを回って、そこから借りてきたり、

田口洋美（たぐち・ひろみ）
東北芸術工科大学歴史遺産学科教授、東北文化研究センター所長。専攻は人類学、環境学。
1957年茨城県生まれ。明治大学文学部卒業。東京大学大学院研究科博士課程修了（博士：環境学）。狩猟文化研究所代表。
単著に『越後三面山人記——マタギの自然観に習う』（農山漁村文化協会、1992年／2001年改訂）、『マタギ——森と狩人の記録』（慶友社、1994年）、共著に『縄文式生活構造』安斎正人編（同成社、1998年）、『ロシア狩猟文化誌』佐藤宏之編（慶友社、1998年）、『現代民族誌の地平　2権力』赤坂憲雄編（朝倉書店、2004年）など多数。

鎌仲ひとみ監督作品紹介

ヒバクシャ——世界の終わりに

監督／鎌仲ひとみ
製作・配給・発売／グループ現代
2003年／116分
助成／国際交流基金・芸術文化振興基金
後援／財団法人日本ユニセフ協会
湾岸戦争で使われた劣化ウラン弾により、イラクではがんや白血病にたおれる子どもたちが急増した。一方、アメリカのハンフォードには大量のプルトニウム製造による高濃度の核廃棄物の汚染に50年以上さらされてきた住民がいた。核の犠牲者、汚染の広がりを前に、医師・肥田舜太郎は、もはや日本人のみが唯一のヒバクシャではないと言う。

六ヶ所村ラプソディー

監督／鎌仲ひとみ
製作・配給・発売／グループ現代
2006年／119分
支援／文化庁
2004年、六ヶ所村に原発で使った燃料からプルトニウムを取り出す再処理工場が稼動に向けて最終段階に入った。工場の風下でチューリップを栽培し、12年に及び再処理計画に反対してきた菊川慶子さん。近隣の農業者らも反対の声をあげる。一方、同じ村に住む多数派である推進派の人間としての暮らしを伴った声も聞こえてくる。それぞれの選択と原子力政策の矛盾が交錯する。

ミツバチの羽音と地球の回転

監督／鎌仲ひとみ
製作・配給・発売／グループ現代
2010年／135分
原発がいいとか悪いとかの二項対立を乗り越えてゆく方法、実践をスウェーデンで取材してみようと考えた。しかし、スウェーデンだけでは足りない。祝島で山戸孝くんと出会った。田ノ浦で進められる原発計画と向き合う島で未来のエネルギーを渇望する青年。彼がどう生きていこうとしているのか島の命運とともに寄り添って撮影することにした。

内部被ばくを生き抜く

監督／鎌仲ひとみ
製作・配給・発売／環境テレビトラスト
2012年／80分
「内部被ばく」に関しては、低線量であれば安全、いやどんなに微量でも放射性物質は危険まで、異説、異論ばかり。被ばくに関する医療活動をしてきた4人の医師にこれからどう対処すべきかを訊（き）いた。映画には、3.11後も福島・二本松で暮らすことにした一家も登場する。どうやったらこの「内部被ばくの時代」を私たちは生き抜けるのか——。

土本さんのところに電話をして借りたり。結局、小川さんのところに電話して、「取りに来るなら貸してやるよ」と言われて借りに行ったりして。

鎌仲　私もそれで借りましたね。

田口　二、三〇人が集まって、一人一〇〇〇円ずつ出し合って、みんなで一緒に観ようと――私が映画学校にいたときは、そうやって観ていました。

だから、僕らが生のドキュメンタリーを観たというのは映画学校に行ってからですね。それまではテレビ番組の延長というイメージですよ。ドキュメンタリーというと何かＮＨＫの『新日本紀行』（一九六三～八二年放映、制作本数七九四本）みたいな撮り方をしているのではないかと。そう、結局、テレビ局が作るドキュメンタリー番組という感じなんですね。

鎌仲　限定された都会の街にしか映画館がないわけで、みんな、そんな遠くにある映画館に行ってまでドキュメンタリー観ないでしょ。私は映画館のない町で育ったので、テレビでしかドキュメンタリーを観たことがなかったんです。その中で、「これはすごく面白い、もっと観たい」と思ったのが、亡くなられた牛山純一さん（映像プロデューサー、映像作家、一九三〇～九七年。民放初のテレビ・ドキュメンタリーシリーズ『ノンフィクション劇場』『ベトナム海兵大隊戦記第1部』『すばらしい世界旅行』『知られざる世界』など数多くの名番組を企画、プロデュース）のドキュメンタリーでした。今でもよく覚えています。

牛山さんって、とてもキテレツな格好をしていましたよね。イギリスの探検家のイメージ、というか、ハイソックスを履いて、短パンで、という感じ。そういう格好をして、韓国の農村地帯をカメラと一緒に歩いていくんです。田んぼの中を歩いていて「あ、あそこに村があります」とか言ってそこに行くと、村人たちがあちこちから集まってくる。「この村で日本の軍隊に引っ張っていかれた人とかいませんか」と訊《たず》ねると、一人の女性が泣きながら出てきて、「私の夫が日本軍に連れていかれて、消息不明なんです。生きているかどうか。死ぬ前に一度でいいから会いたい」と言ったんです。そしたら牛山さんは、「うーん」と唸《うな》って「よし、おれが探してきてやる」と言う。

それで牛山さん、いろいろな情報を手掛かりに探して、本当に見つけちゃうんです。その人はサハリンにいて、すでにそこで妻をめとってしまっていた。牛山さんがすごいのは、そこで韓国で撮ってきた映像を見せるんです。それを見た元夫は、「あ、これは私の妻だ、なつかしい」と泣いてしまう。そこでも牛山さんは、「だけどここに妻がいるから帰れないんだ」と言う元夫の姿を撮る。そしてそれを再び韓国の村に戻って奥さんに見せるということをやっていました。これはすごいなと思いましたね。まだ私が小学生のときですが、こんなに面白いことをしているんだ、と。

根岸　とても明確な記憶だね、その映像に対して。

鎌仲　牛山さんが作っていたそうした一連のものは、どれもとても面白かったです。

田口　そう、あの時代、牛山純一というのは、僕らにとっては一種のスターでしたね。でも、たしかにドキュメンタリーは上映が大変だというのはありますが、劇映画だって大変です。私は、柳町光男さん（映画監督）の『十九歳の地図』（一九七九年）の上映運動を手伝ったりしましたが、あのころだって、劇映画であってもかけられるところは少なかった。

根岸　結局、インディペンデントという点では同じですからね。ドキュメンタリーでも劇映画でも。

鎌仲　東宝とか松竹などとは違うわけですからね。

根岸　だから、それぞれ自分たちで開拓しなきゃいけないし、その方法も基本的には同じでしょう。待っていて来る者に投げていくか、自分のほうから出向いていくか。それは昔も今もまったく同じですよ。ただ、これからは直接届けるという方法になっていくんじゃないかな、自分たちが作ったものを。そう、第一次産業製品と一緒ですよ。

田口　マニュファクチャリング。

根岸　うん。作ったらそれを見届ける。

鎌仲　私は、劇映画だったら、世界市場に出せるようなものであれば、製作費など、回収しやすいかもしれないと思うけれど、その点で言えば、日本の映画市場はもうすでに、かなりHit the wall（限界）のような感じになっている気がします。

例えば今回起きた福島原発事故ですが、日本の作家たちがどういうふうにそれをドキュメンタリーにするのか、あるいは作品という形に昇華させた劇映画にす

フランスで再処理された高レベル廃棄物体の受け入れ　キャスクを点検する作業員（『六ヶ所村ラプソディー』より）

るのか、世界中からかなり期待されているところがあるんじゃないかと思うんです。高度経済成長を経て、今、放射能が降り注ぐ日本という国で、どのようなストーリーが進行しているのか、といったような。

私は韓国の映画人たちと仲が良いのですが、彼らは、もちろん同じ韓国人に映画を観せようという意識はありますが、それだけでは絶対に勝てないと思っているから、最終的には世界市場に売れる作品を目指していますね。

何をなすべきかは、観る者が考える

田口　今で言えば原発の問題もありますが、例えば僕が、鎌仲さんの『六ヶ所村ラプソディー』を観たときに、最初に感じたことがあります。私はある時期、ドキュメンタリーを観なくなっていたんですが、以前観ていた土本さんや小川さんのドキュメンタリーでは、住民運動的なものであれば赤い旗が振られているのが映っていたわけです。映画の中に必ず赤い旗があった。しかし鎌仲さんの映画にはそれがなかった。要するに、私がしばらくドキュメンタリーから離れている間に、日本の反対運動というのは赤旗が振られるものではなくなり、地域住民の運動のような生《なま》なあり方に変わっていた。それはある意味でショックでした。

鎌仲　というか、もう旗を振ったり立てたりする人がいないんですね。彼らに「なぜ立てないんですか」というようなことを訊ねると、「自分たちはさんざんやって、それでは駄目だということが分かってしまったからね。いまさら旗なんか立てたって駄目だよ」みたいなことを言うんです。それよりも何よりも、日本人の心の中に、社会の中で一人ひとりの個がどうやって生きていくのかが問題だという。

例えば、六ヶ所村に生きる人々が、あるとき、再処理工場とか核燃料サイクルとか、そういったものをいきなり押し付けられる。それに抵抗するのかしないのかということについては、今の産業界とか地域を担っている世代、三〇代、四〇代の人たちにしてみれば、「そんなの逆らったって無駄だよ」というのが、もう当たり前の感覚なんです。

だからもうどんどん呑み込まれていくし、その呑み込まれていくありさまは、一種の精神的な荒野と言えるものです。でもその荒野は、ものすごくピカピカした、現代的で便利な、昔と比べるととてもよい生活環境に覆《おお》われているので、問題というのは埋没して見えにくくなっている。つまり生活が成り立つんです。一定の暮らしが維持できるということで、すべての問題がなし崩し的になっているわけです。

そのような中で、それでは、一体どのようなドキュメンタリーが可能なのかというのが、『六ヶ所村』を作るときの私の課題だったんです。まさに「いまさら何しに来たの？」みたいな感じだったわけですから。たしかに以前は、六〇年、七〇年安保などがあったでしょうし、日本の辺境では八〇年代に、さまざまな社会破壊活動というか、地域破壊活動というのが、組織的に権力によって行使されていました。それに対して、人々はあらがったわけですが、そのあらがう力そのものが、ものすごく弱かったと思うんです。弱かったし、それに上手く権力の側に回った人たちも多かった。

でも、そうやって食われていった人たちが、いかにして食われたのかという、そこはきちんと撮っておいたほうがいいかなと思ったんですね。だから、みんな私の映画を観ると、ちょっとモヤモヤすると思います。カタルシスがないんですね。だって、そこでワーッとはやらないし、何か問題が解決するわけでもない。だからスカッとしない。でもポイントはそこなんです。私にとっては、問題をまず認識する、その問題はそんなに単純ではないし、自分の中にだってあるんだ、ということを認識してもらうということがとても大事なことなんです。結局、自分が問われるということ、みんな自分で自分を問うてくれ、ということです。そうして私が体験したことをみんなに体験してもらいたいんです。そうでなければ絶対に動かないんです。

それで、「それでは何をしたらいいですか？」となる。みんなすぐに手を挙げて、「たしかにこれは問題であることが分かりました。再処理、大問題、放射能汚染、大問題。それでは私は何をしたらいいですか？」ということを聞いてきます。それに対して私が言うのはこうです。「自分で考えなさい」と。「自分で考えてなんぼじゃないですかね」と言うわけです。

そうしたら、二年目からは、いろんなムーブメントが具体的な形で起こり始めました。『六ヶ所村ラプソディー』の場合、みんながいろいろなことを自発的にやり始めたんです。

根岸　それは面白いですよね。この間、ビデオで観ていたけど、みんながあの映画を自分たちのものとして上映しようとしているという、そういうのはとても面白い現象だと感じました。

田口　その後、鎌仲さんは『ミツバチの羽音と地球の回転』で祝島《いわいしま》（山口県熊毛《くまげ》郡上関《かみのせき》町）を撮りますよね。

鎌仲　はい。実はそのとき、映像の可能性が一つ開けたなと思うことがあったんです。それは、私が『ミツバチ』を作った後、渋谷のユーロスペースで劇場公開が始まったのが二月一九日だったんですが、そうしたら翌日二〇日の早朝から、中国電力（以下、中電）が埋立てを強行するという情報が入ってきたんです。数百人規模の作業員と警備員を出して、一気に埋め立てるというのです。「公開初日なのに、いったい何ということだ」と思いましたね。

それでその晩、すぐに夜行に飛び乗って、どうにか田ノ浦まで行きました。そうしたら、夜中の二時頃にすでに浜は占拠されていて、島の人たちや全国から駆けつけてきた支援者たちと中電側が睨《にら》み合っていて、それこそワーッという感じだったんです。

そこには、普段は自分探しをしているような若者たちも全国から集まってきていました。私の『六ヶ所村ラプソディー』の上映にかかわった人たちが祝島の運動に加わってくれたんですよ。そういう人たちは、中電側による生の暴力――ほんとに暴力的だったんです――を目の当たりにして、相当ショックを受けたようでした。そして自分たちに何ができるだろうかと考え、あちこちのマスコミに電話をして、「ここに取材に来てください。この光景を撮って、中電がこんなひどいことをしているというのを全国に伝えてください」と、お願いし始めたんです。でも全然駄目で。

そうしたら、次に彼らは、スマホのような小さなカメラを買ってきて、パソコンとつないで、ユーストリーム（二〇〇七年にアメリカで始まったオンライン動画配信サービス。二〇一〇年にはサイトが日本語化）をやり始めたんです。そうすれば、インターネットを通して、田ノ浦で今何が起きているのか、リアルタイムで多くの人たちに伝えることができますからね。マスコミがやらないのだったら、もう自分たちでやればいいや、と。その二四時間生中継といったものが、それから三週間ほど続いたんです。

反応はすぐにありましたよ。「これはひでえ」「何でこんなことが」と。それはまさしく三里塚で起きたことであったり、機動隊が漁民たちを蹴散らすといった六ヶ所村で起きたことであったり、それと同じ光景を、二〇一一年の今、目の当たりにしてるんです。それからみんなは、さらに中電とか経済産業省、あるいは地元の上関町とか山口県に電話をしたり、ファクスを送ったりと――もうやれることはすべてやりました。そして、ようやく全国メディアも取材に動き始めたというときに、あの三・一一の大震災が起こったんです。三・一一がなかったら、あのまま埋立ては強行されていたかもしれません。海上保安庁も来ていましたし。

田口　それはやったでしょうね。

鎌仲　だけど、そこで私は、若い人たちがちっこいカメラを買って、インターネットにつなぐ、そして日本中、世界中の人たちがそれを見る、動く生の映像で観る――そういうふうになっていったのを見て、何か一つの可能性が広がった感じがしたんです。

根岸　先ほど、鎌仲さんは、「私の映画にはカタルシスがない」とおっしゃったけれど、でも今伺ったお話には、強烈なカタルシスがあります。鎌仲さんが言う意味でのカタルシスがないというのは、やっぱり原発問題というもの自体にカタルシスがないということですよね。要するに、どこまで行っても、これを背負わなきゃいけないのかとか、向かい合っていないといけないのかとか。それは本当にカタルシスがない出来事なので、映画にもそれがないのはもっともなことなんです。

鎌仲　それを題材にするかしないか、ということしかない。

根岸　祝島の問題だって、三・一一を経て、もう問題は解決したんだろう、これで終わったんだろうと思っていたら、まだ依然として、ジクジク、ジクジクと動いている。何とかもう一回できないかと、うごめいている人たちがいるというすごさ。だから、カタルシスを感じるどころか、これからも延々とジクジクと向かい合わなきゃいけないという。多分、そのこと自体が鎌仲さんの映画のテーマにもなっているんだと思いますけど。

鎌仲　そのジクジクをテーマにしちゃうと、そうなっちゃうんですね。カタルシスが出そうなことを映画にすれば、たしかに映画的になるんだろうなと思うんです。だから、映画的であるということを最初からあきらめてしまっているところがありますね。

田口　同時中継的にやるというのは、ツイッターとかフェイスブックとか、ソーシャルネットワークとかYou Tubeとか、PC関連のツールがどんどん普及してきていますから、今後そういったやり方はさらに効いていくと思うんですね。「あ、そうか」と共感する装置として、大衆というか人々の共感を得るメディアとして、非常に驚異的な武器になりますね。中国はそれが怖いから、骨抜きにしちゃったけど。

鎌仲　はい。だけど、映画とかドキュメンタリーは、もちろんユーストリームではないので、そこにはきちんとした意図があるんです。当然、鎌仲の意図があって、その映画は作られているということは、みんなア・プリオリに（自明なこととして）分かっていて、それで観るわけだけど、でも作家として作っている私としてはどうなのか。やっぱりフェアな立場というか、一つの情報に対して、もう一つの逆の情報も入れるとか、推進派の話も聞いてみるとか、決して一方的に推し進めているわけではないというようなことも、見て分かってもらえるものにしないと、単なるプロパガンダ（宣伝）映画になってしまいますよね。推進のプロパガンダがあると思ったら、こっちに反対のプロパガンダがある。そんなの、ただの二項対立で、何も面白くないじゃないですか。それでは反対のプロパガンダですよ。私がやっているのはそれらをどう混ぜていくかといったところですね。

問い続けていくということの意味

田口　チェルノブイリを扱ったものでは『ナージャの村』（本橋成一監督／一九九七年、日本）や『アレクセイの泉』（本橋成一監督／二〇〇一年、日本）といったドキュメンタリーが話題になりましたが、劇映画でも『シルクウッド（Silkwood）』（マイク・ニコルズ監督／一九八三年、米国）というのがあった。日本だと、原発や原子力を題材にした劇映画というと、田原総一朗さんが原作の『東京原発』（山川元監督／二〇〇四年、日本）とか長谷川和彦さん（映画監督）の『太陽を盗んだ男』（一九七九年、日本）ですか。『原子力戦争』（黒木和雄監督／一九七八年、日本）というのもあったかな。

鎌仲　それと黒木和雄さんが撮った『父と暮らせば』（二〇〇四年、日本）とか。そう考えていくと、劇映画で原子力を扱ったものって、そんなに多くないですよね。

田口　意外と少ないですよ。日本の劇映画で原子力そのものを扱ったドラマというのは、今挙げたものくらいでしょう。

鎌仲　その中では『東京原発』が最高傑作かな。『太陽を盗んだ男』は、最近テレビで放映したようですね。

田口　あの映画に出てくるの、東海村なんです。

鎌仲　あ、そうなんですか。

根岸　監督の長谷川さんは、たしか広島で胎内被曝《たいないひばく》したらしいですよ。だから彼があの映画を作って、「エンタテインメントの素材として原発をあういうふうに使うとは何事だ」とさんざん言われたとき、「実は自分はそうなんだ」と言い返すと、みんな黙ってしまったらしいです。

鎌仲　そうだったんですか。

根岸　だから原発や放射能といったものは、とても個人的な問題でもあったのでしょう。当初は「笑う原発」とかいうタイトルだったかな。

鎌仲　原発に対して批判的でなければ作品は作れないと思うんですけれども、『太陽を盗んだ男』のように、その批判をどういうふうに作品化するかというところでしょう。そういう意味では、『太陽を盗んだ男』も『東京原発』も非常に良くできていますよね。分かりやすいし、なおかつ、ストーリーとして訴求力があるというか。

根岸　黒澤明（映画監督、脚本家。一九一〇〜一九九八年）の『夢』（一九九〇年）も結構怖いですよ。

田口　怖いですね、見えない放射能に色を付けて。あれは富士山で撮ったんですよね。

鎌仲　あの赤富士でしょ。「赤富士っていったら、あ、浜岡《はまおか》原発だ、そこが爆発したのか！」というリアルな恐怖が生まれる。

田口　はい、そういう設定でしたね。

鎌仲　でも、今回福島があのように爆発して、三・一一以降、例えば園子温《そのしおん》さん（映画監督、脚本家、詩人）とか、みんな作り始めましたよね。その園子温さんの『希望の国』（二〇一二年）は、世界的に上映されるでしょうね。

根岸　先ほど、鎌仲さんが「作品として昇華して」というふうに言ったけれど、日本の作り手たちが、三・一一という出来事を、これからどう自分の中できちんと昇華していくのか。

ただ、さっきの『太陽を盗んだ男』の話じゃないけど、それ自体を劇映画の素材にするとなると、いろんな抵抗勢力が出てくるわけです。三・一一を単なる素材としてではなく、きちんと自分の中で、それを意味あるものにしていかないと受け入れてもらえないと思うんです。見え見えのものは、たんに「時流に乗ったな」というだけで終わってしまいます。それでは話になりません。

鎌仲　そうですね。では、日本人が、広島や長崎での原爆体験をどう映画で表現してきたのかというと……。

田口　井伏鱒二《いぶせますじ》原作の『黒い雨』（今村昌平監督／一九八九年、日本）とか、ありますけどね。

鎌仲　たしかに『黒い雨』や『原爆の子』（新藤兼人監督／一九五二年、日本）などがあるけれど、でも私は、ユダヤ人が体験したようなホロコーストが、映画の中で繰り返し繰り返し、さまざまなメタファーを使って語られてきたようなことが、日本ではできていないし、哲学として求められてもこなかったような気がしているんです。そのツケが回ってきているんですよ。そのツケが、日本の原発をこんなに増やしてしまい、原子力大国にしてしまったんです。またしてもこういうふうになっちゃったというのは、物事を深めていく力がとても弱い表れだと思うんですね。

人間が人間を一瞬にして何十万人も殺りくしていくようなものが、実際に使用されたということ、それはどういうことなのか。殺された側として、それをどう発信していくかということにおいて、時の熟成を経て初めて開花するような作品もあると思うんですね。それは小説であったり映画であったり、ありとあらゆるジャンルで語っていき、伝えていく。一体何だったのかということを問い続けて、その問いを手放さない。そういうことって、日本人が苦手としていることなんじゃないでしょうか。だから、いつのまにかなし崩し的になって今に至る、というようになるんです。

現実と向き合って生まれる自分の〝気付き〟

田口　これはまた別の論理になるのですが、一方の観る側のほうの問題というものも考えに入れる必要があると思います。ドキュメンタリーとか、昔の歴史を題材にした真実に近いドラマというものは、重くて暗いという印象が強くて、そういうものは引き受け切れないという意識が、観る側のほうにないかということです。

実は私、大学の教員になって、ある強烈な体験をしたんです。六、七年前のことですが、学生たちと江戸東京博物館に行ったとき、なぜか彼らは東京大空襲の展示コーナーに行かないんです。「何で、見ないんだ」と訊ねたら、「そういうつらいものは、見たら落ち込むから、見たくない」と言うんですね。これではドキユメンタリーとかそういったものと向き合わせようとしても、ちょっとこちらには手の打ちようがないな、と思ったんです。強制することもできないですしね。

鎌仲　私も、多摩美術大学で教えているんですけれど、去年教えていた学生が結構そのような感じでしたね。でも、彼ら全員が、そういったものを見ようとしないわけではないはずです。今の若者たちの「生きる」という感覚はとても希薄なものになっているように見えるけれど、実は彼らはそれを感じたいと渇望もしているのではないでしょうか。だけどその実感をどのようにしたら得ることができるか分からない状態にあると思います。だから結局、周りと同じようなことしかしない。

　私の映画を観て、その本当に重たい、カタルシスのない、ジュクジュクとした原子力の問題を知ったとき、よく動いてくれるのは、普通の若い女の子たちですね。その子たちは何で動いてくれるのかというと、自分という存在とつながって、そこにそういうことがあるということを、自分で発見することができたからです。誰かに言われるからではなくて、自分の中に、自分の〝気付き〟というものが生まれて、その〝気付き〟は自分自身のものだから、自分がそれで動けるんですよね。

　私は別に、映像の中で何かの問いに対する答えを出しているわけではないんですけれども、観る側が自分でその答えを発見することはあると思います。その答えは多様であっていいんです。でもその部分が「鎌仲の作品には作家性がない」と言われてしまうことにもなるんですが（笑）。「羅列《られつ》だ」と言われたりもしますね。でも私は、油絵として完成させるよりも、余白を残したデッサンのままにしておきたいんです。その余白の部分をどう埋めていくかはお任せします、みたいな感じですね。その部分は観る人たちの場所なんです。映画の中に入って、自分たちで描いたり作ったりできるんです。そういう領域を私は彼らに用意し、差し出し続けたいんですね。

根岸　鎌仲さんの映画を観ていていつも面白いなと思うのは、やっぱりそこに登場する人なんですよね。その人たちは、鎌仲さんが見つけた人なんだなと感じますね。みんな、すごく魅力的です。ちゃんと生きて、そこにいるということが伝わってくるんです。その魅

2000年、祝島にUターンしてきた島で一番若い働き手、山戸孝さん（『ミツバチの羽音と地球の回転』より）

力みたいなものに観ている人たちが反応して、あるいは共感できる人がそこにいるから、扱われている事柄が、自分たちの問題になるんですね。

そういう意味では、カタルシスがないとか言ったけど、逆にすんなりと同化できる、ある気持ち良さがあるんじゃないかな。それが次に向かっていく原動力になる。それでは自分はどうすればいいかと、初めて考えていくようになるんですよ。

歴史だとか、政治的な見方だとか、「〜しなさい」などと言われることに、今の若者はものすごく引いてしまうわけだけれど、だけど、一人の人間、生きている人間がいて、それに共感できるのであれば、そこから新しい一歩を踏み出していける。鎌仲さんもある程度は意図しているんだろうけれども、でも真剣になってそうした人たちを見つけてきているんですね。それが伝わってくる。テレビのドキュメントのように、そういう人がいるからうまく利用してやれ、という感じではない。

田口　本当にいいドキュメントは人が動きますよね。

根岸　そこが違うところだと思います。

鎌仲　『ミツバチ』に出てくる山戸孝君に共感する若者もいっぱいいますよ。その生き方というか。

田口　彼は、いいキャラクターですよね。最後に、彼が「祝島の海は売っちょらんぞー」とか言うじゃないですか。あれは強烈なシーンですね。

鎌仲　二年間付き合う中で、彼は成長しましたよ。しかも、大変な試練がいくつもある二年間だったから、余計に成長したんだと思うんです。私も映画を通してそれに付き合ったというか。

根岸　また、ばあちゃんたちもいいよね。やはり長年闘ってきた人のすごみというものがある。

鎌仲　すてきですよ、あの人たち。

根岸　ああいう感じは、とても共感できるね。それは、祝島もそうだけど、イラクの場面でも、現地の子どもたちを見ても、あの大人数の家族とかを見ても、異なる世界の出来事とは全然感じない。ドキュメンタリーは新たな時代に入ったのかなという感じがしますよ。一つ前の世代は、ある問題について別の視点から斬り込むというものではなかった。もちろん、そこに住み着いたり、いろんなことをしたけれども、鎌仲さんが撮っているものとは少し見方の違いがあるように思うんですよ。

鎌仲　そのイラクなんか、すごく悲惨なんです。日本に、どんなひどい状況があったとしても、おそらくイラクのほうがその何倍も悲惨なんじゃないかと思います。でも、そういう戦争のさなかであっても、ありとあらゆるところにエアポケットのようにささやかな幸せとか、ささやかな喜びはあるんですよね。人間は必ずそれを持っているんです。明日はミサイルが降ってくるかもしれないけれども、今日はこうやって家族一緒に、お茶が飲めているとか、ほんの数十分か一時間か半日かもしれないけれども、その幸せを感じることはできるんですね。どんな状況にいてもそれはある。それらが同時並行的にあるんですね。

根岸　僕の立場からいくと、多分そういったことの中に、劇映画の可能性もあるんじゃないかなという気がします。今、ドキュメンタリーの作家で劇映画に来る人もいるし、先ほど話に出てきた園子温さんのようなドキュメンタリー的な劇映画も出てくると思いますが、鎌仲さんのように、その場にいる人たちを見つめていくというか、そこから生まれてくるドラマのようなものに焦点を当てていくというのが、次の時代の劇映画の一つのスタイルになるんじゃないかという気がします。それが先ほどの「昇華する」ということにもなるわけです。

加害者と被害者、それぞれの持つ言葉

根岸　最近、加害者側の意識を扱った映画というのが、例えばヨーロッパなどを見ていると増えているように思います。ドイツ人でなくても、例えばフランス人であっても、見て見ぬふりをしてきてしまった問題について振り返らざるを得なくなったということでしょうか。戦後半世紀以上が経ち、自分の人生も残りあとわずかとなったときに、心の奥深くにしまい込んでいたものに対して、何かしらの決着をつけようとする。特に第二次世界大戦時の出来事になるのでしょうが、そういう空気が全体的に蔓延《まんえん》してきたと思うんです。もちろん日本にもあると思います。

鎌仲　だから、日本においても、第二次世界大戦を扱った映画が、もうちょっとあってもいいかなと思いますよね。それが結局、宿題になったまま、取り残されてしまっている。だから加害者であったのに、いつのまにか被害者面して生きていくようになってしまった。

根岸　そう、反省も何もしないまま被害者になろうとしている。

鎌仲　加害者と被害者ということで言うと、結局、今回の福島の人たちは、本来は純粋に被害者であると思うんです。たしかに原発は受け入れたかもしれないけれども、あのような爆発事故を起こし、放射能をこんなにもかぶり、ふるさとも何もかも喪失するということまで了承して受け入れたわけではないんです。

田口　そうですね。

鎌仲　「それを想定しなかったあなたが悪いんだ」と言うのは理不尽です。ところが福島の人たちは、「自分たちは被害者である」ということを言いだした途端に、自分たちのかけがえのない暮らしと故郷が、放射能によって汚染されてしまったということを同時に認めないといけなくなるんです。でも、それは気持ちとしては認めたくないわけです。

だから、今あそこに住んでいる人たちの心の中に起きている葛藤は、ものすごく複雑なものなんですね。言いたいけれども言うことができない、我慢しようとするのだけど、やはり我慢し切れないという中で、その水面下には、単に加害者、被害者というふうに割り切ることのできない、何かモヤモヤしているというか有機的なグジャグジャしたものがそこに広がっているんです。

その正体が何であるのかは、まだ日本の人たちは分かっていないと思います。それを解明していくには、そのグジャグジャしているところをきちんと整理して、その人たち自身が、当事者として明確に何かを語りだしてくれなければいけないと思います。それはまた同時に、それに耳を傾ける人が存在しなければ語れないと思います。それなのに、放射能の影響の度合いだとか、生活再建であるとか、補償問題だとか、そういう部分ばかりが動かされていっているんですよ。

同じようなことが、あの戦争についても言えます。中国に行って、残虐な行為を繰り返してきた日本人が、終戦後、自分も被害者だったというような顔をして、そのことを何も語らずに生涯を通す。それと同じようなことが、また繰り返されていくんじゃないのかというような懸念が、私にはあるんですね。そこはとても心配です。さらに、それらを風化させていく風が、すさまじく今吹いているんです。理解する前に終わってしまうというのは、もう最悪のパターンです。

田口　私もそうした人たちの現状を見てきましたが、何年経っても納得ができないというか、何であういう目に遭わなきゃいけないのかというようなことが、自分の中でなかなか整理がつかないんです。理屈で、他者の目になって、冷静になって自分の感情のようなものを分析しようとするんだけど、すればするほど分からなくなっていく。

鎌仲　やはり、いろんな人たちが多様に考えたりしゃべったりしていかないといけないですよね。ものすごい地震が起きて、津波が来て、原発が爆発して、自分たちの暮らしがこのような形で奪われていくなんてことは、誰も想像もしたことがないから、それを「伝えてください」と言われても、自分のささやかな体験の中からでは、それを表現する言葉はなかなか見つからないと思います。だからみんな、そういうふうに、「ひどい目に遭った」とか「差別された」とか、まずはそういう言葉でしか伝えようがない。でも表現し続けるということをしていったら、もうちょっと違うものになっていくんじゃないかと思うんです。

悶える気持ちで加勢する

鎌仲　私、最近、すごいなと思ったことがあるんです。水俣の患者さんたちを支援する相思社《そうし》という団体（一九七四年設立。現在は一般財団法人水俣病センター相思社）があるのですが、そこで働き始めた若い女の子と、トークをしたんです。ある一軒の水俣病の患者さんが住む家の話が出て、その家はとても貧乏だし、認定ももらえないのでもう家族全員がそこで苦しんでいるんですね。近所の人たちはそのことをよく知っているんですが、「この人たち、こんな大変なことになって」と、家の前を通るたびに、何か私にできることはないか、何をしてあげたらいいかと考えるんです。畑仕事を代わりにやってあげたらいいだろうか、言葉を掛けるとしたらどう掛けたらいいだろうか、というふうに。その家の前を行ったり来たりしながら。

そういうのを「悶《もだ》え加勢《かせ》」と言うらしいんですね。それは、その人たちに対して、気持ちとしてしか応援できないけれど、まさに一緒になって悶えながら、その悶える気持ちでもって加勢するということです。それで「悶え加勢」と言うんです。それって、もうまさに水俣の苦しい歴史の中から搾り出されてきたような言葉だなと思いました。すごいなと思いました。

この言葉をその若い女の子に教えたのは、石牟礼道子《いしむれ》さん（小説家、詩人。代表作に『苦海浄土』など）のようなんですが、そういった心のあり方というのが、日本人の中にはあるんですよ、何もできないけれども、その人の身になって一緒に苦しむというありようが。それが、実はその人たちにとっては、とてもありがたいものに感じられたり、苦しみがちょっと和らいだりすることにつながっていくのかもしれません。

その「悶え加勢」と同じように、私がやっているのはドキュメンタリーですけれど、その映像に触れた福島の人たちが、自分たちが伝え切れなかったものがここには表現されていると感じてもらえればいいなと思います。「私たちが言いたかったことが、伝わったかもしれない」という、自分たちの何とも言いようのない悲しみや苦しみが、観る人に伝わって、感じてもらえたかもしれないと思っていただくことが大事かなと思います。でも、それはまだまだです。

根岸　もう一つ大事なことは、福島というのはまだ終わっていないということですよ。今回の原発事故というのはまだ収束していないでしょう。個々の生活をどうするかということもそうなんだけど、その恐ろしさというか、原発事故はまったく解決されてないっていう恐怖みたいなのが、常に並行してあるんですよ。嫌な感じが絶えず付きまとっている、これはものすごく大きなストレスですよ。

田口　そういったことは私たち人間だけでなく、動物の世界にも言えることですね。福島では、放射能汚染のため、野生動物の摂食制限というものがかけられています。イノシシだと二〇〇、三〇〇〇ベクレルは当たり前ですね。一万ベクレルなんていう個体までいます。イノシシなどは、地べたをほじくり返してエサを食べるから、今後もずっと出続けるでしょう。

鎌仲　そう、ものすごいストレスの負荷が、被災地全体にかかっているんです。

田口　福島にいる人たちはしんどいですよね。もう行くところ行くところにモニタリングポストが立っているし。

根岸　去年、私が受け持つ映像学科の卒業制作で、自分の出身地である南相馬でドキュメンタリーを撮った学生がいるんです。いくつかの場所で撮っているんだけど、その一つは自分が出た幼稚園を舞台にしたものです。それで撮るのはすごく難しいんだと言うんです。なぜかと言うと、「こんなところにいてはいけないよ」ということを、どこかで言いそうになると言うんですね。でも、それは絶対口に出して言ってはいけないことで、そんなことは母親も先生も、みんな感じている。共通して抱えていることなんですね。それで、ふと見ると、子どもたちが楽しそうに遊んでいる砂場のすぐ後ろにモニタリングポストが立っていたりするわけです。

そういう環境においては、子どもだって、ストレスを抱えている人たちに育てられているというストレスがあるわけですよね。だから子どもにストレスを与える母親は、さっきの話じゃないけれど、被害者でもあって、加害者でもあるという。

鎌仲　そう、そうなんですよ。私の次の作品も、幼稚園を撮っています。まだ仮のタイトルですが『小さき声のカノン――選択する人々』というもので、子どもを持ったお母さんたちを中心に、福島をはじめ、子どもを連れてあちこちに避難した人たちを撮っています。ベラルーシのお母さんたちも撮りました。いろんな問題を乗り越えた人たちと、今現在、それらと闘っている人たちの両方を撮って、これから一本にまとめようと思っています。

今、お母さんたちの中には、大きな罪悪感というのがあるんですね。つまり、自分が子どもを被曝させているのでは、という意識です。そういう中で、お母さんたちは格闘しているんですが、その格闘の内実というか、どこが大変なのか、どこが苦しいのかというものがもっと表現されないといけないと思うんです。タイトルを『小さき声のカノン』としようとしているわけは、やっぱりそこを掘り下げていくと、福島に限らず日本の女性は発信力が弱いと感じるからです。良き妻、良き母であるためには、自分が口に出して言ってはいけないという意識がある。女性はいろんなものに縛られていますから。

さらにその上に、放射能のことを語ってはいけないという空気が、とても重たくのしかかっている。「もう安心だから、もう安全だから」などと言われることによって、さらにそれらは重たくなっていく。そこを今、私は見ているところなんです。そうした人たちに「大丈夫だよ」と言っても、必ずしも救済になるとは言えないでしょうね。そういう不安があることを認めながら、その不安を一緒に「悶え加勢」していかないといけないと思っています。

田口　何気ない日常の中で蓄積されていくのは、何も放射能だけなのではなく、精神的な問題も軋轢《あつれき》として相当なものになっていく。

鎌仲　はい。そして人間関係などもそうですね。

根岸　すべての家族が、それぞれの形で解体されて、引き裂かれていますよね。どの世代もそうです。そうしたときに、ドキュメンタリーでも劇映画でも同じだけど、そうした人たちに耳を傾けながら描いていかないといけないんだけど、しかしそうしたものを作ると、最初の話じゃないけれど、そんなものは観たくないということになる。映画館という暗闇の中で、そういったものを人々に観せていく作品が、そこからどうやったら生まれてくるのかということなんだと思うんですね。

さっきの『ミツバチ』でもそうだし、『六ヶ所村』もそうだけど、言ってみれば、題材は彼らが言う、暗くて重たいものですよね。でも、その中で何かを見つけられるわけでしょう。見つけられるから、その観た人たちが参加していくわけですよ。鎌仲スタイルと言いますか。

田口　鎌仲さんの映画は、暗くて重いという感じがないですよね。

根岸　そうなんですね。そこに私は、劇映画の立場から言ってもヒントがあるような気がするんだな。

田口　『ミツバチ』にしても、映画に登場してくる人たちに救われますからね。そう、観ている者を救っていくんですよ、そのキャラクターが。

だから私の場合、昔のような重くて暗いドキュメンタリーというものではなくて、淡々とした日常の中の風景を切り取って、「考えてみてね」と言って差し出していく、そういった作りの映像だというふうに観ましたね。映画でもドキュメンタリーでも、だいたいドラマ的な部分というのがあって、そこでは歌い上げていくというようになりますよね。でも鎌仲さんのは、歌い上げるんじゃなくて、サラサラと流れていくという。

鎌仲　サラサラとね（笑）。でも、ときどき引っ掛かりがあるでしょ。それはやっぱり、普通の人が普通にしゃべる言葉に、観る人が引っ掛かるということだと思うんですね。その人の生き方とか人生から生まれてきた言葉が、すごく響くときがあるんです。

「民主主義のエクササイズ」として

田口　今回の話の冒頭で、映画の上映形態についての話題が出ましたが、今はインターネットなどが普及して、そういう自分が撮ってきたものを積極的に配信できたりしますよね。これまでは劇場に行って、みんなで観るという、そういう形態の映像鑑賞だったんだけど、それが今はもう個々の部屋で、というのが主流になりつつある。

鎌仲　でも、私の場合は、とにかくみんなで集まって、一緒に共有しながら観てくださいというスタイルですね。そして、映画を観終わっても、そこで「はい、おしまい」とはしないでください、というふうにお願いして上映していただいていますね。

私は、映画を作ってそれを上映する、そのこと全体が、別に原発のことでなくても何でもいいんですが、自分たちが明確な意思を持って地域の何かを動かすとか、何かを行動するための媒体になればいいと考えているんです。そのための人々の練習の場なんですよ。それをちょっとカッコつけて「民主主義のエクササイズでございます」と言っているんですが。

根岸　そのためには、人が集まって観るということが必要なんでしょうね。

鎌仲　その「エクササイズ」についてもう少し言うと、『六ヶ所村ラプソディー』とか『ミツバチ』を観て関心を持ってくれて、これはぜひ、自分の住んでいるところでも上映したいと思った人がいるとしますよね。さっそく仲間に呼び掛けて、やり始めるんですが、そうなると、やらなきゃならないことがいっぱいあるんです。みんなでチラシを作って、チケットだって売らないといけないわけです。

それで、作ったチラシとチケットを持ってみんなで商店街などに宣伝に行くんですが、でも震災前ですから「えー、何これ、原発の映画？」とかってなるんです。そういう反応に、「いや、これはこうなんですよ、ああなんですよ。だからぜひ観てほしいんですよ」というように自分の言葉で精一杯伝えていくわけなんです。それを自分たちの住む地域の中で繰り返していくんですね。彼らがそうすることで、自分の中で何かが意識化されたり言語化されたりしていくんですよ。耕されていくんです。それに寄与しているというか。

そうした一連のことをやっていく中で、そこに住む地域の人たちとも出会っていくんですね。だから私の映画は、「出会いを生み出す映画ですね」と言われるんです。人と人が出会える映画だって。私の映画が縁で結婚した人たちもいっぱいいるんですよ。インター

浪江（なみえ）町役場での除染作業　敷地内は空間線量が低いが、役場周辺の地域はとても高い（『内部被ばくを生き抜く』より）

ネットでは、なかなかこうはならないでしょうね。生身の人間として、地域の人々が出会っていく、そういう有益なツールになり得ていると思います。

根岸　多分、半歩ぐらい先を行っているからなんじゃないかな。サステナブル（持続可能）な生き方とか、生活のありようとか、みんなすごく興味を持っている時代ですよね。そういうときに、もちろん原発に反対するという状況はあるんだけれども、そういう自分の生き方と、反対する意識というものが、ピタッと合致した人たちが映画の中に登場するのを観る。そこに新しい生き方を求めている人たちは、強く刺激されるんだと思います。そしてそういう人たちが集まって、新しいコミュニティのようなものを作っていくという。

鎌仲　本当に、各地域でそういう人たちが映画を一回上映すると、何かそこにつながりができていくんです。さらに勉強会をしたり、映画の中に出てくる人を呼んだり、例えば小出さんや孝君を呼んだり、またコンサートをやったり、最近ではマルシェ（市《いち》）をやったり。そういうことをしていく中で、みんな楽しくなっちゃうんですよね。そう、最終的には楽しくなっちゃうんです。何か、仲間がいるって楽しいなと。楽しくやりながら、そこで閉じこもらず門扉《もんぴ》を開いていれば、新しく入ってくる人たちもいる。さらに近隣の別の集まりともつながったりもして、ネットワークを作って有機的な関係を構築していく。

核をめぐる三部作と『内部被ばくを生き抜く』の四本を合わせると全国三〇〇〇カ所ぐらいで上映されましたからね。それだけ、日本の中には、地域で何か草の根的な活動をしてみたい人たちがいるということなんです。大体は一人の人が言い出しっぺになって始まるんですけど。その最初の一回で終わらず、継続していきますからね。それだけ、そういうことに携わるのが楽しいわけですね。みんな、年々成長というか変化していってますよ。例えば、以前『六ヶ所村ラプソディー』をやってくれたグループが、今度は『ミツバチ』をやってくれるというのでそこに行くと、人が入れ替わってもいるし、メンバーの一人が市議会議員になっていたりもします。

今、私の映画を上映したグループが展開しているものに、福島の子どもたちの保養プロジェクトというのがあります。子どもたちを福島から出して、とにかく一週間でも数日でもいいから放射能のないところで過ごしてもらうというものです。全国で三〇〇くらいのところが自主的にやっているんですが、その中でも上映グループはとても多いんですよ。ほんとはもっともっと必要なんですけど。

田口　政治なんかが動いてやったことよりも、そうやって志を同じにする地域の人たちが集まって草の根式にやったことのほうが意味深いものがありそうですね。

鎌仲　はい。でも、自分たち市民グループができることには一つの限界があるということに、もう気が付いているんです。ですから、政治とか行政とどう連携できるかといったことを考え始めています。

『六ヶ所村ラプソディー』が彼らにもたらした〝気付き〟というのは、ただ反対するだけでは現実は動かないということですね。原発にかかわる人たちのことも考えながら、彼らが「原発のない将来とか原発のない地域の未来というものも、自分たちにとっては、ちょっとした希望になり得るな」と感じてくれる、そのような共有ができて初めて動いてくれると思っています。そうした、言わば大人の運動を、例えば新潟などではやり始めているんです。

原発をどうするかという県民投票条例を請求した、映画を上映したグループが、それを否決した大多数の県会議員たち全員と面談して、「それでは、どうやったら一緒に変えていけるんですか」という問い掛けをしてみたりもしました。「こういうふうにやってくれたら、我々もかかわっていけるのに」などといろいろと教えてもらいましたよ。

そういうふうになっていくと、それまで見えなかったいろいろなことが見えてくるんです。この人たちは日々、このようにして政治家として地域のいろいろなことを決定してきたのか、とかですね。それは全然知らなかった、自分たちも悪かったな、ということで、議会の傍聴にせっせと行くようになったり、仕組みを勉強したりする。そして「その仕組みの中で、ここをこういうふうにお願いしたら、聞いていただけますか」「うん、それはいいね」というようなアプローチをしていくんです。県知事、市民、そして行政が連携して、協力関係になり得るような関係性を築くという段階に、今入っています。

ただ、市民グループが、切り離されたところで何かワーワーやるのではなく、敵をどう見つけ、それとどうつながり合っていくかということが重要だと思います。

田口　結局、例えば今後の廃炉プロセスのことを考えると、彼らの力は必要不可欠ですからね。

根岸　おそらく、コミュニティと行政は、もはや対立する時代ではないということでしょう。そのようなタイミングで、新しい形の向かい合い方を探り出したんだと思います。それはまさしく「民主主義のエクササイズ」の成果ですね。

田口　勧善懲悪《かんぜんちょうあく》的なドラマではないということですね。

鎌仲　はい。運動のスタイルは、草の根レベルでそのようにシフトしてきています。それは、全体の構造の中で、自分たちがどこにいるのか知ろうとしたり、どんな人たちが支えているのか興味を持ったり、そういう意識が耕されてきたからだと思いますね。そういう視点というものがあり得る、多様な視点があり得るということが映像を通して彼らに伝わったんじゃないでしょうか。

田口　私はマタギサミットを二四年間やっていますが、猟師たちは、ある時期、動物愛護団体とか自然保護団体と一種の敵対関係になっていたんです。感情のもつれのようなものがあって、自然保護団体も彼らに対する理解が中途半端だったし、マタギたちにとってもイメージだけで、相手が一体何を言おうとしているか聞こうとしなかった。

その地域の村の猟師やおばちゃんたちが生活の中で経験してきたもの、培ってきたもの——私はそれを「民俗知」と言っているのですが——をもっと評価して、さまざまな問題にきちんと発言していけばいいんです。お互いがそうなんですね。新しい手法を作っていかないといけないんですよ。今、鎌仲さんが、映画を通じて、行政とコミュニティが歩み寄るようになってきたと言いましたが、マタギサミットも、だんだんとそういうふうになってきています。

映像が伝えられること

鎌仲　たしかそのマタギの村の近くだと思うのですが、羽田澄子さん（映画監督）が、秋田の鷹巣町《たかのすまち》でドキュメンタリー（『住民が選択した町の福祉』〈一九九七年〉、『問題はこれからです』〈一九九九年〉、『あの鷹巣町の　その後』〈二〇〇六年〉）を撮っているんです。ここは日本一の福祉地区になったところで、岩田さんという町長が、使われなくなった公共施設を在宅のホームステイの場にしたり、デイケアに改装したり、それをいろいろなところで展開して築き上げていったんですね。

ところが、反対勢力というか追われた前の町長とゼネコン勢力が岩田町長を陥《おとしい》れて、町を巧妙に乗っ取っていくんです。せっかく築き上げた福祉の町が、台無しになってしまったんですよ。それらを撮ったものなんですが、日本の地域は、こうやってつぶされていくのかということが、とてもよく見えてくるドキュメンタリーになっています。

羽田さんは、そのＤＶＤを、上映権を付けて一枚一

○○○円で販売しています。いろいろなところでみんなに観せてくださいということですね。これは、日本のある一つの重要な側面を描いた重要なドキュメンタリーですよ。すごいな、こういう力がうごめいているんだな、という。そういうものに映像でどうあらがっていくかということは、これからも課題としてあるでしょうね。

根岸　それは大きな課題ですよ。そういう経済的な活動によって、すべてがゆがめられていくという。原子力関連は特にそうなのでしょう。

鎌仲　分かりやすいですよね。社会のあらゆるところで、そういったものが入れ子構造のようになっているわけです。

田口　経済原理ということで言えば、それは大学においてもかなり切実な問題となってきていますね。金になる学問しか意味がないとなってきています。

鎌仲　だから、一番後退しているのは哲学科じゃないですかね。哲学科には人がいないんじゃないですか。

田口　だって、哲学はお金にならないからね。

鎌仲　でも、哲学が……。

田口　そう、一番重要なんです。今、哲学をきちんと評価し直さないと、本当に大変なことになりますよ。

鎌仲　そうなんですよね。さっき、マタギの話を聞いているときに思い出した映画があるんですが、太古の昔、人類が世界へと拡散していった「グレートジャーニー」を追体験した旅で知られる関野吉晴さん（探検家、人類学者、外科医。武蔵野美術大学教授）が、最近『僕らのカヌーができるまで』（江藤孝治、木下美月、水本博之、鈴木純一監督／二〇一〇年、日本）という映画を製作したんです。

田口　はい、今度うちの大学で上映しますよ。

鎌仲　その中で熊の肉を食べる場面があるんです。最初は、村で栃餅《とちもち》作りを習っていたんですけど、「熊が捕れたぞ」というので、女の子がそこに行ってみると、鍋の中でもうそれが煮えているんですね、骨付きの肉が。それを「食え」とか言われて、その女の子が、骨に付いたのをむしってムシャムシャ、ムシャムシャと食べるんです。「うめえか、熊はな、自然のものしか食ってねえから、この肉食うと素直になるんだ」って言われて、「うん、うん」と言いながら、女の子がムシャムシャ、ムシャムシャ食べ続けるシーンがあるんですが、それがすごくいいシーンなんですよ。自然との共生とか持続可能性とかという言葉があるけど、でも生の現場って、結局、生きている生き物を殺して、それをさばいて食べるということですよね。「自給自足の祝島、きれいな海があってとてもステキ」とか言ってても、でも、おばさんたちがそこでやっているのは、生きた魚をさばいたり、あるいは飼っている豚を屠殺《とさつ》場に送り、解体して肉にするということです。そういうことを日々やっているんです。自然の中で生きている生命を食物に変える作業というのは、すごく下世話《せわ》で、途方もなく手間ひまがかかることなんですが、でも、そういう手法とかスキルを伝承していかなかったら、持続可能性なんかないですよね。

田口　そう、ないです。

鎌仲　そこの部分をスポッと抜かして、技術による持続可能性だとか、ライフスタイルだとか言ってみても、全然説得力がないですね。目の前の生きているニワトリを絞めて、鶏肉にして食べる作業というのは、すごく大変なことなんですよ。その辺りの視点が今、とても欠けている気がします。

田口　われわれは生き物を殺すことでしか生きることができないということは自明なことなんだけど、それを実感していない。でも一度それが分かってくると、それからは自分たちの食生活について真剣に考えていくようになる。映像がその一つのきっかけになるかもしれませんね。

劇映画とドキュメンタリーの境界にあるもの

鎌仲　このように映像にすべきテーマはたくさんあるし、別に今回の原発事故に限らず、どこをどう切り取ってもいいんですよ。それぞれ井戸を掘っていくんですが、行き着くところは結構同じようなところになるかもしれません。でも、その切り口は多様なほうが楽しいなと思いますね。

恋愛映画もいいんだけど、その恋愛の中にも、ちょっと現実や世界観というコショウがかかっていたりすれば、映画として見応えがあるなと感じますね。日本の映画には、そういう視点がスポーンと抜け落ちているような気がします。

田口　ドキュメンタリーでも劇映画でも、何気ない、当たり前のような日常を再現することは、やはり難しいんでしょうね。

根岸　どちらも難しいと思いますよ、日常をきちんと撮るというのは。

鎌仲　だって、カメラを置いたらもう非日常だもの。劇映画とドキュメンタリーを分ける、その境界線がすごく面白いんです。ドキュメンタリーだと思って現実を追っていくと、そこにすごいドラマがあったりする。だから、ドキュメンタリーはドラマチックな現実にぶつかると、すごく面白くなるし、劇映画にしても、その中のドキュメンタリー的な部分が、劇映画の面白さなのかなと思うんです。

小津安二郎さん(映画監督、脚本家。一九〇三〜六三年)のように計算通りに撮るだけなのではなくて、ハプニングとか、そういうものに対してもドアをオープンにしておく。現場でたまたま何かが起きるということだってあるでしょうし。

根岸　私の立場から言えば、小津さんの映画は計算し尽くされたものかもしれないけど、それは家族というものをずっと見つめていった集積というか、結果だと思うんですね。だからある意味で、それは小津さんの一つのドキュメンタリーとして出来上がっているというふうにも見ることができるんです。

鎌仲　ドラマなんだけど、ドキュメンタリーのようにリアルに見えるのが面白いというか、そういうのには引き込まれますよね。逆にドキュメンタリーなんだけど、まるでドラマのように見えるとか、そういうこともあるでしょう。そういうお互いの領域が極まって、クロッシングしていくような部分が、きっとすごく面白いんだろうと思います。だから、どちらから行っても、たしかに似ていると言えば似ている。

突きつめていくと、ドキュメンタリーもドラマも相《あい》俟《ま》っているところはあるということですよね。だから、区別することに私はあまり意味を感じていません。もともと人間は演じる存在なのかもしれないですし。

田口　演じていると思いますよ。われわれが演じていなかったら、社会は成立するのかなと思ったりもします。

鎌仲　でも、生がチラッと出てくるときもあるんです。その演じているのではない何かが、ついポロッと出たりするときに、それがちゃんと撮れているかですね。そこを逃さない。それには時間がかかるんですけど、その瞬間を撮りたいと思ってやっています。そこが撮れたら、「あ、撮れたかな」と思うんですよ。

根岸　そのように、現場的に、ドキュメンタリーとフィクションとしての劇映画が重なっていくこともあるだろうし、もう一つは、この社会全体をどうとらえていくかというときに、ドキュメンタリー映画の作家たちが持っている時代のとらえ方、どこを切り取れば、本質的な問題が見えてくるのかというものの見方を見習って、それをもって劇映画も、これから攻めていくという時代なんじゃないでしょうか。その際、先ほど話に出た哲学のようなもの、そして映画の作り手の昇華という作業が必要になるんだろうと思います。

田口　そういった姿勢でもって、ドキュメンタリーも劇映画も社会的現実とかかわっていくことが重要だということですね。今回のお話を通して、具体的なかたちで映像の持っている一つの可能性というものが提示できたのではないかと思います。皆さん、お疲れさまでした。

鎌仲　どうもありがとうございました。皆さんにお会いできてうれしかったです。これからもどうぞよろしくお願いします。

（二〇一二年六月三日　都内ホテルにて）

特集

日常を撮る！

山形国際ドキュメンタリー映画祭

特集によせて

田口洋美

私たちの日常は、無数の問題を抱えながら進行している。日々何かが起こり、その事象は刻々と姿を変え、湧き起こった雲のように変化し、そして深い記憶の闇の中に溶けていってしまう。いくつもの言葉が事象と共に私たちの脳裏に降り注ぎ、重力を失った言葉が乱舞する。これほど多様で重力を持たない言葉が生まれては消えて行く、まさに言葉の消費社会という日常を、私たちの歴史は経験したことがあっただろうか。

私たちが抱えた問題もまた、言葉によって語られ、言葉によって思考されている。テロがあり、核問題があり、エネルギー問題があり、鳥インフルエンザなどの感染症問題があり、宗教と民族の問題があり、自然災害があり、経済問題や領土問題まで抱えている、という具合に。その一つ一つが私たちの歴史と未来に関わり、何気ない日常がいかに重々しいものであるかを突きつけている。

でも、楽しくありたい。つかの間のことではあっても、ホッとしたい。それが本音である。楽しく、可笑《おか》しく、腹の底から笑いたいという欲求と、真実を知りたい、何とかしたい、この漠然とある不安から解放されもしたいという欲求が、交差する日常。その日常に密着し、人々を記録し、またそこにある日常から人々の生き方や考え方を再発見しようとする営み。日常に肉薄するとは、どういうことなのだろうか。

言葉を主とした表現ではなく、映像を表現媒体とする世界では、何が起きているのだろう。映像もまた大量消費の社会の中で重力を失いつつあるのだろうか。

今回の特集は「山形国際ドキュメンタリー映画祭」である。
一九八九年、市制百周年を記念してこの映画祭ははじまった。
ドキュメンタリー・フィルムとは何か。
映像は何を語りえるのか。
その問いを追いはじめて二四年目。
今年もまた二年に一回の「山形国際ドキュメンタリー映画祭」が開催される。
世界中からこの二年間に製作されたドキュメンタリー・フィルムが集う。
さまざまな作家たちによって、切り取られた日常は、何を映し出すのか。

スクリーンに映し出されるもの。
それは、私たちの強さか、弱さか、戸惑いか、無邪気さか、それとも、可能性か………!

でもそれは、観なければ分からない。
観ることで、出会うことになるだろう。
映像という名の情報伝達媒体はいかなる重力を有しているか。
日常の向こう側に何があるかを………!

photo/Hiromi Taguchi

特集鼎談

山形国際ドキュメンタリー映画祭が生んだもの

原村政樹×渡辺智史×田口洋美

田口　今年、二〇一三年は山形国際ドキュメンタリー映画祭（以下、ドキュメンタリー映画祭）があります。今回お招きした原村さんは、『海女《あま》のリャンさん』（二〇〇四年）など、もともと東北というローカルな地域にターゲットを絞ってきたわけではなくて、より普遍的なテーマをもって活動をしてきました。二〇一三年に『天に栄える村』という、福島県天栄《てんえい》村を舞台に、そこでたくましく生きていこうとする農民の姿を活写した長編ドキュメンタリーを製作しました。もっとさかのぼれば、『いのち耕す人々』という山形県高畠《たかはた》町を舞台にした作品も製作しています。そういう意味では、東北とは浅からぬ縁のある映像作家であるわけです。

　いっぽう、渡辺さんのほうは、山形のローカルな舞台で、普遍的なテーマを普遍的に、ローカルなところから訴えていこうという作品を立て続けに発表しています。いまや東北だけでなく、全国でも盛んに上映活動を展開している若手の映像作家です。

　まず、近年の仕事というのを、二人に振り返っていただきたいのですが。

渡辺　山形県鶴岡市に生まれ育ち、東北芸術工科大学に入学し建築デザインを専攻していました。大学時代に農村に入り、東北文化研究センターに通って、赤坂憲雄先生がやっていたドキュメンタリー・ワークショップに参加し、そこで飯塚俊男監督とも出会いました。

映像製作の原点の東北という場所をもう一度振り返ってみたいということで、第一作目『湯の里ひじおり――学校のある最後の一年』ができたんです。

二作目が『よみがえりのレシピ』です。一作目のときに、埼玉から通ってドキュメンタリー映画を撮るうえで困難なことも多々あったので、食と農業を映画のテーマに選んだときに、やはり山形で腰を据えて撮りたいということで、思い切って帰りました。

今は、ドキュメンタリー映画祭の事務局長の高橋卓也さんたちと一緒になって、お金集めから映画製作、映画の配給までやっています。それを、市民の方々のネットワークを通じてやっていますので、首都圏にいたときにかかわっていた映画製作のスタイルとガラッと変わりました。社会的役割も大きく変わったのかな

原村政樹（はらむら・まさき）
1957年千葉県生まれ。1983年上智大学卒業後フリーの助監督としてグループ現代、ドキュメンタリージャパンなどで活動。1985年桜映画社入社。1988年短篇映画『開発と環境』で監督デビュー。2004年『海女のリャンさん』で文化庁文化記録映画大賞受賞。以後、2006年『いのち耕す人々』、2008年『里山っ子たち』、2009年『里山の学校』（プロデューサー）など精力的に活動中。

農業体験に来た都会の学生たちに手植えを教える渡部さん（『いのち耕す人々』より）

と思っています。

観るところまで深くかかわっていくことで、実際にそこで暮らしている方たちと問題を深く共有できる。映画制作だけでなく山形の市民の人の協力を得ながら自主配給をする、映画を上映しつつ地域の問題や可能性を語り合いながら、集客していくということをやっています。

結果的に、映画を観ることがゴールではなくて、自分たちの暮らしている地域で在来作物を発掘しようという在来作物研究会が静岡で立ち上がったり、茨城で地域おこし協力隊の人たちが実際に調査をしてみたりということが起こっています。映画を観た後のところまで繋《つな》がりが生まれてきています。

原村　東北とのかかわりでは、一九八五年の夏に高畠町の農家に泊まりながら取材し、八六年から八七年にかけて助監督として一〇四日間、山形県高畠町に滞在して撮っていたというのがスタートです。
それまではアジアを放浪して、山岳少数民族などの撮影もしていたんです。そこの生活を見ていたということもあってか、人間の根源的な原点、文明化される以前の人間の姿にひかれていきました。

日本で人間の原点って何だろうということを考えたときに、人間の原点みたいなものを見つめたいと思い、近代農業とは違った道を歩んでいる村々をいくつか取材していたのですが、その過程で、自給をベースにした農業を展開している高畠にひかれていったんです。

残念ながら、当時は諸事情により完成しなかったのですが、やっぱり自分の企画で撮った高畠を何とかしなきゃというのが、ずっと心の奥にありました。二〇年経って、当時撮影したラッシュフィルムをもう一度見直して、再び一年間、撮影を行い、結局二〇〇六年に完成しました。

その後に撮った『里山っ子たち』(二〇〇九年)も『天に栄える村』もすべて、高畠の繋がりで動いています。どれも〝人間の原点〟というのがテーマになっています。

フィルムドキュメンタリーとデジタル世代

田口　渡辺さんが建築デザインから映画にかかわっていったきっかけを詳しく教えてくれますか?
渡辺　一つは山形のドキュメンタリー映画祭です。

渡辺智史(わたなべ・さとし)
1981年山形県鶴岡市生まれ。2002年東北芸術工科大学東北文化研究センターにて民俗映像製作に参加。卒業後上京し、映画製作会社で複数のドキュメンタリー映画の製作に携わる。2008年に独立し、『湯の里ひじおり――学校のある最後の一年』を監督。2011年『よみがえりのレシピ』が山形国際ドキュメンタリー映画祭に正式出品される。香港国際映画祭、ハワイ国際映画祭ほか海外にて上映され好評を博している。

一九九九年に大学に入学して、その年の秋に初めて行ったんです。

そのときは、ドキュメンタリー映画って重苦しいイメージがあったんです。すごく重要なテーマを扱っているんですけれども、重たいイメージがあったんです。その中で、〈アジア千波万波〉の部門は、デジタルビデオが普及し始めていたこともあって、若い映画監督の作品が何本か上映されていました。そこで松江哲明さんの『あんにょんキムチ』（一九九九年）と、土屋豊さんの『新しい神様』（一九九九年）を観て、ドキュメンタリー映画のイメージがガラッと変わったんです。映画監督になりたいというより、ビデオで何か表現したいという思いに駆られました。

二〇〇〇年に、赤坂先生が企画したビデオワークショップに参加したんですが、そのときに飯塚俊男監督との出会いがありました。その後『関川のしな織り——山形県温海《あつみ》町関川の樹皮布』（二〇〇二年）という、樹皮をはいで糸を取る作業を撮っていたときに、それがあまりにもきれいだったので、それほど長い時間に感じなかったのですが、一時間以上もずっと汗をかきながら、じっくり撮影をしている自分に気づいたんです。その瞬間に、デジタルビデオカメラというものの表現力に取りつかれてしまったんです。

田口　重い、暗い、難しいというイメージのドキュメンタリーというのは、自分らのころからありました。世代論にしてもしょうがないんですが、一九七〇年代の後半くらいから一九八〇年代を通して、ドキュメンタリーにかかわっていく人間たちというのは、重くて暗い映画からどうやって抜け出すか、そこが課題だったと思うんです。フィルム・ノワールからアメリカン・ニューシネマを経てハッピーエンドに行ったアメリカ劇映画のような流れ、といえばふざけすぎかもしれないですけどね。

私たちテレビ世代の人間にとって、映像というのは非常に身近な、日常の風景の一部でしかないくらいになっていたから、重くて、暗くて、難しいドキュメンタリーに余計に抵抗があったのかもしれません。

原村　フィルムでしたからね。お金の話をしてしまうと、16ミリだって四〇〇缶、一一分でネガの現像まで含めると、素材を入れて一〇万円かかるわけです。

原村政樹監督作品紹介

いのち耕す人々

脚本・監督／原村政樹
企画・製作／桜映画社
支援・協賛／映画『いのち耕す人々』制作上映支援会、文化庁、NHK ほか
2006 年／ 100 分
土を耕し、いのちを育てる農業の営みが、農民の魂を育て、都会の人たちの心も耕す。30 年以上にわたって有機農業に取り組んできた山形県高畠町の生産現場から、食べ物の大切さと、有機農業の営みに生きる喜びを伝える長編ドキュメンタリー。

天に栄える村

監督／原村政樹
企画・製作／桜映画社
撮影協力／天栄米栽培研究会
2013 年／ 106 分
福島第一原発から 70 キロメートル離れた福島県天栄村。日本一おいしい米作りをめざす農家のグループ「天栄米栽培研究会」は、米のおいしさを競うコンクールで 4 年連続金賞を受賞。2011 年 3 月の原発事故で直面した未曽有（みぞう）の環境破壊を乗り越えようとする農家の人々の苦闘の記録。

渡辺智史監督作品紹介

湯の里ひじおり——学校のある最後の一年

監督／渡辺智史
製作・発売／アムール＋パンドラ
2009 年／ 76 分
湯治場として知られる山形県肘折（ひじおり）温泉。ある日、肘折小中学校が 134 年の歴史に幕を閉じることに。そんなおり、一人の青年団員が、学校で使われなくなったトランペットを手に、ブラスバンドをやろうと呼びかけた。少子高齢化と過疎化に立ち向かう地域再生への希望の記録。

よみがえりのレシピ

監督・編集／渡辺智史
製作・配給／映画「よみがえりのレシピ」製作委員会
協力／東北芸術工科大学東北文化研究センター、山形在来作物研究会
2011 年／ 95 分
世代を超えて受け継がれてきた在来作物。その種を守り続けてきたのは農家の人たちだった。東北の伝統的な食文化を、料理人をはじめ、地域の多様な人々がみずみずしく現代によみがえらせる。市場で消えゆく在来作物と地域の再生のドキュメンタリー。

デジタルだと、四〇分のテープがだいたい三〇〇円です。今だと一回の撮影で二時間くらい平気で回しますが、当時は、インドネシアに一カ月半いてたった二時間半ですからね。二時間半で三〇分の映画を作るんです。当然、作り方も全然違います。重いという話はその辺からきているのかもしれません。

田口　デジタル化したというのは、ドキュメンタリーにとっては革命的だったと思います。いまや携帯電話やスマートフォンだけでドキュメンタリー映画って撮れてしまう時代かもしれません。

昔、三面《みおもて》（当時新潟県朝日村）で映画製作をしていたとき、熊狩りについて行くのに、たくさんの重たい機材やフィルムをリュックに入れて、替えのフィルムを五缶持って、なおかつバッテリーが重い。全部リュックに放り込んで、最後に弁当と。落ちますね、崖から（笑）。

現在では、ビデオは手のひらサイズです。だから、ドキュメンタリストたちの現場は変わっていきましたよね。

渡辺　私自身、デジタルビデオの世代だということがあるんですけれども、ちょうど昨日、王兵《ワン・ビン》監督の、雲南を舞台にした『三姉妹――雲南の子』を観てきたんですけれども、王兵という人はすごい人だなと、あらためて思いました。映画には、ドラマチックなところがあまりないですし、何か劇的な物語が起きるわけではないですけれども、ただ淡々と、極限の貧困の三姉妹を撮り続けている。王兵の製作スタイルは、辺境の地で長期滞在しながら、少数スタッフで、ときには一人で撮影するんです。このスタイルは、デジタルビデオでなければ実現できません。

王兵のような、興行的な部分では成功するか未知数だった映画作家が、世界各国の評価を受け上映されています。今かかっている渋谷の映画館も満席でした。その原点をつくったのは、山形のドキュメンタリー映画祭なんです。二〇〇三年に、九時間という膨大な三部作『鉄西区《てつにしく》』が出品され、コンペティション部門で見事グランプリを受賞したことがスタートなんです。

私はそのとき二〇代でしたが、作品を観たとき、九時間というスケール、写っているもの、映像が持っている根源的な力みたいなものに度肝を抜かれました。

そういった世界中の現代社会の矛盾を、各国の映画作家の作品から体感することができるんです。一般の映画館では上映されない希有《けう》な作品が、本当に目白押しなんです。そして一週間で二〇〇本を超える作品が上映されるという、まさにドキュメンタリー映画の祝祭ですね。

現実の向こうの日常性を撮る

田口　作られたドラマ性みたいなものが、これだけたくさん生産されてくると、われわれにとっての真のドラマとは〝日常〟ではないかという見方もできます。近年、日常性というものが、作家たちにとって非常に重要なキーワードになってきているなと思うんです。

ユーチューブ（YouTube）がはやったりしているというのは、何気ない〝日常の中のドラマ性〟みたいなものが、今の人々の心に引っ掛かりを生みだしていることの現れかもしれません。

原村　日常といえども、人の日々の暮らしには変化があるでしょう。そこにドラマがある。大きなドラマでなくても、小さなドラマがいっぱいあって、そこをどうやって見逃さずにキャッチするかが大切です。

ドキュメンタリストは、常に、取材している対象者や対象物に対して、アンテナをいくつも張っていなければなりません。自分がこれは重要だと思ったら、どんな些細《ささい》なことでも、それを見逃さずに撮ることが大切です。例えば僕が耕作放棄田のテレビ番組を作ったときも、ただ単に、放棄田を整備して、苗を植えてから稲刈りまで淡々と撮影しても普通の米作りと変わらないので面白くなりません。耕作放棄田での米作りは通常とどこが違って苦労が多いのか？　あるとき、田

田口洋美（たぐち・ひろみ）
東北芸術工科大学歴史遺産学科教授、東北文化研究センター所長。

んぼの水がすぐになくなってしまうという問題が起こったんです。耕作放棄田で米作りを始めた取材対象者本人じゃなくて、たまたま別のところでその情報が耳に入ってきたんです。とても些細なことなんですが、それでは水を中心軸にその後起こることを何でも撮影しようと考えました。それが積み重なっていくと、大きなドラマが見えてくるんです。

田口　ドキュメンタリストには、観察者という側面が大いにありますよね。

日常を撮るということ自体が、イベント性に欠けているから、かえって作家性が露出してしまう。例えば、奥さんが台所で仕事をしていたら、食べ物が床へ落ちる。そこへ猫が飛んで行く。それもドラマなんですよね。その日常の中のちょっとしたドラマを偶然カメラがとらえられるか。そこに作家としてのしたたかさが顕著に表れてしまうんですね。

原村　そういうことって、すごくありますね。ドキュメンタリーを撮っていて、神につかれたというんじゃないですけど、何でこんな場面に遭遇するのかというのが。

田口　フィールドワークをやっていて、似たようなことがあります。人との出会いにしても、一分間早めにその場を立ち去ったら会っていないほど微《かす》かなものなんです。求めていないと駄目だと思うんですよね。求めていないと、絶対現実は動きません。

原村さんの話は、自分のリアルな世界の出会い方みたいなものが、偶然だったということだと思いますが、僕は偶然だったとはとらえていません。それは、自分で求めているんですよ、何かを。求めなければ来ませんし、求めないで来たものは、大体自分の中で却下されているから、記憶に残りませんよね。先ほどの話にしても、高畠で一〇四日もロケをやったという、自分のこだわりや強い思いがあったから『いのち耕す人々』の完成を目指したんだと思います。

渡辺さんも、山形国際ドキュメンタリー映画祭というものの中で、現在に繋がるものを何か発見しているのだと思います。

渡辺　学生時代の自分の目線の話ですけど、大学で建築を勉強しても、設計図と模型が提出物なんです。どう逆立ちしても、建物の実地設計まで到達するのは余程のチャンスがないと難しい。でも、ドキュメンタリー映画祭に行ってびっくりしたのは、それが学生の作った作品であろうが大監督の作品であろうが、同じスクリーンにかかれば平等だということです。学生の目から見たら非常に羨ましかったんです。

それは、デジタルビデオになってきた九〇年代の後半だからこその現象だったと思うんですけど、ちょうど九九年が境目だったんじゃないかなと思います。二〇〇一年から、ドキュメンタリー映画祭のコンペティション部門でデジタルビデオが解禁されて、それ以降は中国を中心に、アジアの監督が台頭してきました。世界中の監督が来てディスカッションして、それは学生であっても、プロフェッショナルであっても、同じ空間で語り合っている姿って、すごくかき立てられるものがありましたね。

田口　自分が、どうして映画をやっていたのにマタギの世界に行っちゃったかなと、ときどき考えるんですが、やっぱり似ているんです。瞬間を逃さずに捕獲するドキュメンタリーってハンティングなんです。

どんなに素晴らしい理屈をこねる猟師であっても、獲物が捕れなければ意味がない。獲物を捕る人というのは、理屈をこねなくても、自然界の中の理屈に乗っている。それはある種のリズムで、有能なハンターは有能な観察者なんですね。観察したことと観察したことを、物語の中で、すなわち自分の中で組み立てられる。

原村　まったくバラバラな事実を自分の中で構築していく。それで一つの有機性を持たせていく。その作業を通して、作品が深まっていくという意味では、おおいに共感します。

ドキュメンタリーの場合は、地べたをはいつくばって、取材対象の人の目線に近づく努力をして作っていく。そうするうちに、撮影される対象者も一緒になって映画を作っているという感じが、すごくするんです。

やっぱり、互いの信頼関係が築けないと、いつも自分でアンテナを張っていたって逃してしまうかもしれない。取材対象者が何か語りかけてくれたことを大切と思うか、それともいらないと思うか、そこがポイントなんですよね。

『天に栄える村』は、たまたま、原発事故で米をどう

原発事故以後、天栄村では収穫した米の放射能測定を行っている（『天に栄える村』より）

しようかという話なんです。僕の意識の中では、原発問題というよりは、農業とか農民たちのドラマなんですよね。

僕はこの映画には、「原発はいけない」とかいうメッセージは、意図的に一切入れなかったんです。なぜかと言うと、ドキュメンタリーを作る人間は、基本的に運動家であってはならないと思っているんですね。自分の考えはもちろん底辺にあるにしても、そこで暮らしている人たちが語りかけてくることを謙虚に伝えないといけないと考えているんです。

僕の映画を観て、原子力発電が必要だなと思っている人でも、「ここまで苦労させるのか。やっぱり原発のことを考え直さないといけないな」と言ってくれた人が何人かいるんですよ。僕はそういうメッセージを発信したつもりはないんですけど、作る側のメッセージにとらわれなかったことが、結果的に観る人に多様な解釈や問題意識を芽生えさせることになるのかなと考えます。

ここまでやっても、こんなに厳しい状況になっても、それに立ち向かって何とかしていこうという農民魂というか、大地に生きている人間の強さというか、魅力というか。そういったものに惹かれているんですよね、僕は。

田口 二十数年ほど前ですが、佐藤真（一九五七〜二〇〇七年）が『阿賀《あが》に生きる』（一九九二年）を撮る前に何度か会って話をしたことがあります。そのとき「日常だよね。日常を撮ったほうがいい」と言いました。阿賀野川の周辺にいる人たちの生活をじっくり撮っていく。そうするとそこにじわっと、有機水銀中毒というものが現れてきます。それが日々の暮らしの中に入り込んでいることをとらえることによって、日常の中に潜む怖さみたいなものが画面に浮かびあがってくる。

原村 ドキュメンタリーというのはすごく難しくて、一つ一つ丹念に掘り起こしていくということは、すごく大切です。自分の価値観と違うことってたくさんあります。何で違うのかなということを考えて、そこから先を考えると、もっと深いものが見えてくるはずです。そこが日常というか、現状と言い換えてもいいかもしれません。自分の思っていたものと違う現状が出てきたときに、それを自分の思うものにねじ曲げて表現するのではなく、それより一歩先に、何で自分はそういう思い込みをしていたのかなと考える。そこを追いかけていくと、より深いことが出てくるんです。

シンプルな言葉が響く理由

渡辺 先ほど話しそびれてしまったのですが、ドキュメンタリー映画祭と『東北学』に出会い、自分の感覚が変わっていくように感じられた部分が実はあったんですね。映像の世界の深さの一端に触れたとも言えるかもしれません。

山形県の鶴岡市出身ですが、市街地で育ったので山村の暮らしに触れることもなく高校まで生活していました。そこで赤坂先生が主催するビデオワークショップによって導かれた山村の暮らしは、カルチャーショックでした。とにかく美しい風景とゆったりとした人々の営みがありました。村山市の五十沢《いさざわ》集落は、とても美しい茅葺《かやぶ》き集落ですが、山奥であり集落に戻ってくる若者も少なく、ゆっくりと人々が離村していく姿がありました。

現に撮影が終わって半年後に、撮影していた老夫婦の方が亡くなって、建物がほぐされて、畑が荒れてくるんですね。里山の集落にはカヤがものすごい勢いで侵食し、村はやがて消えていきます。厳しい現実に対して、その当時の自分ができることとしては山村の暮らしを映像で記録するということしか思いつきませんでした。

一方、日常的に大学で受けるデザイン教育では、とにかく何か新しいものを求められている切迫感みたいなものを常に感じていたんですね。当時は、山形の大学にいるのに、なぜか常に、読んでいるのは東京の雑誌なんです。しかも、東京の雑誌が紹介しているのは海外の建築が多いんです。消えていく農村と常に新しいものをつくっていく建築を目の前に並べてみると、その間には埋まらない大きな溝があることに気がつきました。

田口　問いとしての日常というものがないんですね。自分らの日常と文化を結ぶ紐《ひも》が外れてしまって、その結果、伝統的な文化という枠組みとわれわれの日常が乖離《かいり》している。そのつながらない理由は、経験の共有がないということなんですよね。それを僕は「文化継承リスク」と呼んでいます。

どうやって自分たちの伝統的な文化を守ってきたか。そういうことを考えるところがどこにもない。

芸工大には、先端的なことをやっているデザインの人たちがいっぱいいます。ならば自分は、われわれの日常をきちんと学生たちに見せられる授業枠を作ろうと考えました。フィールドワーク演習で、とにかく学生を村に連れて行く。村の人たちと山を歩かせる。一緒に祭りを手伝って、食事は全部自炊でやる。その辺にあるものを、ヒョイヒョイと摘《つ》んでくるおばちゃんたちから山菜や野菜をもらいながらね。

そういう日常の中で、自分たちの生きている日常というものを気付かせる。自分たちで発見させるように、気付かせるように、演出しないといけないと感じています。

渡辺　『よみがえりのレシピ』は、大学時代には乖離していると感じた昔の生活文化と現代性というものが奇跡的に結びついた作品です。高度経済成長の時代に日本中で数えきれない数の在来品種が消失しまし

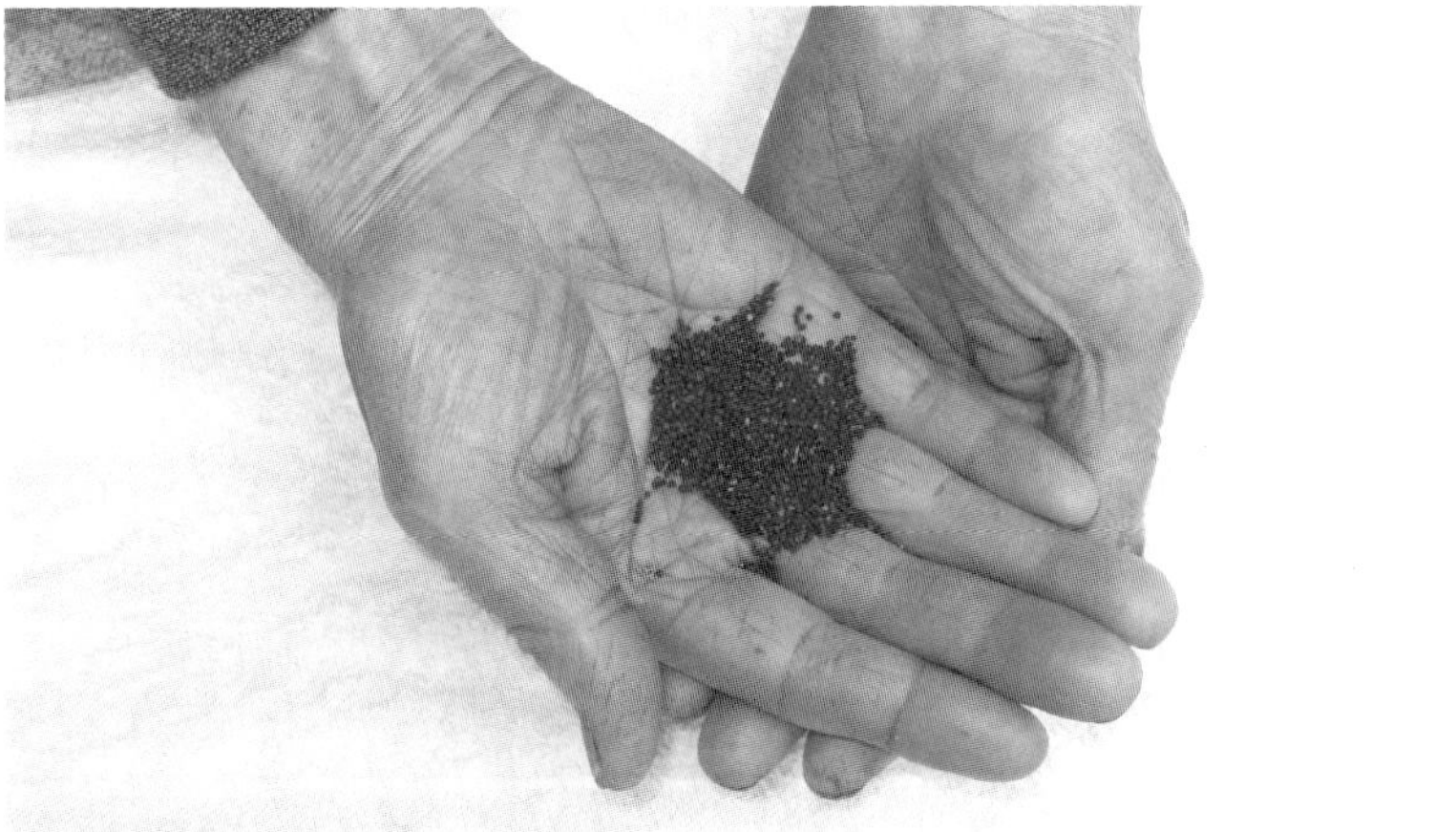

市場から消え、地元の農家によって守られてきた貴重な在来作物である宝谷（ほうや）カブのタネ（『よみがえりのレシピ』より）

た。大量に作って売ることが農業であり、産業であるという時代の中で、収量が少ない、病気に弱い作物は売り物としての価値がないということで、多くの農家がタネを手放してしまった。しかし市場の原理に翻弄《ほんろう》されずに、個人の信念で在来品種のタネを守ってきた農家の人たちが少数ですが今でもいるおかげで、山形の貴重な在来野菜は今でも食べることができるんですね。その生産者の生の言葉にカメラを向けたいということで、企画したんです。

その人たちがしゃべっていることは、非常に素朴なんです。「生きがい」だとか、「先祖から伝わってきたもので、何とか守りたい」とか、シンプルな言葉ですけど、映画を観た幅広い世代の人々に、その言葉が響くんですね。タネを守ってきた生産者の信念に触発された料理人、奥田政行シェフ（アル・ケッチァーノ）と、江《え》頭《がしら》宏昌《ひろあき》先生（山形大学農学部）が、料理の側面と、農学的な側面から在来野菜の価値をひも解いていく物語です。特に奥田シェフは、在来品種の独特な味を最大限に生かした、食材に寄り添う料理法で注目を集めている気鋭のシェフです。ここにしかない価値を秘めた宝物があって、その宝物から新しい価値を小規模なコミュニティでも生み出すことができるんだよというメッセージも込められています。

私自身、三・一一のときに、三〇年の自分の人生で初めて、ガソリンが一カ月届かない、あるいはスーパーにモノがなくなったという体験をしました。そのときに、社会の脆弱《ぜいじゃく》さというか、食べ物が山形にあるとありがたいなと思ったんです。産直や農家の人に頼みに行けば、雪を掘って野菜を分けてくれるし、カロリーベースで一三〇パーセントを超える自給率ですから。

戦後直後までは自給自足のような生活をしていたので、今よりも食べ物が豊富に手に入らなかった時代、命の保険にしてきたものの中にカブや大根がありました。山形にそれだけ在来種が残ってきたという根っこの部分には、食べ物が不足していたという危機感がありますね。タネを守ってきた生産者のインタビューの中で、食料が不足した記憶が連綿と語り継がれているんですが、タネだけでなく、記憶も映画で伝えていきたいと思うようになりました。映画を編集し終えて感じたことは、今の世の中が、あまりにも効率を求めてきたために、目先の利益に追われ、次の世代に何を継承していくのかという考えが、すっぽりと抜け落ちてしまっているということです。次の世代に伝えていくんだという気概も失われてしまっているのではと感じるのです。

田口　農家の人たちは、ただただ自分たちの作ってきた品種を絶やすことが怖いんですよね。その怖さの本質は、ものすごく保守的な意識なんですけど、それを持つことが、確実に精神的な安定剤になっています。それを持たないと、ものすごく不安なんですね。

原村　人間の根源的なものは何かと言うと、人間も動物だということです。そこがまったく忘れられているように感じます。よく考えてみれば、今、〝被災地東北〟となっているけれども、東北各県は、ほとんど食料を自給しているんですよ。自給していないのは、大阪とか東京といった大都市。今の発展がおかしいということを、みんなあまり意識しないで生活しています。

これまでのヤマガタ、これからのヤマガタ

渡辺　二つのキーワードがあると思います。一つはローカルシフト。もう一つがコミュニティパワーというか、市民の力だと思います。

これが実は、映画の上映活動とリンクしているんです。例えば震災以降、鎌仲ひとみさんの作品が市民の手によって、とても盛んに上映されているわけです。そのコミュニティパワーを支えている人たちが、市民出資でエネルギーをつくろうとしています。

一方で、震災以降、私の周りだけでも数多くの若者が山形に帰ってきたり、Ｉターンで入ってきて、子どもも生み育てながら暮らし始めています。そういう人たちも、次の社会を担っていくことになるコミュニティに参画していくんですね。それが東北だけじゃない、日本中で起きているんです。

東北ということであえて語るとすると、雪国ですから、冬場の雪は半端じゃないです。特に日本海側はそうですけど、そういう中で培ってきた生活のリズムとか、生活の知恵があります。冬場の手間暇の手仕事とか、そういうものを地域産業として、これから何とかやっていこうじゃないかということで、今、山形県の各地で取り組みが始まっています。

そういう人たちと繋がって、そういう人たちが新しい社会をつくっていくのを応援するようなコミュニティメディアというかたちで手助けできればいいと思っています。

原村　そこが重要なんだね。映画というのは、基本的には感情移入しやすく、相手の立場に立ちやすいメディアだと思うんです。生活に根づいた知恵をローカルなところから伝えていくのに果たす役割は大きいと思います。

もちろん、山形ではドキュメンタリー映画祭の人たちが培ってきたものがあると思うんですが、映画を作って、映画を上映するだけじゃなく、その後どういうふうに広めていっているのか。結局、映画で人々の意識を変えるところまでいけたらいいなと思うんですよね。

僕も、今まで作るのにしゃかりきだったけれども、何とか映画と多くの人たちを繋ぐネットワークをつく

りたいと思っているんですよ。

田口　私の場合、自分のやっている研究というのは、野生動物の保護管理の現場やマタギサミットに集約されていくわけです。マタギサミットというものが、二四年間続いてきています。なぜこれが続いてきたかと言えば、多分、マタギの研究の成果の使い方が、大きく問われているからでしょうね。その現場が保護管理なんですね。それは受け継がれるべき文化の実体をなしているということだと思います。

第一回のマタギサミットに来た人たちはもうほとんど亡くなって、その子どもたちの世代が、今は中心になってきています。持続性の中に、人々の流れみたいなものが出来上がってくることを実感しています。

渡辺　私自身、フリーで活動して六年目ですけど、さっき言ったコミュニティパワーみたいなものを、自分たちでつくっていかなきゃいけないなと思うんですね。撮影や編集を個人で行うのか、複数のチームで作るのか様々なスタイルがありますが、私にとって大きな変化は、地域のコミュニティパワーを生かしたかたちの映画製作が実現できたということです。まず映画『よみがえりのレシピ』製作委員会という任意団体を立ち上げて、ドキュメンタリー映画祭の理事、学校の教員、病院の管理栄養士、料理研究家など様々な分野の熱い志をお持ちの市民の方に参加していただきました。製作委員会のメンバーのネットワークを通じて寄付金を募り、映画が完成したら、同じネットワークを通じて県内外に普及していったんです。

東京で上映するときも、最初は山形のネットワークの人たちを通じて集まっていただいた方とメディア関係者に試写会をして、口コミとマスコミ両方で話題を作っていったんです。その結果どんどん人の繋がりが大きくなっていって、東京上映の後には、全国の食や農にかかわるコミュニティ活動をしている人々の手によって、上映会が続々と開催されています。

今後撮りたいテーマとしては、食に関することや、再生可能エネルギーに関すること、ローカルシフトに関することに興味があります。でも、大上段に振りかざしてというよりも、やっぱり人の繋がりを生み出していくことに重きを置いたプロジェクトにしたいなと思っています。映画を作ること自体が目的であるとい

自分たちで育てた外内島（とのじま）キュウリを手に喜ぶ子どもたち（『よみがえりのレシピ』より）

うより、取材対象者に出会ったり、映画を支援してくださる市民の人と一緒に学びながら、最後にそのプロジェクトが成功したときに、一緒に喜びを分かち合って、映画を上映していくという、そういうイメージです。そういう点では、ドキュメンタリー映画も、在来作物も似ているんだと思います。効率よく普及するというよりも、ゆっくりと人の繋がりを回復しながら、新しい価値創造をしていくという取り組みが必要だと思います。山形を拠点にしながら少人数で映画を普及していくことがフェイスブックなどのソーシャルメディアによって可能になったというのは大きな変化です。今回の映画製作によって映画が社会に働きかける力や、映画製作者の社会的な役割がもっと沢山あるんだなと勉強になりました。

原村　よく「原村さん、社会派ですね」と言われるんです。僕は「社会派ではなくて人情派ですよ」と言っているんですけど、どっちかと言うと僕の映画は人間讃歌なんです。

人間の原点とか、文明以前とか、そういう人たちが大切に育んでいた、いろいろな生業とか手職の技とか、すごく貴重な財産を記録していきたい。

変わらずにずっとある、普通の人々の営みのような文化や職業を含めて、もう一回、われわれが生きてきた時代というものを振り返ってみたいですね。

いまはこの映画祭の生みの親とも言われている木村迪夫《みちお》さんのところに通っています。農民文学者でもあり、小作人の息子から五反百姓《ごたんびゃくしょう》になり、出稼ぎをやったり兼業しながら生きてきて、小川プロダクション(一九六六〜九四年)を呼んだと言われている人です。彼の詩を通じて、戦後の六十数年を、もう一回、一次産業から問い直していくというか。それが僕のできることかな。

最澄《さいちょう》が「一隅《いちぐう》を照らす」ということを言いましたけれども、すべてはできないわけですよね。だから、僕のできる範囲でやれることをやって。取材をしていて、また木村さんに会いたいなという感じで撮っています。できれば、自分の楽しみも含めながら(笑)。

渡辺　特に山形県内にいると、「うちの村にも小川プロが来た」と言う人と必ず会うんです。当時、農家の青年部の人たちが古い農村社会でモヤモヤしているときに、小川プロの人たちが来て、映画を観ながら語り合うことで気持ちが高ぶるわけです。その場で、自分たちの農村社会をどうしていこうかといろいろ語り合って、そこで生まれた農業法人もあるんですね。

土本典昭監督(一九二八〜二〇〇八年)の『留学生チュア スイ リン』(一九六五年)が、日本で最初の自主製作によるドキュメンタリー映画と言われているんです。そしてそれ以降、それまでのようなPR映画という企業によって製作される記録映画ではなく、学生運動の中でお金を集めた、自主製作によるドキュメンタリー映画が数多くあります。同様に小川紳介さん(一九三五〜九二年)率いる小川プロも成田空港建設反対運動の映画を三里塚で撮り、その映画の上映活動で出会った木村迪夫さんを頼って上山《かみのやま》市の牧野《まぎの》村に移住してきました。小川さんの働きかけでドキュメンタリー映画祭が開催されることになり、そして小川さんに触発された山形市の若者たちがボランティアで映画祭を盛り上げ一九八九年の映画祭が成功。その若者たちが、最近は映画祭の理事をしているんです。

今では小川紳介さんの本が中国語に翻訳されている

んですが、中国の映画作家がそれを読んで、「山形はドキュメンタリー映画の聖地だ」ということで木村迪夫さんのところを二〇〇七年に表敬訪問しています。小川プロを支えた地元の農家の人たちと一緒に郷土料理や地酒を飲んだり、木村さんの詩の朗読を聞いたりと贅沢な時間を過ごしました。その年のグランプリを受賞した王兵も木村さんと交流しています。この国を超えるほどのネットワークは、市民の手によるドキュメンタリー映画の上映活動によって始まり、今でも続いているんです。

　映画って、バトンされていく中で生きていくのかなと思います。そういう文化の循環システムが山形には息づいている。山形だけではなく、自主ドキュメンタリーをやっている人たちの中に息づいていると思うんです。

原村　自分が撮ってきた映画は、すべて高畠からの繋がりです。ぼく自身の底辺には、「何か世の中おかしいんじゃないか」という怒りに近い思いがあります。東北には、生活に根ざした知恵がたくさんあり、今でも生活の中でその知恵が生きています。映画はそれを映すのだけれど、伝えていく活動が大切ですよね。そういう意味でも、渡辺さんのような若い世代には期待しています。

渡辺　今回の『よみがえりのレシピ』は、舞台としては小さいコミュニティなんですね。地元の大学やレストラン、何人かの生産者の方たちで構成される決して大規模なコミュニティではないんです。

　そういう中で、おのおのが、自分たちが、この地域に良かれと思ってやっている。あるいは、自分の信念としてやっていることが、お互いに合致して、チームになってやっていく。そういう緩やかな関係づくりが、すごく心地いいんですね。そういう環境で映画を製作していくことが、自分自身にとってもすごく喜びなんです。

田口　二人の話を聞いて、人から人への繋がりみたいなものは、本当に根っこにあるんだなと感じます。例えば木村迪夫さんだって、木村迪夫なる人を育てる真壁仁《まかべじん》（農民詩人、思想家。一九〇七〜八四年。代表的な詩集に『青猪の歌』『日本の湿った風土について』など）がいて、真壁仁が育つには……という繋がりがあるわけですね。

その繋がりから、小川紳介が山形に登場し、やがて山形国際ドキュメンタリー映画祭という形になる。形になったらなったで、今度はそこにまた、いろんなキャラクターやアクターが登場して、これを二十数年も引っ張っていくことになる。

山形国際ドキュメンタリー映画祭は何を生み出したんだろうということになると、そういう人の流れを世界に広げることができたということだと思うんですよね。遺伝子拡散じゃないけれども、そういうことが多分、起こっていると思うんです。今後どういう展開になるかはわかりませんが、一つの流れはもうできていると思うんですね。


（二〇一三年六月二日都内ホテルにて）

映画祭は生きものである

構成／山形国際ドキュメンタリー映画祭

YAMAGATA
International
Documentary
Film Festival

映画祭は生きものである

若者たちが村にやってきた

——小川紳介とドキュメンタリー映画祭

木村迪夫・語り

相手の心を摑む想像力

俺、あれだな、小川紳介と出会えたのは俺の人生にとってはよ、最大の幸運だったたな。何はさておいても、誰はさておいても小川紳介と出会えたのは俺にとっては忘れられないな。うん、人柄だ。大変な情熱家でもあったたっけどな、人への思いやりっていうかよ、相手の心を摑《つか》むのが上手だったもんな。想像力が働くんだわな、作家としてのよ。想像力が次々と膨《ふく》らんでいったんじゃないかなという気はするんだな。相手合わせて、鯖読《さばよ》む人だった。でもだまされたという、こう憎い思いはついぞあの人から出てこねかったな。だまされて楽しくなるというかな。そういう人だった。とにかく思いやりの深い人だった。

それと、話しで嘘ついても、作品の上では嘘をつかないが。見えなくっとも嘘をつかないっていう作品を全部、ピンからキリまでつくっとったから。撮ったものも使わないでしまってるあんて、いっぱいあるんだ。作品については凝ってて、生半可《なまはんか》な作品はつくらなかったな。

村をかえた『ニッポン国古屋敷村』と『一〇〇〇年刻みの日時計』

思い出いっぱい、懐かしさいっぱいあるんだけど、ぜんぶあれだな。もう時間も経ったからよ。

最初に小川さんと会ったのは一九七二年の秋だったかな。『(三里塚・)辺田部落《へた》』(一九七三年)の上映運動に来たとき。小川プロっていうのは自主製作、自主上映が基本だったから。それで秋の上映運動で。最初は仙台でやって、山形やって、上山ということでこの街に入ってきたのね。まず最初にスタッフがチケットを、券を売る活動をずっと、一ヶ月ぐらいかけてやっていたから。街場の料理屋をやめた店を借りて、そこで寝泊まりしてやってたんだけどね、しょっちゅう我々が、村の、街の青年たちが出入りしておったんだ。上映やったのが十月だな。市民会館でね。上映やってそのあと、一ヶ月ぐらい、残務整理っていうかチケットの回収とか何とかでずっとおったからね。街場に宿を借りて、三ヶ月ぐらいそこで寝泊まりしておったんじゃないかな。

あの『ニッポン国古屋敷村《ふるやしき》』(一九八二年)の映画に取り掛かるまでは、正直言ってよ、小川プロが何を撮るかっていうのは必ずしも明確に決まってねえかったんだな。ほんと、ただひたすら、あの田んぼを借りて、田んぼにカメラを据えて、定点観測みたいなことを、ざあっとやっとったわけよ。その間に例えば、あの、『クリーンセンター訪問記』(一九七五年)とか、『(牧野《まぎの》物語・)養蚕編《ようさん》』(一九七七年)とか、

小川さんと出会ったのは1972年の秋だった
——木村迪夫氏（蛯原一平撮影）

真壁仁の『(牧野物語・)峠』（同年）なんていう映画を二、三本作っているけど、あくまでもそれは本命的な作品じゃなくってよ。それまでの言ってみれば、行きがかりで撮ったみたいなところがあってね。

『クリーンセンター訪問記』なんかは一九七六年だったか。こっちへ移住してきた時点で俺が名刺代わりに一本撮ってくれないか、ということで頼んで始まった仕事でね。それからその当時、この辺は養蚕が主流だったから。本家のじいちゃん、ばあちゃんから協力を受けて、みんな蚕の飼育をしたんさね。その過程、プロセスを撮ったのが、『(牧野物語・)養蚕編』っていうのでね。いずれの作品も小さな作品で、本来的な、これぞっていう作品でねえがったんだけどね。ただ小さい作品ながらも、小川プロの撮る作品はそれなりにもちゃんとした内容があってね、魅せる映画だからね。それはそれで評価できる映画だ。

そういう時期に冷害が来てよ。あれはよ、昭和五五年だから、一九八〇年ぐらいだったか。その頃大冷害が来たんよ。未曽有《みぞう》の大冷害が来て、それまで小川プロって継続的に、ずうっと気象の観察とかもしとったから。それで、そっちこっち冷害の村を歩いたわけよ。どこを撮ろうかなって、歩き回って、歩き回って、古屋敷に決めた。単に冷害だけではなくて、そこに住んでいる人々の生活と意見を織り交ぜながら冷害を撮っていこうと。こうしたんだ。

だども、古屋敷村の人たちもなかなか心を開いてくれないし、小川プロも難儀したんじゃないかな。あんときにはよ、古屋敷村も過疎化しつつあって。もともとは一八軒あったんだげども、八軒ぐらいしかながったんじゃねえかな、残っとったのは。その八軒ぐらいの人たちも全員心開いたわけでなくって。やっぱり、最後までなかなか協力的でなかった人もおったわけだ。

ただそこのところ、小川プロっていうのは執拗《しつよう》に食い下がるからね。養蚕をやっとったから、古屋敷はね。んで養蚕の手伝い。桑の運びとか、そういう養蚕に関わる仕事の手伝いとかよ。それから炭焼きもやりおったから炭の運搬の手伝いとか。そういうのをこっちから執拗におこなったもんだわな。そうして向こうの方から自然に心開いてきたというかな。結構、日数はかかってますがな、それだって。


もともとここ（山形県上山市牧野）に小川プロ来たときはよ、一〇〇戸近く、九六、七戸あったんだども、受け入れたのは四、五人、我々の仲間ぐらいだったから。あとは全然。当時だから、みんな学生運動経験してきた人ばっかりだったし。髪を長く伸ばしてたり、髭《ひげ》を生やしていたりすると、異様に見えるもんね、この辺の人たちには。だから、あれだな、ここの村の人も気を許すようになったのは、『ニッポン国古屋敷村』がベルリン映画祭で賞をとってからだな。それまでは、例えば、スタッフがカメラを持ってずうっと村中歩くとよ、玄関ぴしゃっと閉めっとかよ。

『ニッポン国古屋敷村』をこっちで上映したときは、さすがにあれだ。上山市民会館の席は九六〇ぐらえだったけど、満席でね、一五〇〇ぐらい入ったんでねえかな。俺、小川さんと通路で抱き合って喜んだっから。「小川さん、石の上にも三年っていうけど、石の上にも十年だな」って。

それ以後だな。村の連中は掌を返したようによ、協力的になったな。村の人たちはせっせっ、せっせっと通うようになったんだ。一番足繁く通ったのは俺のお袋だ。小川さんっていう人は、年寄りを扱うのが非常に上手なんだね。あの人の性格っていうのか、非常に優しい性格というかね。年寄りには非常に、微に細にわたって心を開いて、相手の心を汲《く》んでくれるような話をしたもんだわな。だから俺のお袋なんか、毎日見てっちゃ、お茶呑《の》みに行ったわけだ。いやあ聞き上手だ。

だから、古屋敷のあとの『一〇〇〇年刻みの日時計――牧野物語』（一九八六年）は村中盛り上がったんだ。『ニッポン国古屋敷村』で国際的な評価を得たあとだからね。我も我も、と協力したな。ましてや、プロのスタッフ、キャストを連れて来たってこともあってよ。大変な盛り上がりだった。村中で撮った映画だったという気がするな。それと、もう一つは村の人たちが映画を見る見方がよ、非常に肥えてきたっていうかよ。本物と偽物を見分ける力が村の人から出て来とったよ。

小川プロのここでの最盛期は、総勢一六人おった。で、古屋敷まで車で通ってたんだ。こっから四、五キロ、そんなもんだから。通うに良い距離だわね。

村の人っていうのは面白いんだ。最初、「貴様ら、あの連中に寄りつくなよ」と。「あれは新左翼で危ねえから寄りつくなよ」って、こう俺に言ったわけだ。でも俺んとこで、（小川プロの若いもんたちが）何人かしてユイで田植えとかして。一年目はさすがによ、上手だとは言えねえな。けど田植えも二年、三年経つと、村の衆と引けをとらねえくらい、ちゃんと農作業するくらいなるわね。そうすっと、俺んとこも来てくれって誘いがかかるようになるんだ。そういうもんだ。

それにもう一つはよ、現場の技術だけでなく、文献の上でも彼らはちゃんと勉強するからよ、やっぱりマスターするんが早いんだな。稲作りなんかはかなり文献を読みこなしたな。だから村の人が驚いたっていうのはよ、この辺だと田んぼ一反歩、一〇アールの田んぼから一〇俵ってのは最高なんだね。でもちゃんと初年度からそれくらい穫《と》ったんだから。二四アールの田んぼから二四俵穫ってよ。村の人もこれには圧倒されてた。いや、すごいもんだと。それくらい頑張ってた、彼らは。しかもよ、彼らが田んぼをつくるまでは五年間、休耕田で、荒れてたんだ。そこを見事に変えたんだから、若い人のその努力たるものや、たいしたもんだったな。

三人が手を携え映画祭を興した

ドキュメンタリー映画祭が始まったのは、『一〇〇〇年刻みの日時計』が終わってからでねえかったかな。市制百周年で、いろんなイベントをやるわけだな、世界の食の祭典とか。そういうなかで田中哲《さとし》さんっていう人がね、小川さんに提案したんよ。皆さんは、小川さんがドキュメンタリー映画祭を山形市に提案したんだど言うけど。俺、確認したんさ、小川さんによ。したら、田中さんから提案があったんだと。それはいい企画だと、協力しましょうっていうことだったんだわな。じつは田中さんの娘さんの御亭主がよ、小川プロのスタッフだったんだ。そんなこともあって、田中さんは小川プロに対して親近感あって、そういう話がでたんさ。

最初の時点では、佐藤忠男さんが協力するっていうことで関わっておったんだね。あの、映画評論家の。けれど、その後、佐藤忠男さんが引っ込んでよ、山根貞男さんになって。そのあとずっと山根さんが協力してくれてるわけよね。

とにかく最初は田中さんだ。どっちが先に言ったんだ、て小川さんに確認したんさ。でも、それはどっちだっていいんだ。田中さんと小川さんが相携えて映画祭を興《おこ》したということなればね。

あともちろん、市が乗ってこねえと出来なかった。当時の市長はよ、金沢忠雄っていう市長でよ。この人は農民出なんだ、農協の組合長やったり。この金沢市長が、一〇回はやりましょうということを約束してくれたという話を聞いてる。なかなかの太っ腹の人でね。だから、映画祭が続いてきたのには、金沢忠雄の政治的な力もずっとあったんだね。結局は金沢市長と、田中さんと小川さんと。行政と現場がうまくマッチしたということなんだな、映画祭が出来たのは。

田んぼの中から村を見たい……

あのよ、小川プロを呼んだきっかけはどうだったんだって、よく聞かれるな。これよ、きっかけっていうのはよ、さりげないもんだったんだ。『辺田部落』の上映運動が終わって、十一月あたりはほとんどスタッフが残務整理をやっとったわけよね。小川さんは暇なわけだ。俺はその頃廃棄物の収集をやっとって、（小川さんは）その車の助手席に乗ってたびたび俺の仕事に付き合ったりしておったんだ。その時、「小川さん、この村（牧野）に来ないか」って俺、声かけたのよ。半心はまさかよ、本当に来るとは思わなかったんよ。それが結果的には実現したということだな。

俺はこういう人間だ。村の中では遊び人だもんだから、やっぱり村の中が非常に閉塞的で、保守的で。そういう状況の中で何とか村を活性化したいとずうっと思っとったから。そうすると、内部の青年団活動、

小川紳介が惹きつけられた古屋敷村（田口洋美撮影）

青年学級とかだけでなくて、外部からのよ、新しい血を輸入する。そうすっことで活性化するんでないかなと考えておったんよ。その良い一つの手がかりになるなと思ったんだわな。もう一つは、あの『辺田部落』という作品を見て、この作品は三里塚の映画の集大成だと読んだわけよ。小川さんはこの辺で、三里塚に一区切りつけて、どっかにもう一つ新しい視点で仕事をしようとしているなあと推測したわけだ。その俺の読みが当たったたんかな。
　それに具体的に言えば、暮らしていける手助けがないと、段取りがないとダメなんで。うちの隣、今は空き地があるんだけど、そこに農家が一軒あったんよ。離農した農家がそこにあって、住むにはそこで何とかなると。ちょっと大勢だからなかなか大変だろうけど。それから田も畑も借りられると。そういう条件が頭のなかにあったもんだから声をかけたんだ。それにまんまと小川さんが乗ったんで。
　小川さんにすれば三里塚では、辺田部落では、村の外から、田んぼの外からしかカメラを向けられなかった。

でも、この村に来て、自分たちのカメラを通して田んぼの中から村を見ることができる。カメラアングルを百八十度転換して、そういう視点で、今を撮っていきたいというのがあったんだな。だから他の人からすれば、なんの闘争もない、事件もないこの村に来て何を撮るんだ。こういうことになるんだがね。でも小川さんに言わせれば、あの三里塚での農民のエネルギーというのは、底知れぬエネルギーというのは、一体その根源はどこにあるんだと。思想というのはどこになるんだと。そこを探りたいというのがあったんだと思うんだな。それをこの村に来て見つけたい、発見したい、撮りたいというのは小川さんのなかにあったと思う。

小川さんは三里塚闘争、あそこを撮ったわけだから、外部の人間は闘争を撮る映画集団だと思っとったらしいけど、小川さんのなかでは民俗学的なのがもう一つあってね。もっぱら聞き手だったからよ、あの人は三里塚ではよ。受け手だったから。そうじゃなく、受け手でなくて、こっちへ来てから勉強して、自分の力にして、跳ね返し、作品へ投影していったということになるかな。勉強しとったもんな。本もよく読んでた。

小川プロは、村にとってのカンフル剤の役割としては十分になった。ただし、これを永続的に要求するのはこっち側の勝手な想いであってね。小川さんだってこっちに永住するつもりで来たわけでねえわけだしね。だからこういうことは言えたかもね。小川さんはよ、作家の姿勢で村の人たちを見たわけだ。ある一定距離までは近づくわけだけど、それ以上同化はしない。村に永住するわけでもない、百姓になるわけでもないから。映画人としての作家としての姿勢でものを見るわけだ。同化するということは、見えるものも見えなくなるということも彼のなかにはあったな。

俺、今、よく皆さんに言うんだけど。よそから若いエネルギーを注入してきて、今まで淀《よど》んでおった水面に一石を投じてきたわけだ。で、波紋もばあっと広がって、非常に活性化したんだけでも、それもある一定時期なると、だんだん、だんだんと波紋もよ、落ち着いてきてよ、元の、こうどろんとした水面になってしまったなあという感じはするな。やっぱり若い人がいねえ村は寂しいね。サラリーマンになって村を出て、日中はほとんどいねえよ、ここに若い人は。俺、体力と気力はよ、若いときは体だけは誰にも負けなかったな。だから、もっと若かったらなあって気はするな。

今にしてみれば、小川さんは良い時代に生きたなと思うな。あの時代だからこそあんな映画の撮り方ができたんだもね。小川さんは銭がなくてもケチらなかったもんな。自分には金を借りてるっていう認識はなくてよ、金はスタッフが準備するもんだっていう意識があったからね。俺、聞いたんさ。「借金どうするんだ、小川さん」って。あの当時ですごい借金があったんだ。そしたら「僕は作品で返します」と。こう言ったっけな俺には。「僕の作品は五〇年は生きてますから」と。小川さんは名実ともに映画人だったなあ。そんでもって寂しがり屋で、やんちゃ坊主でね。年中祭りをやってないと寂しくって気が済まない。人を寄せてわあわあやってるのが大好き。そういうとこあったなあ。

（聞き手／田口洋美）

映画祭は生きものである

山形国際ドキュメンタリー映画祭の歩み

矢野和之

二〇一一年の十二回目の映画祭の閉会式が終わった次の日、山形国際ドキュメンタリー映画祭の言い出しっぺであり仕掛人であった山形の田中哲（敬称略、以下同じ）が逝去した。映画祭の創設から二〇〇九年まで実行委員長として映画祭とともに歩み、初期にはコンペティションの予備選考にも携わっていた。

その田中が相談し映画祭に大きな影響を与えたドキュメンタリー作家小川紳介は、おそらく映画祭の開催に一番興奮していたであろう。最前列で映画を見て、会場中を歩き回り、作家たちと語り合っていた一九八九年の映画祭のあと、一九九二年に亡くなってしまった。小川紳介とともに一九六〇〜七〇年代から日本のドキュメンタリーを牽引《けんいん》してきた土本典昭も、一九八九年に招待作品『よみがえれカレーズ』の上映とアジア・シンポジウムに参加、その後も数回来形した後、二〇〇八年に他界した。

一九八九年に映画製作中の新潟からスタッフとともに来形し馬見ヶ崎《まみがさき》川の橋の下で寝泊りして会場に

通ったことが伝説となった佐藤真。一九九一年には『阿賀に生きる』のラッシュ上映を行い、一九九三年にコンペ作品として上映、その後も映画祭と併走し続けたが、二〇〇七年に突然逝《い》ってしまった。

第一回のコンペ審査員長の勅使河原《てしがわら》宏、審査員の如月《きさらぎ》小春、セルジュ・ダネー、リチャード・リーコック、一九九一年のコンペ審査員のクシシュトフ・キェシロフスキ、エドワード・ヤン、一九九三年の審査員メラタ・ミタ、一九九五年の審査員工藤栄一、二〇〇一年の黒木和雄、一九八九年のコンペ作品で来形し一九九七年に審査員で二度目の来形を果たしたロバート・クレイマーもいない。一九八九年に特集を行ったロバート&フランシス・フラハティの娘さんのモニカ・フラハティ・フラセット、第一回のコンペ作品の共同監督ネストール・アルメンドロス、同じ年のコンペ作品監督で、一九九七年にもコンペで上映したヨハン・ファン・デル・コイケン、一九九一年と二〇〇三年のコンペ作品監督のヘルツ・フランク、一九九三年の大賞作品『黒い収穫』の共同監督ロビン・アンダーソン……。

一九八九年のアジア・シンポジウムに参加、一九九三年にはアジア部門の最初の審査員を務めた柳澤壽男《ひさお》、元小川プロダクションで一九九七年のアジア部門審査員を務めた福田克彦、日本ドキュメンタリーの特集で多くの作品を上映、二〇〇七年にはマルチ・スクリーン上映を行ったNDU（日本ドキュメンタリスト・ユニオン）の布川徹郎、やはり日本ドキュメンタリー特集で作品が上映された時枝俊江、松川八洲雄《やすお》、岩佐寿弥《ひさや》……。二〇〇一年の亀井文夫特集の菊地周《しゅう》……。

始まってから四半世紀を経て、山形国際ドキュメンタリー映画祭に参加した多くの人々が鬼籍に入ってしまった。

一九八九年

第一回の山形国際ドキュメンタリー映画祭が一九八九年の十月に開催されたことは、様々な意味で衝撃だったに違いない。山形市市制施行百周年記念イベントとはいえ、なぜ山形で？　それも地味なドキュメンタリーをなぜ？　という声がその後も長く聞かれた。準備に二年以上、開催が決定して事務局が山形と東京にできて一年半、ヨーロッパの映画祭関係者に告げると、大島（渚）や今村（昌平）の日本で、それも小川（紳介）のいる山形で、というのがすんなりと受け入れられ励まされたのは、日本国内以上であった。

全世界に告知してコンペティションには二百本以上の応募があったことに驚き、その中から十五本の作品を選び、特別招待作品、日本のドキュメンタリーの草創期の作品群、コンペティションの大賞グランプリに「ロバート＆フランシス・フラハティ賞」を冠したことからフラハティ特集を行い、アジアから作家を招《よ》んでシンポジウムを行い、東京他全国各地から映画好きの観客が集い会場は熱気に包まれた。山形市民はというと、常ならぬ多くの外国人が街を歩き、買い物をしているのを遠巻きに眺めていたと言えるかもしれない。それでも会場では、農業を営んでいる人の具体的な質問に、外国の作家たちも目を見開かれていた。

一九八九年という年は、六月に中国で天安門事件があり、秋にはベルリンの壁が崩壊した激動の年でもあった。折から作品とともに来形した東ヨーロッパの監督たち、ハンガリーのデュシャン・ハナック（『老人の世界』）やラトヴィア（当時ソ連）のイヴァルス・セレツキス（『踏切のある通り』）等は、常に故国の動きに敏感に反応して、山形でも終始神経質であったし、中国から招待しようとした田壮壮《ティエン・チョワンチョワン》等は出国がかなわなかった。

何もない（?）山形の地は、時ならぬ祝祭の一週間となり、映画祭を評して「考古学的な魅力の漂っていた時代の映画祭の雰囲気に似たものを即座に感じとり、幸福なため息をついたものだ」（『映画祭デイリー・ニュース』一九八九年十月十五日。傍点は原文）と蓮實《はすみ》重彦が、また「……映画の原点から、現在の映画、さらにこれから作られる未来の映画にまで観客の視野を広げるトータルな映画祭……」（『讀賣新聞』一九八九年十月二十日）と河原畑寧《かわらばたやすし》が書くなど、映画人の評価も高く、継続が約束されたのであった。すべては第一回がその後の映画祭の骨格を作り、方向を決定づけたとも言えよう。

インターナショナル・コンペティション

コンペティションは、全世界からの応募の中から約十五本を予備選考で選び、映画祭で上映してきた。予備選考は、当初東京事務局で映画評論家やスタッフで四十〜五十本を選び、それを山形の実行委員会、市の担当者、映画愛好者を含む市民等が視聴し、最後は東京と山形の選考委員が集まって決定した。最終選考会は多い時で三十名以上になり、なかなか突っ込んだ議論がしにくくなったので、二〇〇一年からは東京・山形の委員両者十数名が最初から視聴して数回議論しながら決定していくことになった。はじめから、専門家のみでなく市民が加わって選考していたことが特徴的であり、それが現在まで続いている。今では応募作品の総計は千本以上になった。

長編のフィルム作品で、作者がドキュメンタリーとみなすものをすべて受け付けた。ドキュメンタリーというと、重い、暗い、退屈という固定観念があり、それをぶち壊そうとして、まず「映画」であることを第一に考えた。単なるレポートではなく、テレビ番組でなく、メッセージを伝えるだけのものでなく、啓蒙的なものでもなく……そこで出てきたのが、役者を使ったロードムービー『ルート1／USA』（ロバート・クレイマー）、実験的な『プレーントーク&コモンセンス』（ジョン・ジョスト）などで、招待作品には、『風の物語』（ヨリス・イヴェンス）、『僕は怒れる黄色』（キドラット・タヒミック）等々。ドキュメンタリーの映画祭でこのような作品群に接しられることに驚いた人は多い。

　フィリピンのキドラット・タヒミック監督は当初なぜドキュメンタリー映画祭に呼ばれたのか不思議に思ったそうだが、その後も同作品を追加再編集して毎回新しい増殖バージョンを発表してパフォーマンスも行い、初期の映画祭の名物となった。一九九一年には、役者たちがテキストを読むブラジルの『生きて帰れてよかったね』（ルシア・ムラト）やドラマとミックスされたパレスティナの『石の賛美歌』（ミシェル・クレイフィ）等がコンペで上映されるなど、ドキュメンタリーの概念を覆《くつがえ》す幅の広い捉え方はその後も続く。

　ドキュメンタリーといっても、「映画」である、との認識から、コンペはフィルム作品（撮影がビデオであっても、完成作品はフィルム）に限定してきたが、ビデオの進出は目覚ましく、デジタルの普及によって、フィルムに限定することが難しくなってきた。必ずしも安価だからというわけでもなく、ビデオだからこそ撮れる作品が現れてきた。

　一九九七年のジョン・ジョストの『ロンドンスケッチ』は最初コンペで上映しようとしたが、フィルム作品でないために、招待作品として上映した。そこで二〇〇一年からはフィルムに限定せずにビデオ

初回の映画祭'89に行われたティーチ・イン「アジアの映画作家は発言する」

作品も受け付けることにし、早速大賞にビデオ作品『さすらう者たちの地』（リティー・パニュ）が選ばれた。その後の二〇〇三年の大賞作品『鉄西区《てつにしく》』（王兵《ワン・ビン》）なども、ビデオでなければ撮れない作品であろう。二〇一一年のコンペはビデオ作品十一本、フィルム作品四本となっている。商業公開される映画もほとんどデジタル作品・上映になっていき、今やフィルム自体が消え行く運命にあるのか。

アジア

一九八九年に開催されたアジア・シンポジウムは当初の計画にはなかった。アジアで初めてのドキュメンタリー映画祭であることを強く意識して、アジアからの作品に期待した。しかし、アジアからの応募は文化紹介映画や広報映画などに限られ、ドキュメンタリーに伝統のあるインドを除いてコンペティションで上映したいと思う作品はなかった。それならばなぜないのかを追究しようということで、マレーシア出身で香港映画祭にも関わっていたスティーヴン・テオや韓国のインディペンデント映画界に詳しい青木健介等の人脈をたどって、東・東南アジアから若手の作家を呼んでシンポジウムをやってみよう、ということになった。小川紳介主宰である。そこで議論されたのは、政治的に厳しい状況であり、経済的な苦境であった。それでもなお、ドキュメンタリーを作ろうとの意気込みは強く、映画祭のフェアウェル・パーティでは、アジアの作家たちの宣言が発表された。

一九八九年には、シンポジウムに参加した作家たちの映画が番外上映されただけであったが、一九九一年にはアジア各国からビデオ作品を含めて特集上映が行われ、一九九三年から、長編フィルムのみのコンペティションに対し、ビデオでも短編でも何でもフォーマットにこだわらずに上映して、もっとも期待できる作家に賞を出すことになった。小川紳介が最後までアジアの作家を気にかけ期待していたことから、小川紳介賞と名付けた。

一九九三年には『私の紅衛兵時代』で中国の呉文光《ウー・ウェンガン》が、一九九五年には『ナヌムの家』で韓国のビョン・ヨンジュが小川紳介賞を受賞、両国のドキュメンタリー界を引っ張っていくことになる。その後、アジア部門は年々豊かになり、映画祭のひとつの柱となっていった。またアジアの作家たちのひとつの目標ともなった。二〇〇七年には小川紳介の本を中国語に訳していた（中国の作家たちのバイブル的なものになった）馮艶《フォン・イェン》の『秉愛《びんあい》』（劇場公開名『長江にいきる』）が小川紳介賞を受賞した。二〇〇三年には中国の九時間の作品『鉄西区』（王兵）がコンペティションの大賞を獲得、二〇〇五年にはやはり中国の『水没の前に』（李一凡《リー・イーファン》、鄢雨《イエンユイ》）、二〇〇七年には再び王兵の『鳳鳴《フォンミン》――中国の記憶』が大賞に輝くなど、コンペティションでもアジアの作家の台頭は目覚ましい。

一九九一年には、日本とアメリカの第二次大戦の戦前から戦中に作られた映画を比較上映した「日米映画戦」で四十一本の映画を上映した。この時には分厚いカタログを作成し、企画のユニークさも合わせ、後々までの語り草となり、その後の特集への注目が増すことになった。

一九九三年には、国際先住民年にちなみ、先住民映像祭を行った。従来先進国から出かけていった人たちに人類学的な調査対象のように撮られてきた先住民たちが、自身で作った映画群。選考も彼らに任せ、映画祭では、小屋を建てて「先住民シアター」とし、期間中映画上映、イベント等で大いに盛り上がった。

一九九五年には、映画百年に合わせ、「電影七変化」と称し、七つのテーマから映画史を繙《ひもと》いた。オープニングでのリュミエール作品に合わせての柳下美恵のピアノ演奏、AZ大ホールでの、『伯林《ベルリン》――大都会交響楽』（ワルター・ルットマン）映写に合わせてのティモシー・ブロック指揮による山形交響楽団の演奏、『草原』（メリアン・クーパー、アーネスト・シェードサック）に合わせての山形の若いグループによる演奏等、映画だけでなく、イベントとしても華やかなものになった。そして「日米映画戦」のアジア版とも言うべき一九九七年の「〈大東亜共栄圏〉と映画」。

一九九九年のヨリス・イヴェンス特集。ヨリス・イヴェンスは一九八九年の第一回に『風の物語』とともに招待しようとしていたところその年の六月に亡くなり、パートナーのマルセリーヌ・ロリダンのみ来形していた。二〇〇一年にはロバート・クレイマー特集。二〇〇三年の沖縄特集は、沖縄を表象する映画や沖縄の作家たちの映画群、二〇〇五年の在日特集「日本で生きるということ」では、戦時中に在日作家が作った映画やニュース映画を韓国の映像文化院から取り寄せたり、朝鮮総聯映画を含めた在日の作家たちの作品を集め、沖縄特集と同じく普段なかなか目に触れにくい作品がまとめて多く上映されて強いインパクトを与えた。

それほど大規模でない特集も多く行われ、二〇〇三年のニューズリール特集、二〇〇五年のスイスと日本の一人称映画の特集、二〇〇七年の「交差する過去と現在　ドイツの場合」、科学映画特集……。フランスの一九六八年五月に多大の思想的影響を与えたギー・ドゥボールの特集（二〇〇九年）では、三十分以上の音のない黒味の映像が続いて、その間に携帯で大声で話し始める観客がいて叱責が飛んだり、終わったら拍手まで起きたりした。

また二〇一一年の「私のテレビジョン　青春編」は、今まであまり取り上げられてこなかったテレビのそれも草創期のドキュメンタリーを取り上げ、山形の劇団の協力を得て畳敷きの観客席の前にテレビをかたどったスクリーンを作った舞台設定もさることながら、草創期の奔放なテレビドキュメンタリーが今さらながら刺激的であった。さらに、二〇〇九年からはシマをテーマにする特集が始まり、二〇一一年には、キューバ特集が行われた。一九八九～一九九七年には、五回続けて日本のドキュメンタリーの回顧上映が、草創期から当時の現在までの作品を集めて行われ、また二〇〇一年には亀井文夫監督の特集も行った。

二〇〇七年からは、「やまがたと映画」特集が始まり、山形にちなむ映画を特集している。戦前から8ミリで蔵王《ざおう》等を撮っていた塚本閤治《こうじ》のフィルムや、戦後のアメリカ占領時代のナトコ映画等、また本多猪四郎《いしろう》など山形出身の監督、俳優たちの映画も上映、〝映像の未来〟として、山形の若い作家の映画も上映している。二〇一一年には、東日本大震災の後を受けて、震災関連の映像を特集上映して、多くの観客を集めた。

事件

映画祭は生きものである。事件には事欠かない。

一九九三年にコンペの大賞がパプア・ニューギニアの先住民たちの戦いが描かれるオーストラリア映画『黒い収穫』（ボブ・コノリー、ロビン・アンダーソン）となったことから、同時に行われた特集「先住民映像祭」に参加した作家たちが悲しみ怒り、授賞式で先住民の作家たちが一斉に退場することがあった。一九九七年には、特別招待作品『マザー・ダオ』が植民地時代のインドネシアでの中国人労働者たちが全裸で水浴びさせられているところが映像に現れ、税関で引っかかる事件が起きた。その部分をカットしなければ輸入できないことになり、それも映画祭での上映直前のことで、泣き泣きカットして上映した。その十二秒ほどの部分は、映写スタッフのアイディアで、白味のフィルムをつないで上映した。

ちょうど東京国際映画祭で、山形のコンペ審査員のロバート・クレイマーの作品が税関に引っかかって上映できなくなり、山形で、両者の抗議の記者会見が行われた。実は税関騒ぎは一九九一年にもあり、バンコックの売春婦たちを描いたオーストラリア映画『グッド・ウーマン・イン・バンコック』（デニス・オローク）が風俗店でのヌードダンサーの公演シーンで性器等が見えることで、新聞に載り客席は超満員なんてことがあり、税関の役人が山形へ来たりしたことがあった。

一九九七年には、台湾から舞踊団が来訪し、ちょうど中国からのゲストを迎えていた市当局との間で、オープニングで公演するしないで一悶着があり、結局期間中に街頭で公演することで決着がついたりしたことがあった。中国と台湾の問題は当初からあり、「台湾」の呼称を使うことに対する中国からの異議は何度かあった。一九九七年の特集「〈大東亜共栄圏〉と映画」で、中国の政府機関からフィルムを借りる予定であったのが、アジア部門でインディペンデントの作家たちを呼ぶことと、どちらかをとらなければならない状況が生じ、作家たちを選んで、フィルム借用をあきらめたこともあった。

そのような各国の政府との軋轢《あつれき》は他にもいくつかある。一九八九年のコンペ作品『ノーボディ・リスンド』（ホルヘ・ウリヤ、ネストール・アルメンドロス）は亡命キューバ人のトークで終始する作品だが、キューバ大使館から抗議がきたし、一九九五年の『アフリカ、お前をむしりとる』（ジャン＝マリ・テノ）は、カメルーンの現状をおとしめると、大使館から抗議が来たりしたことがある。

祭

映画祭は、〝祭〟である。ドキュメンタリー映画祭というと一見真面目で威儀を正さなければならないように思えるが、そんなことはない。

前記のキドラット・タヒミック一家のふんどし踊りパフォーマンスや、山響のオーケストラの他にも、一九九九年にはフェアウェルパーティで、アメリカのダニエル・モーレイによって16ミリ映写機を十数台使ったループ映写をやろうとしたりした。失敗したのだが……。一九八九年にはシネマプラザという古い映画館でフラハティ特集を行ったのだが、観客席が板張りで歩くたびに音がして、ゲストのモニカ・フラハティが文句を言っていたのを聞いて、映画館では建て替えを断行し、一九九一年からはミューズという小さな素敵な二館の劇場となり、二〇〇七年まで、アジアの上映館として親しまれた。東北芸術工科大学の学生による飾り付けも行われるようになった。

二〇〇九年には、閉館を惜しみ、「さよならミューズ」として、関わりのあるゲストたちによるトークなどのイベントがあり、二〇〇七年には閉館していた古くからの映画館旭座《あさひざ》で、カラオケ大会が行われた。ボーリング大会が行われたのは二〇〇三年である。

二〇一一年には、マレーシアの影絵映画が上映されたのにともない、影絵師も来日して公演を行った。二〇〇三年には沖縄特集に合わせ、沖縄から大城美佐子が来形してコンサートを開いたし、また二〇一一年には、キューバ特集に合わせて、キューバのミュージシャンたちが山形に来て、アジアの審査員であった瀬々敬久の『頭脳警察』の登場人物パンタも来形して共演するなど、楽しいことも多い。

市民たち

一九八九年の映画祭開始の準備段階でいくつかのプレイベントが行われていたが、ある時に、上映が終わるとひとりの少女が舞台に上がり、観客に向かって、「この何もない山形でこんなイベントが行われようとしている。山形をもっと面白くしませんか」と語りかけたことがあった。市の主催とはいえ、市民の誰が関心を持つか、どのように受け入れられていくか、が大きな問題であった。そこに、自主上映をやっていたりしていた若い人々が〝勝手に映画祭を成功させるべく〟ネットワークを結成し、期間中に『デイリー・ニュース』を発行したり、映画祭後に各地で作家たちを迎えて上映会を行ったりした。『デイリー・ニュース』を毎日発行しようとして会場を飛び回っていた彼らの存在が、映画祭を熱くした大きな要因であったことは間違いない。映画祭のない期間も、当初市の中で数年ごとに替わる職員に代わって、各種の映画に関する問い合わせに答えていたのは、彼らボランティアたちであった。

その後山形での事務局体制が整っていくにつれ、専門員として事務局を担っていったのは、当初ボランティアで駆け回っていたネットワークのメンバーたちである。二〇〇九年の市からの独立後も事務局や理事等になって中心を担っている。『デイリー・ニュース』は毎回多くが入れ替わるメンバーたちによって発行され続けている。一九九一年に設立された東北芸術工科大学の学生たちも加わるようになり、今では山形だけでなく、東京や大阪からも毎回駆けつける人も出ている。『デイリー・ニュース』だけでなく、会場やゲストのアテンドなどに多くのボランティアが関わって、映画祭は支えられている。

出会い

作品との出会いは言うまでもないが、作家たち同士、作家たちと観客たちとの出会いによって、新たな動きが生まれることも多い。

一九八九年にアジア・シンポジウムに参加したフィリピンのニック・ディオカンポは、ドキュメンタリーの未来に絶望し映画製作をやめようとしていたところ、山形でのアジアの作家たちの意気込みに触れて意欲をかきたてられて、新たに製作を始め、一九九一年には招待作品『イナン・バヤン』、一九九五年にはコンペ作品『プライベート・ウォーズ』を発表した。中国の若いインディペンデント作家たちが、一九九一年、一九九三年に、小川紳介自身とその作品に出会い、フレデリック・ワイズマンの作品を見て衝撃を受け、国に帰ってからも仲間たちと話し合い、その後の彼らの製作に後々まで影響を与えた。一九九一年に大賞を受賞した『頑固な夢』（ソボリッチ・ベーラ）は、ハンガリーの村人たちが芝居をする話だが、映画祭での監督と山形の劇団との出会いが、劇団のハンガリーでの公演につながった。

夜ごと繰り広げられる「香味庵」での交流は、監督や市民やマスコミなどが入り乱れて、新しい出会いと刺激に溢れている

一九九五年にアジア部門で『につつまれて』と『かたつもり』を上映した河瀬直美は、山形に来ていたヨーロッパの映画祭のディレクターに見出され、海外でも上映され始め、一九九七年のカンヌ映画祭でのカメラ・ドール受賞後も、一九九七年コンペで『杣人物語《そまうど》』、二〇〇七年『垂乳女《たらちめ》』を上映している。一九九九年には台湾の映画製作グループ全景集団の特集が行われたが、その年には台湾の作品が小川紳介賞を受賞するなど台湾の作家たちの活躍は目覚ましく、また日本の若手の新しい映画群が話題を呼んだ。そこで二〇一一年には十二年後の日台の作家たちが一堂に会する「回到一圏　日台作家の十二年後」が行われて作家たちが再会した。

映画を見た後には何か語り合いたい。居酒屋も早く閉まってしまう山形で、一九八九年には上映が終わって語り合うために、外国のゲストたちがミスタードーナツにたむろしていた情景を見て、市民グループの発案で一九九一年から漬物店の蔵を夜の十時から深夜二時まで開放して飲み食べることができるようにした。外国からのゲストを含め、映画人も一般観客も膝を交えて勝手に話す。喧噪《けんそう》の中にワイズマンがちょこんと座っている光景……。学生が片言の英語で監督に話しかけようとする。集まり過ぎて、二階の床が落ちることを恐れ入場制限をするようになったが、外に溢れ出す人々で深夜まで大騒ぎ。山形というと、その「香味庵《こうみあん》」が楽しみで来る人も多く、「香味庵で会いましょう」が国内や海外からの来場者の合い言葉にもなった。海外の映画祭でも似たようなたまり場を作る動きも出るほどに、映画祭の名物となって続いている。

今や、山形にすっかり定着し、コンペティションだけでなく、特集にも多くの市民がつめかけるようになった。東北芸工大の卒業生など、山形の作家も現れてきた。全国の映画学校の学生も多く来形するようになり、香味庵も相変わらずにぎわっている。そのような中から、新たな出会いが生まれ、新たな作品も生まれてくることであろう。それによって映画祭の継続へとつながり、新たな歴史が作られていくことになるだろう。

映画祭は生きものである

世界から見たヤマガタ
――トーマさんとワンさんの仮想談話

藤岡朝子

ヤマガタは貴重な場

トーマ（ヨーロッパの映画祭ディレクター）　私が初めてヤマガタのことを知ったのは、八〇年代末だったか。ベルリン映画祭で小川紳介という監督から、極東でもドキュメンタリー専門の国際映画祭が始まると聞いた。コンペティションの賞金額が半端じゃないのが印象的だった。

ヨーロッパで国際映画祭を主催する者としては、世界を見聞する必要がある。……というのは建前で、私は日本や日本文化に対して憧れをもっていたので、ぜひ行きたいと思った。そして本当にヤマガタは刺激的だった。

インターナショナル・コンペティションの映画はほとんど既に見ていたり私の映画祭でかけた作品ば

かりだったが、旧友の監督と異国の地で出会い酒を飲むのはおもしろかった。特集も充実していたが、私にとって何よりの発見は、日本の回顧上映とアジアの若手のドキュメンタリーだった。粗削りだけど欧米の正規の映画教育を受けてない我流スタイルと、切実な思いで目前の現実を記録し、切り取る韓国、中国、フィリピンの作り手たちの映画は魅力的だった。

今でこそオンライン応募が可能になって、世界からどんなド素人でも映画祭を目指すようになったが、当時は発展途上国の作り手にとってビデオテープの郵送料もバカにならなかった。私は当時ヤマガタでいくつも上映したい作品を発見したよ。

ワン（アジアのドキュメンタリスト）　私たちアジアの作り手にとって、ヤマガタはいつまでも大きな憧れ。選ばれるだけでも名誉だけど、さらに賞金なんか入ったらしばらく生活の心配をしないでいられる。最近は賞金額の高いドバイやアブダビをねらう人も多いけど、私にとってヤマガタは何より学校だった。あれほどたくさんの様々なスタイルのドキュメンタリーを見たことはなく、朝から晩まで映画を見まくった。当時、言葉の意味は十分にわからなかったが、それでも見た。周りみんながそうだった。東京だったら観光に行っちゃってたかもしれない（笑）。

そして自分の上映。小さい会場だったけど人でいっぱいになり、誰もが集中して見てくれている空気の張りつめた感じが忘れられない。初めての体験だった。上映後、コーディネーターが司会をして会場から質問を受けた。学生さんがいたり、年配の人がいたり。私の国のことをよく知っている人もいれば、映画の手法について聞く人もいた。こんなことは本国でもなかった。あー、映画を作ってよかった、伝わるんだ、と感動した。

インド・コルカタでのアジアのドキュメンタリー企画についてのパネルディスカッション

最近は欧米の映画祭に行くことが多くなっているが、西欧では私の国の人権問題を糾弾したり、地下映画の検閲や私のような作り手の身の安全への関心や質問が多い。ヤマガタの観客は私の映画を政治的文脈でなく、個人の表現として見てくれていると思う。映画作家として尊重されているという思いは、かけがえがない。

変質するヨーロッパの映画祭

トーマ　この二十年、ヨーロッパではいろいろあったよ。山形映画祭と同時期にスタートしたアムステルダム国際ドキュメンタリー映画祭が、今では上映総数四百本以上、観客動員二十万人以上を誇り、巨大な予算規模で君臨する。映画の上映と並んで、ドキュメンタリーの売り買いをするマーケット、製作途中の企画に国際共同出資を調達するプレゼン・フォーラムなど、産業としてのドキュメンタリーを活性化し拡大する部門で人と話題を呼ぶ。欧州連合のメディア助成や産業支援策、公共放送に後ろ盾されてる上、チケットの売り上げはサッカー観戦に迫る勢い。彼らは新作のヨーロッパ初上映（プレミア）をごっそり持って行ってしまう。

対抗して、作家主義で芸術性の高い映画や個人映画への目配りを訴える映画祭の連合「ドック・アライアンス」なんかも生まれたりした。とにかくヨーロッパでは映画祭が多く、どこも助成金と新作の取り合い。オンライン配信や映画学校やワークショップなど、多角事業経営で特徴を作って助成金を取る。毎年、めまぐるしいほど新規プログラムが増えていった。

ワン　オランダやスイスの政府が映画祭と組んで、発展途上国のドキュメンタリー企画に助成金を出している。それと、アジア・アフリカ・南米の映画企画をプレゼンするフォーラムが、各地でずいぶん流行している。でも、欧米流儀の映像商品の作り方を啓蒙しているみたいで、私は少し用心している。売り込みのうまい人がよい映画を作るとも言えないし。

グローバル市場に向かうより、私にとっては自分の国でヤマガタのような映画祭が開催されるようにしたい。映画祭はあるが、上映環境が悪いし運営はまだ不安定だ。

マイペースでゴーインマイウェイ

トーマ　ヨーロッパでは二〇〇八年のリーマンショック、二〇一〇年ギリシャに始まる欧州危機で、文化助成の公共資金は大幅にカットされ、どの映画祭も大きな痛手を被った。今はこの四半世紀でどん底を迎え、時代のひとつの転換期に来ている。

で、欧州の映画祭バブルが拡大していったこの時代、ヤマガタはずっと「ゴーインマイウェイ」。二年に一度、東北の地方都市で淡々と。コンペティション作品をライブラリーに収蔵して貸し出しする制度は一九八九年から続いているようだから、その息の長さは半端じゃない。それに、映画祭の雰囲気も変わらない。しかも、お客さんは増えている。

　今回久しぶりにヤマガタに来たけど、故郷の親せきと久しぶりに再会したような感覚だよ。懐かしい。映画祭の原点に帰ったような感覚。

　分刻みでミーティングが入っていない映画祭。ＤＶＤを見てほしいと、便所にまで追いかけてこない映画祭。見知らぬ人と映画について語り合える。情報のない映画に飛び込んで魅了されたりがっかりしたり。映画と向き合う初心に帰れる場所。

　ドキュメンタリー映画と映画祭の数は爆発的に伸びている。今やネットメディアやソーシャルメディアによって、作品評・監督の会見・観客の入りや反応・配給の商談に至るまで、またたく間に知れ渡る。現場の様子もオンラインの動画で見られる。映画祭の現場に行くことの特権性が薄れている。でも、ヤマガタは行かないと香《こう》味《み》庵《あん》を楽しめないからねぇ。肝心なところはライブでないと。

ワン　私の国では海賊版ＤＶＤの時代を経て、今映画はオンラインで見るのが当たり前。世界の映画祭で話題になった映画はいち早くネットにアップされる。国際映画祭は映画を見る場所というより、今や賞金を得たり、新企画を売り込む場となっている。大きな映画祭では観客との交流もどこか表面的で、カクテルパーティで有力者に近づいて自己紹介をするのが監督の仕事、と教えられる。映画の作り手同士が競争しているみたいなせわしない空気。

　でもヤマガタで、私は本当の友人を作った。喫煙所でいつも一緒になったアジアの監督たちで意気投合して、映画の話はもちろん、人生の話をたくさんした。今度ビデオレターを交換する作品を共作しようと相談している。それから、米沢の上映会で知り合った観客を被写体にドキュメンタリーを撮り始めた中国の監督もいたね。あれはいつ完成するかな。

トーマ　ぜひうちの映画祭に応募してくれ。いやあ、私も加速する〈サーキット〉と呼ばれる世界のドキュメンタリー映画祭村でしのぎを削るのに疲れたよ。

ヤマガタに行くと、映画祭も観客も、ドキュメンタリーへの向き合い方が、昔と変わらず純粋だ。二年に一回という常軌を逸したスローペース。グローバリゼーションや日本内外の政治経済の動乱に煽《あお》られず呑《の》まれず、とにかく変わらず牛の歩みを続けている。聞くところによると、予算の大半は地方自治体の山形市が出しているそうではないか。なんと貴重な文化投資。ヤマガタの売りは、ゆるぎない継続とマイペースだ。そうしてこの桃源郷を守り続けてほしい。

映画祭は生きものである

人と人が繋がる映画祭

日下部克喜

有機体としての映画祭

映画祭とは生きものである。

開催が近づくにつれ、映画祭そのものが、恰《あたか》も人格があるかのように独り歩きをし始め、増殖を繰り返していく。そうならなければ面白い映画祭とはなり得ない。関わる人々の意思が有機的に繋がることにより、自然発生的な状況が次から次へと現れ、映画祭という祭祀《さいし》空間を盛り上げる。それはまるで生きもののように様々な表情を見せ、訪れる人々を飽きさせることはない。それが山形映画祭の真骨頂だ。「スタンドアローン・コンプレックス」という言葉がある。個別の状態のものが複合し、総体を成すことだ。映画祭の形状はこれに近い。映画監督などのゲストはもちろん、観客ひとりひとり、この映画祭に何ら

監督をお出迎え。多くの出会いが育まれる

かの形で関わったすべての人の意思が複合することによって、映画祭の全体像が姿を現す。それは脳内のニューロンがシナプスを通して互いに繋がり合い、意識や記憶を形成する様に似ている。ここではニューロン同士、つまり人と人とがどれだけ繋がり合えるかが重要となるのだ。

お互いの顔が見える具体的な人間関係、その繋がりに基づいて実施される映画祭。それは運営しかり、観客しかりである。人間関係の網目が細やかに、そして強固に繋がり合うことで、思いもよらぬ好状況が生み出され、映画祭が形成されていくのである。

もっと面白いことを

映画祭開催までの準備期間に、多くの協力者と出会うために私たちは足を使う。自らの嗅覚を頼りに方々を駆け回り、協力してくれそうな人を探し出す。互いに顔を突き合わせた対話を繰り返していくことにより、映画祭に対する理解と共感を得、それぞれの自発的な活動を引き出すのだ。これは個々人の熱意に火をつける、着火剤のような役目と言える。何が起こるかわからないが、何だか面白そうだ。そう思ってくれる人を一人でも多く見つけ出す、これはなかなかに根気のいる作業である。

では具体的に、どのようにして協力者を募っていくのか。そのあり様は状況によって様々だ。例えば、日常的な上映会活動。プレイベントや二週に一度のペースで行っている金曜上映会、山形大学との連携の中で行っている山大図書館上映会など、多種多様な上映会企画が一つの出会いの場となっている。

二〇一〇年に行ったポルトガルの鬼才ペドロ・コスタ監督を取り上げたプレイベントでは、山形にて即興音楽の自主レーベルを運営しているという人物と出会った。彼とは山形から世界に向けて文化的な活動を発信するという部分において互いに強く共鳴し合い、翌年の映画祭では開催期間中に発行される『デイリーニュース』の編集に携わってもらった。これを契機として、以後もお互いの活動をサポートし合う関係となっている。彼の人脈から新たな出会いが生まれ、映画上映などの活動の場を提供してもらったこともしばしば。こちらも、彼の文化的活動に有効に作用するであろう協力者を紹介するなど、出会いが出会いを生み出す連鎖反応が起こっている。その度ごとにお互いの熱意は高まり、「もっと面白いことをやってやろう」という気概がムクムクと湧き上がってくるのだ。

人と人との繋がりをネットワークに

ＮＰＯ法人として山形市から独立した際に、収益部門として設けられた映像文化推進事業もまた人脈形成の場のひとつだ。地域上映の作品配給、映像ソフトや上映機材の販売、映写業務の請負、ＰＲビデオの制作など、事務局スタッフの能力を活かした形で、映画および映像の「なんでも屋」を営み、映画祭の開催資金調達を行っている。その営業活動の過程で出会う人々も同様に協力者の対象である。

県内各地域の教育委員会では16ミリ映写機の修理やメンテナンス、教材ソフトの販売などで何かとお世話になることが多い。数年前、とある町の文化事業担当の女性と映画や演劇の話題で盛り上がり、以後足しげく通うようになった。その度ごとに上映会の情報を携え、映画祭の魅力を伝えていたのだが（もちろん機材などの注文もいただいている）、ある時などは所属する課の職員を連れだって上映会に来てくれたこともあったほどに、映画祭に対する理解を示してくれていた。

先日、彼女から久しぶりのメールをもらったのだが、その内容に驚いた。彼女のご主人はイラストレーターを生業としており、近々アーティスト仲間とグループ展を開催するという。なんと、その展覧会の収益を当映画祭に寄付したいというのだ。寄付の申し入れ以上に、そうした気持ちを起こさせる何かが彼女とご主人を含むアーティスト仲間の中に芽生えたことが何よりも嬉しかった。

これらの事例はほんの一部に過ぎない。また、地元山形に限ったことでもない。映画祭上映作品の根幹を成す作品応募にしても、東京事務局スタッフが海外で育んだ個々人の人間関係による働きかけがあるからこそ、より優れた作品を見つける可能性が生まれるのであるし、特集プログラムの企画運営もまた、培われた人脈を駆使して、多くの方の協力のもとに成り立つものだ。映画祭とは、まさに関係するひとりひとりのネットワークの集積に他ならないのである。

課題としての継続と拡大

しかし、一方でこうした人間関係に依存した形で成長する映画祭にとって、当然ある課題もつきまとうことになる。それは、関係の継続と拡大である。これには恒常的なコミュニケーションはもちろんのこと、新しい方策を随時更新しながら試行していくしかない。

東京事務局では、映画祭同様のハレの空間（前年の映画祭を東京にて追体験できる『ドキュメンタリー・ドリーム・ショー山形 in 東京』の開催）を中間年にも設けることで、より関わり合いを継続的に保ちつつ、次の映画祭に向けた新たな出会いを求めている。山形事務局では、若年層への定期的な映像制作ワークショップや、高齢者に向けた「懐かしの山形」記録フィルム上映会を通して、幅広い年齢層に直接的な対話を行える機会を創出し、映画祭への協力と参加を呼び掛けている。それが本当に有効かどうかはわからない。しかし、相手との顔を突き合わせた対話である以上、真摯《しんし》かつ誠実に映画祭の魅力を伝えていくことは、必ずやよりよい結果をもたらすことと信じている。

ドキュメンタリー映画が撮る者と撮られる者との関係性の構築の上に成り立っているのと同様に、このドキュメンタリー映画祭もまた、お互いの顔がはっきりと見える人間関係の中で開催されるものであり続けたい。

映画祭は生きものである

国際映画祭の映写現場から思うこと……

石井義人

映画祭開幕の昂奮

国際映画祭の映写といっても何か特別なテクニックや機材があるわけではなく、作業現場は普段の上映会とそれほど変わることはありません。私たちの場合、教室や体育館、市民会館のホールや美術館の講堂に映写機を運び入れ、スクリーンを張り音響機材を設置して映画作品を上映する、そんな活動が日常です。

映画祭の現場がいつもと少しだけ違うのは、その場所でしか出会えないだろう特別な出来事に出会うことができるからでしょう。華やかな雰囲気の裏側の表面には出ることがない場所にいることで出会ったことや考えたこと、そんないくつかをお話ししてみようと思います。

映画祭の開催を告げるオープニング上映は、私たちにとっても特別な時間のひとつです。一九九七年の山形では『ざ・鬼太鼓座《おんでこざ》』（監督　加藤泰）を映写しました。画面はシネマスコープ、音声に磁気４チャンネルがストライプされた35ミリフィルムです。どんどこ、どんどん、どん！　とてもリズミカルに力強く、映画が終わります。映写機を停止させた直後、場内が未だ暗い中で一斉に拍手が沸き起こります。映写室にまで「ブラボー!!」という歓声が届きました。さあ、映画祭が始まった！　機材を満載したトラックを運転し深夜の北陸道をひた走り、大ホールの映写室へ続く狭い階段から映写機を運び上げ……、ようやくパーティの始まりに間に合った、そんなふうに実感する瞬間です。

どんな人にも楽しんでもらいたい

中央公民館の会議室のような小さな会場では、客席の後方に映写機を並べることがあります。映写の失敗も作業の物音も筒抜けになってしまいます。それだけ観客に近い現場であるので、観終わった観客から声を掛けられて普段は思いもしないことに気づかせていただくことがあります。

そのお爺さんは、昔の山形の様子を記録した映像を懐かしんで観ておられました。上映後に納得のいかない様子で質問されたのは、映写機が止まっているのになぜスクリーンに映像が映っていたのか？——そのプログラムは16ミリ映写機を回した後に（いったん映写機を停止して）引き続きビデオプロジェクターでの上映が始まる、という順番でした。どうやら過去にフィルムで撮影された映像がビデオテープに記録されること、そのプロセスが理解できないようです。同じ時代の映像が、フィルムとビデオと交互に上映されたせいで混乱されたようです。

このような場面では技術的な説明（フィルムのスキャニング）が一般的かもしれません。パフォーマンスじみた方法になりますが、ビデオプロジェクターが古い記録を映している間、映写機をずっと回しておくことにしました。背後から聞こえる映写機の走行音がお爺さんを安心させ、余計なことに気を取られずに集中して楽しんでもらうことができたのか、定かではありません。与えられた課題を次々にこなしてゆく器用さは映写という仕事に欠かせないものですが、こんな一言に立ち止まって何かできることはないだろうかと考えてみた、一コマです。

現場参加型の映画祭に

映画祭事務局から依頼される仕事の内容は必要な機材の手配と作業者の確保が中心になりますが、上映の手法や会場の作り方といった、見せ方の提案をこちらから行う場合もあります。山形美術館は左右対称な建物で、玄関を入ったロビーに向かい合うように配置された二つの展示空間も、内部はまったく同じようにデザインされています。二つの展示室に同じ大きさのスクリーンを用意するのは簡単ですが、シネコンのような均一に整えられた上映環境を作っても面白くないと考えました。そこで、ひとつの会場をリアプロジェクション（スクリーンの背後に映写機やプロジェクターを設置して上映する方法）で行うことを提案します。検討されていた企画がテレビ放映されたドキュメンタリーの特集ということにも合致し、あのようなブラウン管テレビを模したスクリーンの登場となったわけです。

二年に一度のお祭りの日々、普段の市民会館や映画館はいろいろな人々の思いによって様々に飾り付けられます。そこにどんな工夫やメッセージが込められているか、会場に足を運び上映前の列に並んで

スクリーンの存在感が際立つおばけテレビ

ご覧になっていただきたい。作品を鑑賞するだけに限らない楽しみ方を見つけてほしいのです。

海を越えて映写室に届けられたフィルムは、本当に心配するくらいボロボロな段ボール箱に入っていました。世界の上映会場を回って貼り付けられた送り状と通関のタグ、多言語の乱暴な書き込みや指示書と思われるドキュメント、フィルムに触れた人物がつけていた香水の残り香。それらが事務局の一室に無造作に積み上げられていました。かつて映画とは、こんなふうに人間の手垢《てあか》に塗《まみ》れた物体だったのです。

デジタル時代の映画祭の意義

映画のデジタル化は、山積みされたフィルムを一瞬で過去の風景へ変えてしまいました。過去に戻るチャンスは失われ、現実を受け入れる覚悟が求められています。それはスマートで合理的な解法であるけれど、今の私たちには難解な方程式のように見えます。ひとつの答えとなる手法を見つけても、それがいつまでも通用するとは限りません。デジタル世界のアップデートの中から何を選択してゆくか、地方都市の身の丈《たけ》に合った理知的な判断が必要です。おそらくそれが山形の知恵、二十年間の活動の蓄積だろうと思います。

映画祭という祝祭の期間、その時代の映画と映画人が集まる一番幸せな場所に参加できることは職業人としてとても名誉であり、一人の映画ファンとして幸運なことです。完璧に映写作業を終了させたときの達成感をたとえるなら、物事が収まるべきところにぴったり収まった、偶然のようでいて必然だったと感じられるような、そういう幸福感に似ています。映写という仕事を通して、素晴らしくて貴重な機会をいただける山形に感謝しています。

山形のみなさん、ありがとう。そして今年もよろしくお願いいたします。

映画祭は生きものである

まなざしと声のユートピア
——山形ドキュメンタリーフィルムライブラリー

阿部宏慈

ドキュメンタリー映画は面白い！

これは、ここだけの話だけれど、ドキュメンタリー映画は面白い。

それに、これも、あまり言いふらしてもらっては困るのだけれど、ドキュメンタリー映画祭は面白い。だけど、映画祭で上映される二百本あまりの作品を一週間という限られた時間内ですべて見るなんて物理的に不可能だ。見たい作品が目白押しで（なんて罪な話）、アズ七日町から山形美術館まで自転車で駆け回ったって、君、何本見た？　だけど、その面白さの柱とも言うべき、インターナショナルコンペティションやアジア千波万波作品のかなりの部分は、のちのち映画祭ライブラリー（正式には山形ドキュメンタリーフィルムライブラリー）で視聴できるって、知ってた？　やりたければ、気に入った作品の上

山形国際交流プラザ　ビッグ・ウィング3階にある
山形ドキュメンタリーフィルムライブラリー

映会を企画することも可能だ。

ライブラリーにはいろんな映画がある

ライブラリーには当然貴重なフィルムも収められていて、たとえば『ブンミおじさんの森』でカンヌ映画祭パルムドール受賞のアピチャッポン・ウィーラセタクンの、実験的で瑞々《みずみず》しい感性に満ちあふれた初期作品『真昼の不思議な物体』の、上映可能な英語字幕付き35ミリフィルムを収蔵するのは世界でも山形だけだ。だから、この貴重なフィルムは、時に海を越えてリスボンやミラノへと旅することになる。

もうひとつ、大切なエピソード。インドネシアにおける民主化運動デモへの軍の発砲事件を記録したロン・プュンダトゥの『ジャカルタ・ストックショット No.7』は、監督の手元のマスターが災害で失われてしまったために、監督の依頼を受けて、山形のライブラリー収蔵のビデオをコピーして送り届け、大いに感謝されたことであった。

だから、フィルムライブラリーは、まさにそういった貴重な作品の保管収蔵の場として疑いようもなく重要な施設なのだ。

とはいえ、それだけなら、こんなに声をひそめて耳打ちする必要はない。

で、ここから先はあまり大声で言いふらしてもらいたくないのだけれど、映画祭に集まってくる作品の最良の部分は、映画祭期間中に見ることができるし、それはそれでスリリングで豊穣《ほうじょう》な体験だが、そこで上映されない作品の中にも面白いものはたくさんある。

そして、上映されなかった（ということは日本語字幕の付かなかった）作品のうち許可を得られたものについては、映画祭のフィルムライブラリーのビデオブースで視聴可能だってことは、（映画祭のホームページを見ればわかるにしても）あまり知られていない。

ライブラリーは充実したアーカイヴ

で、この正直玉石混淆《ぎょくせきこんこう》の収蔵作品の集積は、まさに集積であるからこその魅力に満ちている。

たとえば、毎回映画祭に送られてくる作品のうちで、期間中に上映されるのは、インターナショナルコンペティションに限って言えば十五本と決まっている。その十五本を選び出すために、委員が見るであろう作品の数は、推測だけれど二百五十本から三百本に及ぶ。ほとんどの作品は、作り手の真剣な問題意識と社会的な要請、さらには創作へのやみ難い欲求から生み出されている。時には経済的な見返りのあてもなく、自らの身辺の危険をも顧みずに作られていることは、一目瞭然で、こちらもまた居住まいを正して、それらに向き合うことを要求される。

その充実感は、当然、ドキュメンタリー映画というジャンルに特有の喜びであって、だからこそ、何時間もひたすら見知らぬ国の見知らぬ作家の作品を見続けることに私たちはいささかの苦痛も感じないのだ。

山形大学人文学部他の研究者と山形国際ドキュメンタリー映画祭の協力のもとに行われた研究成果をまとめた小冊子『山形ドキュメンタリーフィルムライブラリー・セレクション』

しかも、それらの作品によって、私たちはどれほど多くの世界に生きることができることか。たとえば、アマゾンの上流域で狩猟と採集の生活を送る先住民カイヤポについて、あなたは何を知っているだろう。その若者たちが、ダム計画阻止の戦士となるために伝統的なスズメバチの巣を襲う儀式という試練に挑むなどということを。あるいはモンゴルの映画監督ジグジットの生涯について、彼の映画のフッテージを見ながら学ぶ機会などそうないだろう。あるいはまた、ポルトガル、サラサール独裁政権下で反体制運動に参加し、逮捕投獄され過酷な拷問を受けた人々の証言。彼らの写真と声が重ねられる印象的な映像の見事さ。それらは、見る者をたちまちにして南米の奥地へ、モンゴルの映画撮影所跡地へ、あるいはポルトガルの歴史的時間の中へと旅立たせるだろう。

多くの、民族学の、現代史の、政治学の、比較文化学の研究者にとっても、これは貴重な映像資料の宝庫となる。

それらの作品は、フィルムライブラリーにあって、召喚あればそれに応え、出現し、語りはじめるべく待機している。昔、ホセ・ルイス・ボルヘスの短編で読んだバベルの図書館を思いだす。SF映画にありそうな、壁面全部が仮想の書籍で埋まったデータベースアーカイヴでもよい。宙に浮かんだ検索機のコンソールに魔法のパスワードを入力した途端に、空中に現れる無数のイメージと、世界中の言語のざわめき。

それは、少々官僚的な言い方をすれば、四半世紀にわたる世界の「今」についての映像資料の貴重なアーカイヴだが、アーカイヴという言葉のもつ公文書的古文書的な権威にはほど遠く、生きたまなざしの生なましさと危うさに満ちあふれている。

東北から世界中へ

忘れるはずもない。山形国際ドキュメンタリー映画祭が誕生したのは天安門広場を進む戦車の前に若者が立ちはだかる、あの映像が世界に配信された年だった。禁圧をくぐり抜けて山形に送り届けられるさまざまな映像は、その後も、映画祭が世界へと開かれた無数の眼として成立し得るということを実感させてくれた。それらの映像を、その時点において共有できるだけでもすごいことだが、フィルムライブラリーは、それをさらに継続的な同時性として、つねに現在形において働きつづける映像の場として提示するのだ。

東北というこの神話的な大地の中心に位置する山形に世界中から集まる現代のイメージと音のひびき。その意味では、ライブラリーは東北にあってなお世界中にある。ドキュメタリーフィルムライブラリー、世界のまなざしと声が交錯するもうひとつの場所なき場所《ユートピア》。

映画祭は生きものである

映像文化創造都市ってあり？

高橋卓也

売り歩き広める日々

約三十年前の一九八四年七月二十五日（水）、私は山形市内のある映画館を訪れた。その日がその映画館のオープン初日だった。自分たちが見たい映画を上映しようと映画好きな市民が資金を集めて建設運動に取り組んだ映画館フォーラムがいよいよオープンするという新聞記事を、数日前に私は偶然読んでいた。

一年半ほどトラックの運転手をした後に、なにかモヤモヤした気分を抱えながら新たな職探しをしていた私は、平日の朝十時からの『未知との遭遇』を観にきたのだ。学生時代に東京で見た作品を久しぶりにスクリーンで観たいという気持ちが半分、そして市民が作ってしまった映画館とやらにも少なからず興味があった。繁華街から外れるお城の近くの大手町、ごく普通の住宅地にその映画館はあった。白く洒落《しゃれ》た外観も意外だったが、座り心地の良い座席、観る側とスクリーンの間合い、劇場内の落ち着いた雰囲気など、映画と出会う空間はこうありたいという明確な意思で作られたことを感じた。すごいなー、観客が集まってこんなことができるんだなー、と驚き、嬉しく呆《あき》れていた。

その約二ヶ月後の九月、私はその映画館の最初の正社員になっていた。営業担当である。できたばかりの映画館で実績がない、おまけに市民が作ったということから配給会社の信頼もまだ得られていなかった。だから、ほとんどの映画に前売券を作り、いろんな職場を回りながら売り歩いたり広めてもらったりしていた。つまり自分の仕事は、あらゆる工夫をして人を映画館に連れてくることだった。

それから約一年後、私は、社長から自主製作映画の配給事業をやっている山形県映画センターへの異動を提案された。特に断る理由もなくあくる日から、映画館のない地域に出かけては、人に映画を紹介し、自主上映を仕掛けるために毎日駆け回った。これが、面白かった。

上映の現場でのスリルと幸福

映画の世界を乱暴に分けると、製作、配給、上映、鑑賞という四つに分かれる。映画は観てもらうことでお金も循環するのだが、鑑賞を除いてはほとんどプロの世界だ。しかし、自主製作や自主上映の世界は、面白いことにそれに多少逆らう。普段は観客であるかないかという人たちが、私が紹介する映画を、彼らの多少の納得と冒険心で、自分たちの地域で自らの主催で上映し、住民たちに公開するのである。何もしなければ何も起きないところで何かを起こしてしまう。それをゼロからその地域の人たちと

映画祭を応援する市民組織「映画祭ネットワーク」の発会式での小川紳介監督

配給者である私とでやっていく。その土地で生活している個性豊かな人たちとの出会いがたまらなく面白かった。観客が一歩踏み出して上映する側に回り、映画の流通や共有の後半の鍵を握るのだ。市民が映画館を作っちまったというスピリットと同じだ。そんな地域の人たちは、自分たちのリアルな生活感覚で映画を観ていて、これがまた新鮮なのだった。

いろんな作品を上映して歩いて三年目の冬、私は上山《かみのやま》の牧野村《まぎの》で『一〇〇〇年刻みの日時計　牧野村物語』を観た。三里塚の空港建設反対闘争を記録していた小川紳介ひきいる小川プロが山形県上山市牧野に移り住んでから十二年目（一九八七年）の作品だった。小川プロの面々や映画に出演もしている村人たちであふれそうな公民館の畳の部屋。その日が初めての試写だった。映画と村の人たちが渾然《こんぜん》一体となった二百二十二分。自分にとってそれは、面白さを通り越したある種の事件だった。

その後、小川さんたちとの興奮と疲労が混在する得難い付き合いが始まるのだが、とりあえずこの長編映画の山形県内の配給を担当することになった。それまで地域に紹介してきた親子映画や運動的な作品とはまるで違う、一筋縄ではいかない豊かな作品である。これ、いろんな土地に持っていったらどうなるんだろう。はたして上映する人を探して組織できるだろうか？　しかし、こりゃ面白いことになる……と思ってしまったのだ。

私と相棒はチラシや説明文を作り、手分けしていろんな村や町に入り込み、人を探し、集め、話し、話し、話し、試写をしてはまた語り合い。およそ一年余りで十数ヶ所の上映会を作ることができた。複数の地域を並行して進めたが、一回の上映に最低三ヶ月はかかった。凄いとも、無類に面白いとも、さっぱり分からないとも言われつつ、人と映画の出会いに立ち会うスリルと幸福を感じていた。手ごわい映画と自身の距離をジリジリと縮めながら、自分らの町や村の人たちに見せようと悪戦苦闘していた、それぞれの地域の、決して映画ファンなんかじゃない人たちとの遣《や》り取りの数々を自分は忘れないだろうと思う。まさにどろどろになって一緒に映画を収穫した感じ。あるいは、映画を映画にしたのは、観る人や場を作り出した彼らだという、血が逆流するような感覚。

「映像文化都市山形」の企て

自分は小川さんたちに刺激されて、山形国際ドキュメンタリー映画祭を応援する仲間を集めて初回から係わり、二十数年後のいま運営する立場にいるけれども、いつもこの血の逆流感覚でしか映画祭の姿を見てこなかったし、係わってこなかったと思う。映画を映画にする人たちは、映画の囲いの中になどいない。いろんな生活の現場でリアルに生きている人たちこそが、映画が待っている人なのではないか。二〇一〇年から二〇一一年にかけて、山形の在来作物とその種を守り継いできた人たちを描いたドキュメンタリー作品を作った。監督は渡辺智史《さとし》君だが、この映画には百人を超えるプロデューサーがいる。このなかに、普段映画に係わっている人がどれほどいるだろう。ほんの少数だ。後はみな、映画が待っていた未知なる人だ。映画を待っていた人たちでもある。

最近、山形を映像文化都市にしようと言って、煙たがられている。

ちなみに、それって、こんな感じのことです。

映像や映画に関する様々な活動が自主的にいろんなところで（一ヶ所ではなくという、これが大事）それぞれ独自に試みられていて、それらが、互いに交流を持ち、刺激し合ったり、リンクして新しいことをやったり、それが、事業にもなり、それが教育の場にもなり、職場にもなり、そして、そんな活動が、その現場だけでなく周りをも愉快にしたり、思索的にしたり、活発にもしていく。そして、周りの人たちや地域や別の活動や仕事ともつながって、批判も元気も、別の発想も得らえるという。まあ、互いに愛のある関係というかっ！　そういう相互の関係を持続させながら、ヤマガタという自分たちがいるところを、創造性のある面白い処《ところ》にしてゆく。もちろん、世界ともつながりながら。どうでしょう？ベースはすでにできていると思うけど。

自分がこんな妄想を抱けるのは、あの血の逆流の感覚があるからだ。面白がって何かを作ってゆく自主の魂が、山形に暮らす人たちの中に脈々とあるのを感じているから。

映画祭は生きものである

「3・11」後、映像作家にできること

岡崎　孝

映画づくりのきっかけとしての3・11

自宅近くの見慣れた赤いポストはシートに覆われ、郵便物を投函《とうかん》できない状態になっていた。半透明のシートの内側には、郵便事業株式会社名で小さな張り紙があり、「未曾有の大災害であることを鑑み……」という文字が読める。ふと、川崎市岡本太郎美術館で見た「坐《すわ》ることを拒否する椅子」という作品を思い出し、頭に「投函することを拒否するポスト」という言葉が浮かぶ。だが、太郎の意志で作られた「坐ることを拒否する椅子」とは正反対に、このポストは東日本大震災発生直後、強制的に「投函することを拒否させられた」のである。

二〇一一年は岡本太郎生誕百年。年明けから、記念の展覧会やドラマが話題を呼ぶ。テレビでは連

東日本大震災発生直後、シートでおおわれ投函できなくなった郵便ポスト（山形市内）

妻由美子（前列左）と共に、避難所となった山形市総合スポーツセンターを訪れた筆者（同右）。日用品など支援物資を届けながら撮影を続けた

日、建設途中の東京スカイツリーを見物する人たちで周辺の商店街がにぎわうニュースが流れる。三月十日、コント55号の坂上二郎が亡くなった。「きょうはテレビのワイドショーも、この話題で持ちきりだな」。三月十一日の昼過ぎまで、私はそんなことを考えていた。

午後二時四十六分、日本を取り巻く状況は一変する。深夜、停電で信号機が止まり、コンビニの照明も消えて、真っ暗な道を歩いて帰宅。三月には珍しいほどの雪が道路を覆っていたが、皮肉にも「雪明かり」に助けられ、交差点の段差につまずくこともなく、自宅にたどり着く。待っていたのは、真っ暗で寒い部屋と、不安に満ちた妻由美子の顔……。

だが、一夜明けると、妻はたくましく行動を起こす。行きつけのガソリンスタンドは休業となったが、あちこちから営業している店舗の情報を聞き、何時間も並んで、わずかでも給油してもらう日々が続く。そんなある日、妻は私に言った。

「ガソリンスタンドに『売りきれ』看板とか、立っているでしょ。それを記録しておいたら、後々、また大きな災害が起きたときに役立つ貴重な資料になるんじゃないかしら」

その一言が、山形国際ドキュメンタリー映画祭2011の東日本大震災復興支援上映プロジェクト「ともにある Cinema with Us」で初上映されたデビュー作『私たちにできたこと できなかったこと』を製作するきっかけとなった。

それから約二カ月間、自分が住む山形市内で、あえて「人」以外の震災に関連する看板、張り紙、のぼり旗などに焦点を絞って撮影し始める。ガソリンスタンドの「売り切れ」看板には、「当分の間、入荷見込みはございません。入荷した場合でも、緊急車両、災害復興関連ライフライン維持関連車両を優先」と添え書きがあった。スーパーのトイレ近くでは、盗難防止のため備え付けのトイレットペーパーを取り外してあるので、必要な場合はサービスカウンターに申し出るように、という注意書きが目を引く。我が家には、燃料盗難だけでなく、ガソリン不足で使用が増えた自転車の盗難にも注意を促す回覧板が届いた。山形県立中央病院では、物流の停滞で「診療材料」の都合がつかず、手術を中止せざるをえないことを伝える「お知らせ」を掲示していた。一方、公共施設では被災者支援の募金箱が設置され、街のあちこちに「がんばろう東北」と記した張り紙、のぼり旗を見掛けるようになる。時間の経過とともに、被災地でのボランティア活動参加を呼びかけるポスターも目立ち始めた。

山形県の「現実」を撮影

東北では、一般的に宮城、福島、岩手を「被災三県」と呼び、それに隣り合わせる山形県は「支援する側」と分類される傾向にあった。だが、山形県でも、震災で亡くなった方々はいるし、仙台経済圏と隣接することから、大きな影響を受けた企業や団体、そして働く人々が数多くいた。山形県民もまた「被災者」であり、同時に支援する側でもあったのだ。

テレビなどでは、支援する善意の人々と避難者の心温まる交流を報じる一方、必要以上の買いだめを戒めるニュースも流れる。ガソリンスタンドで少しでも早く給油してもらうために、前夜から近くに路上駐車をして近所迷惑となる車が映し出されたりした。だが、スーパーで缶詰やカップラーメン、ミネラルウォーターを買いだめし、ガソリンスタンドでこうして給油をした人たちは単なる利己主義者だったのだろうか。

主要な交通手段を自家用車に頼る山形では、ガソリン不足は深刻だ。通勤はもちろん、お年寄りを病院に連れていくにも、もし自動車が燃料不足で役に立たなくなったら……という恐怖感は、電車などの交通網が発達した大都市圏とは比較にならない。買いだめをする自分に罪悪感を持ちながらも、被災者が置かれた状況に心を痛め、募金箱を見掛けるたびに小銭を入れ、機会があればボランティア活動に参加したいと思っている……。それが当時の一般的な山形県民の姿であったはずだ。

山形映画祭で『私たちにできたこと　できなかったこと』が上映された二〇一一年十月七日、会場で配布した「監督・岡崎孝自身による「ネタばれ」鑑賞ガイドブック」の表紙に、私は次のように記した。

ここに百人の「人」がいて、善人が一人、悪人が一人、残る九十八人は「無関心時々善人」あるいは「ちょっとだけ善人」だとする。善人が十回、良い行いをしても、悪人が十一回、それを無駄にする行為をするかもしれない。しかし、残る九十八人が、それぞれ一回だけ、良い行いをしたら、悪人が九十七回邪魔をしても、それを上回る。だからこの映画は、「無関心時々善人」「ちょっとだけ善人」の皆さんにこそ、見てもらいたい作品だ。

私は、福島県などから多くの避難者が身を寄せた山形市総合スポーツセンターでも、さまざまな張り紙を撮影した。山形市民から連日、多数の支援物資が寄せられたほか、「一人じゃない。共に歩もう」「山形名物芋煮を食べて元気を出そう」といった励ましのメッセージも掲示されていた。中には「農作業をしたい方」募集も。それに対し、次のような避難者の張り紙が留めてある。

私たち避難者の命は皆様のご支援に守られています。今は助けてもらうだけで、何もできないでいますが、一日も早くご恩返しが出来るのを待ちながら皆様の温かい支援に甘えさせて頂きます。

「命」の一字だけ赤いのが印象的だった。こうした山形市民と避難者の心の交流がある一方で、「トイレはきれいに使いましょう」「飲酒は禁止されているので、やめてほしい」「携帯電話充電中は盗難防止のためその場を離れないように」「立ち入り禁止区域から無断で支援物資を持っていく人がいる」など

①

②
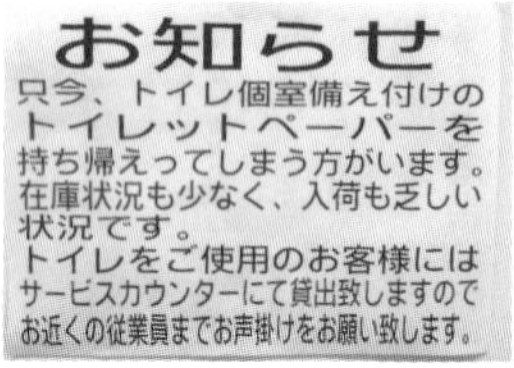

③
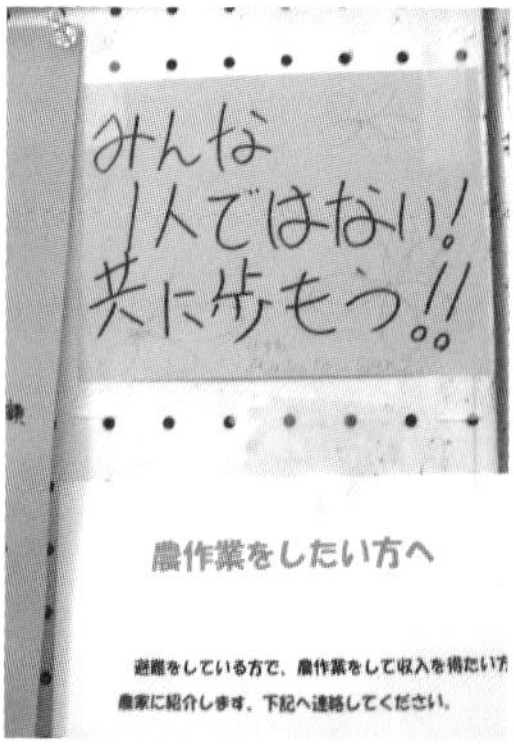

④
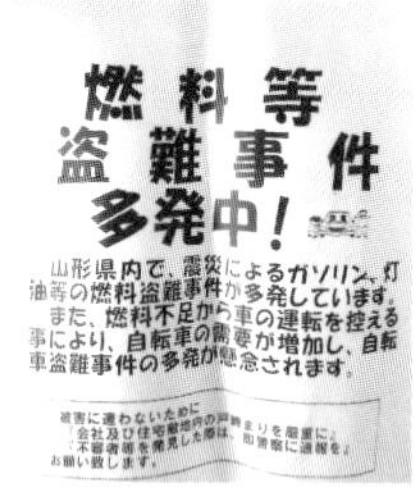

⑤

⑥
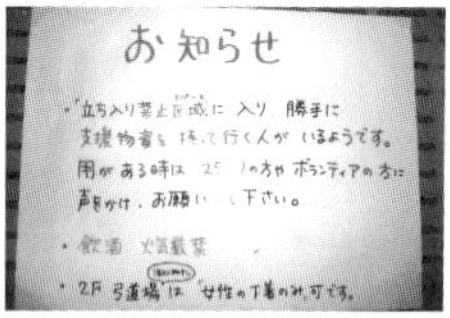

⑦
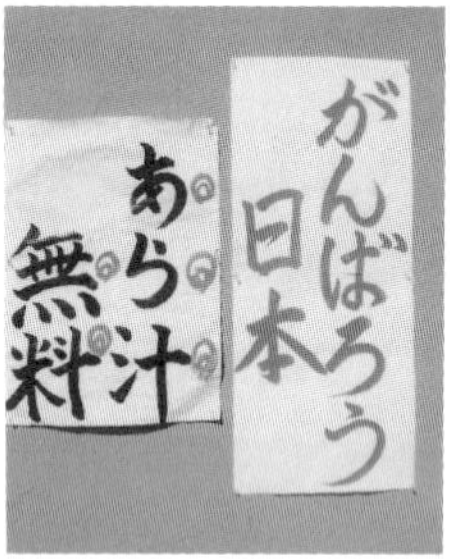

⑧
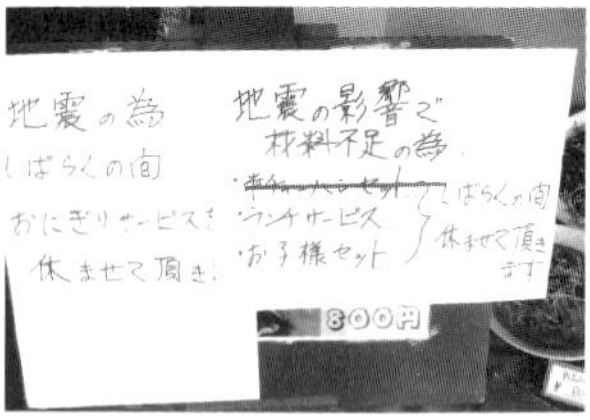

⑨
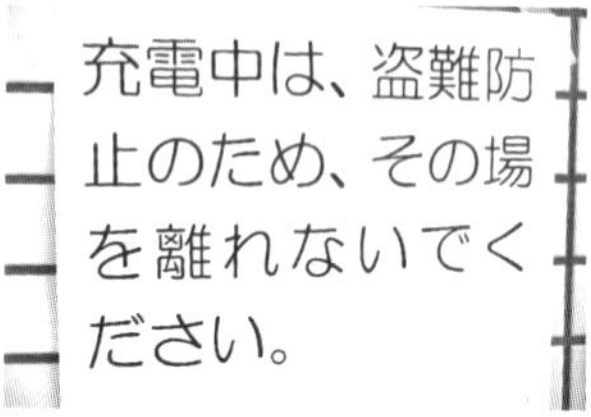

⑩
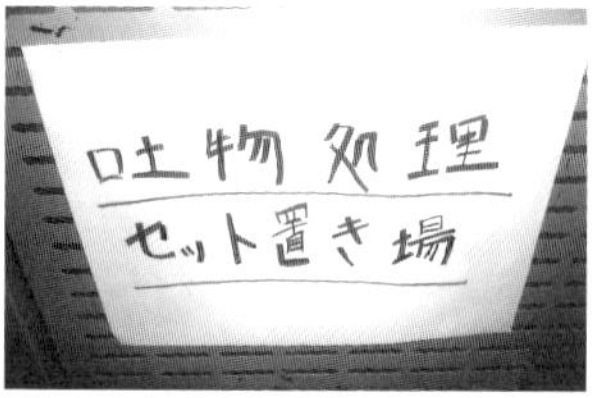

⑪

①震災直後、ガソリンスタンドに設置された看板／②トイレットペーパー持ち出しを防ごうと、スーパーに張り出された注意書き／③被災者に対する励ましのメッセージをはじめ、仕事を紹介する張り紙も（山形市総合スポーツセンター、以下スポーツセンター）／④我が家に届けられた交番だより。燃料だけでなく、自転車盗難にも注意を呼び掛けている／⑤排泄に関するトラブルは避難所で最も深刻な問題。こんな張り紙も目を引いた（スポーツセンター）／⑥避難者とボランティアの心温まる交流が伝えられる一方で、こうした問題も生じていた（スポーツセンター）／⑧震災の影響でメニューを変更せざるをえなくなった飲食店／⑨避難所では、盗難に注意を促す掲示も目立った（スポーツセンター）／⑩時間の経過とともに嘔吐する避難者が増加し、吐物処理セット置き場が設けられた（スポーツセンター）／⑦⑪山形市内では時間の経過とともに「がんばろう東北」「がんばろう日本」というメッセージを自発的に掲げる店舗が目立ち始めた

と訴える張り紙も多かった。気分が悪くなって嘔吐《おうと》する避難者が増え、「吐物処理セット置き場」を設置したというお知らせもあった。

人間は、一軒家に住む家族であっても、けんかをしたり嫉妬し合う生き物だ。それが他人同士、しかも避難所というプライバシーが完全に確保されない場所で、被災したショックと将来への不安を抱えながら一緒に生活すれば、何か問題が生じない方が不自然だろう。「美談」だけに目を向けるのではなく、現実を直視してこそ長期的な支援につながるはず。私のカメラは、看板や張り紙を「事実」として淡々と映し続ける。

震災直後の山形映画祭での交流

山形映画祭2011の「ともにある Cinema with Us」では、震災発生後約七カ月という時期にもかかわらず、多彩な作品が集められた。がれきや津波をひたすら映すもの、インタビューを中心とするもの……。監督の顔触れをみても、例えば私の作品と同じプログラムだった『二つの悲劇――東日本大震災とスローフード運動』は、『実録・連合赤軍　あさま山荘への道程』（若松孝二監督）で脚本を担当した掛川正幸さんだったし、ほかにも廣木隆一さん、森達也さんらの作品が並ぶ。311仙台短篇映画祭映画制作プロジェクト作品『明日』の参加監督には、河瀬直美さんの名前もあった。こうした著名な方々だけでなく、東北芸術工科大学で映像を学んだ若き才能たちの作品も新鮮だった。監督の出身地も、日本だけでなく、台湾やインド、アルゼンチン、アメリカ、スコットランドなど全世界に及ぶ。

作品には、今回の震災ではなく、原発問題を取り上げた過去の名作なども含まれていたが、これだけ多くの作品を短期間で集め、上映した映画祭関係者の機動力に敬意を表したい。

山形映画祭では、桝谷秀一さんが事務局を務める市民グループ「ネットワーク」が毎回、開催期間中に発行される『デイリーニュース』を編集している。また、投票によって決まる市民賞は、文字通り市民ボランティアが運営に携わっている。市民目線が随所に生かされている山形映画祭では、「ともにある」のような社会情勢に即応したプログラムが常に高い評価を得てきた。

『私たちにできたこと　できなかったこと』が上映された十月七日、山形県は、東日本大震災に伴う前六日現在の県内避難者数を一万二千六百十三人と発表した。実に山形県の人口の約一％に当たる。映画祭開催都市の山形市では、人口の二％近い四千九百六十五人が避難生活を送っていた。考えてみてほしい。街を歩く五十人に一人が避難者であるという状況を……。十月といえば、山形では、そろそろ寒さが気になってくる季節。同じ東北といっても、福島県の比較的温暖な太平洋側から避難してきた人たちにとって、これから迎える雪の中での生活は、大きな不安だったことだろう。そんな時期に、山形映画祭「ともにある」で上映された作品の数々は、大きな励ましになったのではないか。

全国巡回上映でドキュメンタリーの本質を考える

「ともにある Cinema with Us」の真価は、山形映画祭２０１１後にも発揮される。公開された作品をユニット化し、全国で巡回上映が始まったのだ。『私たちにできたこと　できなかったこと』は、まず二〇一二年一月十四・十五の両日、神戸市の神戸映画資料館で上映された。阪神・淡路大震災のメモリアルデーである一月十七日の直前でもあり、私の作品を見て「当時のことを思い出しました」としみじみ語る女性もいた。一方で、これはあえて誤解を恐れず書くのだが、「東日本大震災の陰にすっかり阪神・淡路大震災が隠れてしまった」という声にも接した。私は阪神・淡路大震災発生後、仮設住宅にコメを配るボランティア活動に携わった経験があるが、二つの震災の被災地が連帯するきっかけとして、映画をどう活用することができるか考え続けている。

二〇一二年三月七日、せんだいメディアテーク（仙台市）で上映された際は、岩手県から訪れた方から「がれき処理の映像はテレビで何度も見たが、この作品は映画ならではの内容。結論を用意するのではなく、観客自身が答えを考えるきっかけになる手法が良かった」という感想をいただいた。

実はここに、この作品の大きな狙いがあったとも言える。

「ドキュメンタリー映画って何ですか？」。こんな質問を受けた場合、私はいつもテレビのドキュメンタリー番組と比較して、次のように答えることにしている。

テレビのドキュメンタリー番組は、料理にたとえると、プロが手掛けた「完璧な一品」と言える。食べやすいし、おいしいが、お客さんは、シェフが提示した以外の食べ方はほとんどできない。結論に至る一定の道筋はプロの手で用意されている。一方、ドキュメンタリー映画は素材を切ったりゆでたり、ある程度の下ごしらえはしてあるが、最終的にそれを仕上げるのは鑑賞者自身だ。もちろん監督として伝えたい「何か」はあるわけだから、たとえれば鍋料理のようなものか。食べてほしい鍋料理の材料は用意するが、それがどんな味に仕上がるかは、食材を鍋に投入する鑑賞者自身に委ねられている。鑑賞者は作品と格闘し、悩み苦しみ、笑い、怒りながら、自分なりの結論を見いださなければならない。

『私たちにできたこと　できなかったこと』には、ＢＧＭもナレーションもない。字幕はあるが、ありのままに映し出された看板、張り紙、のぼり旗に記された文章をひたすら見つめてもらう。その文字は大きいか小さいか、どんな色か、震えているか、誤字脱字はあるか……。そう考えているうちに、映っていないはずの「人」の顔が心に浮かんでくるかもしれない。そして、その「人」の顔は、鑑賞者それぞれに違う表情を持っているはずだ。

「人」のいない映像を撮る理由

この作品に「人」が登場しない理由は、もう一つある。被災者と対等の関係が築けない中で、安易なドキュメンタリー映画を撮影することに、私は大きな抵抗を感じていた。被災地を訪ね、何日か（あるいは何週間、何カ月でも）そこで暮らし、被災者やボランティアの方々とある程度親しくなり、彼らにカメラを向ける……。そうした手法を否定はしないが、少なくとも私は、そうした映画を撮る気持ちにはなれなかった。そう考えるようになったのには、山形国際ドキュメンタリー映画祭の精神的支柱である故小川紳介監督の影響もあった。小川監督は山形県上山《かみのやま》市に活動拠点を移し、撮影対象者との関係性を徹底的に深めながら映像製作に取り組んだ。私は小川監督と直接言葉を交わす機会に恵まれた。だからこそ、千年に一度という大震災を経験した人々と対等な関係を築いたと感じるまでは、安易な作品は撮りたくなかった。

二〇一二年九月、私は第二作『こんなマンション、住みますか?』を製作し、東京都杉並区の阿佐ヶ谷ロフトAで開かれた映像イベントで上映された。この作品は、「トイレのないマンション」といわれることもある原発をテーマにしている。北海道電力泊《とまり》原発三号機が定期検査のため停止し、日本で稼働中の原発がゼロになった同年五月五日、東北電力女川《おながわ》原発周辺で撮影した映像から始まり、その後、福島市内を訪れ、福島県庁や福島駅などのトイレに掲示された注意書きなどを撮影し、やや実験映画風に問題提起する内容だ。

問題提起といっても、手法的には『私たちにできたこと　できなかったこと』とほぼ同じで、原発に賛成だ、反対だ、中立だ、などと話す特定の人物は全く登場しない。私が東日本大震災に関連する映像製作で、こうした手法を続ける理由は、もうお分かりいただけるだろう。『こんなマンション、住みますか？』は東京で計三回上映された。ある女性からは「原発をトイレのないマンションにたとえる話は知っているが、それを映像化した作品は初めて見た」という感想をいただいた。

第二作『こんなマンション、住みますか？』の冒頭シーン（宮城県女川町）。東日本大震災に関する映像作品では、第一作の手法にこだわって撮影・編集を続けている

貞観、平成、そして千百四十年後

千百四十年後、東日本大震災はどう語り継がれているだろうか。そして、巨大災害の教訓は十分に生かされているだろうか。

「千百四十年後」などと記したのは、貞観《じょうがん》十一（西暦八六九）年、東北地方の太平洋側を震源として発生した

貞観地震を思い起こしてほしいからだ。この巨大地震から千百四十二年後の二〇一一年、東日本大震災が発生する。今年は震災後二年経過した二〇一三年。千百四十二マイナス二で、「千百四十年後」という数字を書いてみた。

東日本大震災発生後、貞観地震は一気にクローズアップされた。言い方を変えれば、それまで貞観地震の存在は、一部の研究者を除けば、ほとんど忘れ去られていたのだ。少なくとも巨大地震の被害を最小限に抑えるための教訓としては生かされなかった。

貞観地震の教訓を意図的に無視しようとした人たちは別として、この地震の記録が乏しいことも、その原因の一つである。「日本三代実録」などに記録はあるが、これは朝廷側の文書でしかない。当時も地震発生後に繰り広げられたであろう被災者同士の助け合い、庶民の自発的なボランティア活動がどうであったか、詳しく知ることはできない。

今、私たちには、行政やマスメディア以外の存在として、山形国際ドキュメンタリー映画祭があり、そこに出品する数多くの映像作家たちがいる。東日本大震災発生当時、五十歳の私は、映像製作に関して全くの素人だった。偶然にも「3・11」の少し前、新しいノートパソコンを購入し、基礎的な知識は身に着けておこうと、山形市内のパソコン教室に通い始めていた。家庭用のSDカードカメラで撮影を続けていたある日、ノートパソコンに無料の動画編集ソフトが内蔵されていることに気付く。SDカードをパソコンに挿入するだけで、撮影した映像は自動的に保存され、後はパソコン教室で簡単な動画編集を学び、『私たちにできたこと　できなかったこと』が完成したのである。

山形映画祭が始まった一九八九年当時は、まだフィルムが作品の主流で、撮影・編集機材は高価だっ

『私たちにできたこと　できなかったこと』上映実績

2011年	10月7日	山形国際ドキュメンタリー映画祭2011東日本大震災復興支援上映プロジェクト　ともにあるCinema with Us（山形県山形市・フォーラム山形）
2012年		
	1月14・15日	ともにあるCinema with Us in 神戸（兵庫県神戸市、神戸映画資料館）
	2月26日	鈴川映画村「3.11あの日から、もうすぐ1年。」（山形県山形市、鈴川コミュニティセンター）
	3月7日	ともにあるCinema with Us in 宮城パート2（星空と路　3がつ11にちをわすれないために）（宮城県仙台市、せんだいメディアテーク）
	3月9・10日	防災カフェ in バンナ（沖縄県石垣市、バンナ公園南口総合案内所）
	3月10日	ともにあるCinema with Us in 東京（東京都港区、京都造形芸術大学・東北芸術工科大学外苑キャンパス）
	3月18日	あの時を忘れない〜あれから1年　東日本大震災〜チャリティ・イベント（東京都国立市、キノ・キュッヘ：木乃久兵衛）
	3月23日	山形ドキュメンタリーフィルムライブラリー金曜上映会（山形県山形市、山形国際交流プラザ）
	9月2日	ゆうがくの会映画鑑賞会（山形県山形市、放送大学山形学習センター）
	10月7日	第3回東北文教祭特別企画（山形県山形市、東北文教大学）

たし、何より作品化には高度な技術が要求された。その後、ビデオの普及で機材も小型化し、操作も簡単になり、たった一人で作品を完成させることも可能になった。そして、SDカードなど新たなメディアの登場とパソコンの機能向上は、誰でも映像作家としてデビューすることを可能にした。

『私たちにできたこと　できなかったこと』は、東京、沖縄・石垣島などでの公開を経て、二〇一二年十月七日、山形市にある東北文教大学の学園祭で、特別企画として上映された。被災地出身の学生らと会場でトークをするなど意義深い催しだったが、私は自らの作品をあらためてじっくり見ながら、ひそかに衝撃を受けていた。震災後、まだ一年七カ月程度しか経っていないのに、作品に登場したさまざまな看板、張り紙などのうち、この時点で残っているものはわずか一件だけだったのである。これが五年後、十年後はどうなるか。「千百四十年後」どころではない。看板や張り紙などに書かれた庶民による震災の記憶は今、急速に薄れつつある。

ＳＤカードのような各種メディア、フィルムやビデオテープ、ＤＶＤに記録された映像が、どれくらいの期間、保存可能なのか未知数だ。しかし、誰もが映像作家になれる時代だからこそ、少しでも庶民が経験した震災の記憶を「未来に発掘される木簡《もっかん》」として残そうとする努力が必要だろう。

今後の山形映画祭の使命

今年十月の山形国際ドキュメンタリー映画祭２０１３でも、「ともにある Cinema with Us」は継続されると聞く。二年前とは比較にならないバラエティーに富んだ作品群が上映されることを期待する。山形県が七月五日、前四日現在の数字として発表した県内への避難者は八千六百六十九人。今回もまたこのプロジェクトは、隣県で不安を抱えながら生活し続けなければならない方々を激励する大きな力となるだろう。さらに二年後、四年後の山形映画祭でも、「ともにある」が継続されるとすれば、東日本大震災に関する膨大な「記憶」と「教訓」が残されることになる。

大災害が起きないことを願う一方で、もしも再び東日本大震災のような災害が発生したときに備え、行政やマスメディアとは異なる視点を持つ映像を上映し、保管する努力を続けることは、山形国際ドキュメンタリー映画祭に課せられた重大な使命といえるだろう。

映画祭は生きものである

山形国際ドキュメンタリー映画祭とミラノ「ＤＯＣＵＣＩＴＹ」

加藤　到

十三回目の山形国際ドキュメンタリー映画祭（以下、山形映画祭）の作品選考も終盤を迎えつつあった二〇一三年五月、東北芸術工科大学の大学院生を三名連れて、イタリア、ミラノで開催された「ＤＯＣＵ《ドク》ＣＩＴＹ《シティー》」というドキュメンタリー映画祭に参加してきた。十日間ほどの慌ただしい旅であったが多くの貴重な体験を得ることができ、今後の山形映画祭、大学における映像教育、映像による都市の活性化等々、様々な課題が浮かび上がってくる旅であった。以下では奇妙な縁で結ばれた山形とミラノとの交流をレポートしてみたい。

二人の女性の存在

この交流がスタートしたそもそものきっかけは、山形映画祭も制作協力した『よみがえりのレシピ』

という映画だった。イタリア、スローフード協会の大会会場で山形の在来作物についてのドキュメンタリー映画『よみがえりのレシピ』を上映することになり、渡辺智史監督に同行したこの作品のプロデューサーでもある高橋卓也山形国際ドキュメンタリー映画祭事務局長が架け橋となって、ミラノ大学のロッセッラ・メネガッゾ准教授と東北芸術工科大学とを繋《つな》いでくれたのだ。

日本文化研究家のロッセッラさんは日本での調査・研究が豊富で、卒論のテーマは「土門拳」だったそうで、酒田の土門拳記念館には何度も足を運んだという、ファッションモデルかのような長身の美しい女性である。

もう一人、今回の交流の仕掛人で、われわれの通訳、ガイド役をしていただいたのが、古川澄子さんだ。彼女は東京外国語大学を卒業後、外務省職員としてイタリアへ渡り、転職してそのままイタリアに住み着いてしまった方で、現在はミラノ大学でイタリア文学を専攻している学生さんだ。古川さんのご実家は山形県の高畠町《たかはた》だが、昨年、帰省したときに偶然にも『よみがえりのレシピ』の高畠での上映会に遭遇したという不思議なご縁からこのたびの交流のきっかけになったキーパーソンで、小さな体に大きな夢がびっしりと詰まっていそうな聡明かつキュートな女性だ。

山形と深い縁のあるロッセッラさんと古川さんというミラノ在住の二人の女性の存在なしには、今回のプロジェクトはあり得なかったといえる。一般的には物事がなかなか進まないといわれるイタリア社会で短期間で新しいプロジェクトが実現したのは奇跡的なことで、お二人のパワフルな行動力に感謝せずにはおれない。当初ロッセッラさんは、ミラノ大学が中心になってミラノ市で開催している「DOC UCITY」と「山形映画祭」との交流を考えていたようだが、開催都市の大学同士での交流へと話は膨《ふく》らんでいったわけである。

充実した設備と熱意あふれる雰囲気

今回上映した山形プログラムは、震災関連プログラム集四作品、加藤到作品集六作品、東北芸術工科大学学生作品集五作品の計十五作品で、震災関連作品と私の作品は、ミラノ市の街外れにある映画博物館のホールで五月七日の午後二時から深夜まで、連続して上映された。

この映画博物館は、かつてタバコ工場だった古い建物のリノベーションで、映画前史の動画玩具《がんぐ》や戦前のイタリア映画のポスターをはじめとする貴重な資料が展示されていて、最新のデジタル技術を駆使して見学者が興味を持って鑑賞できる仕掛けが満載されていた。まだ開館してまもない新しい博物館で、東京でいうと恵比寿の写真美術館の地下と、京橋フィルムセンターの展示室が合体した感じと言ってよいだろう。

上映会場は定員二百ぐらいのとてもきれいな階段式の会場で、ゆったりとした肘掛けつきの椅子が完備されている。ブルーのLED照明が近未来的な装飾となっており、外部と完全に隔離された異次元空間のような印象が強く、理想的な上映環境だ。映写室には最新のデジタル上映設備が整えられ、デジタルプロジェクターの画角を選択することでスクリーンマスクが自動的に開閉設定される仕掛けだった。上映素材も、DVDにもブルーレイにも対応していて、しかも、日本で使われているNTSC方式のまま上映することができた。

映画上映の合間の午後六時から行われたシンポジュウムでは、ミラノ大学の教授陣に加えて、8ミリ

映画博物館でのシンポジュウム風景　写真中央が筆者

フィルム時代からイタリアの自然を撮り続けてきた、八十歳を超える巨匠フランコ・ピアボリ監督を迎えて、主に日本人とイタリア人の自然を見つめる視点の類似性について語られた。自然の力によって映像作家は映像を撮らされているという感覚は、私にとっても親近感を持って受け入れることができた。シンポジュウム以前は、平日の日中という条件の中ではそこそこといった観客数だったが、時間とともに増え続け、夜になって最後のプログラムの頃には多くの観客が駆けつけ会場は満員の状態になったようだった。

日本の作品への関心

芸工大の学生たちの作品は二日後の九日午後五時半から漫画博物館で上映された。ここは入口を入るとすぐに「あしたのジョー」と「タイガーマスク」の等身大の人形が展示されていて、部屋の一番奥には高さが五メートルもありそうな「マジンガーZ」が展示されているまさに「クールジャパン」の殿堂のようなところであり、そ

東北芸術工科大学学生作品

『ゆげじい』(澤村志歩／5分／2013年)

ファンタジックでちょっと奇抜なアニメーション作品。お母さんが作るカレーライスが美味しいのは“ゆげじい”のおかげ？

『教室の階段』(柳谷朋里／7分／2013年)

作者自身の高校時代の自閉的な記憶を実写とアニメーションの合成で描く。教室には作者にしか見えない階段が存在していた。

『でいどろ』(船山寛子／3分／2013年)

心理学的実験からヒントを得た抽象的、具象的な造形が時間軸上でリズミックにぶつかり合うアニメーション。

『まえだかるた』(前田結歌／9分／2012年)

読み札と画札の順番が逆になった“かるた”。画から意外な言葉が発想される過程で、独特で微妙な言語感覚が新鮮な笑いをもたらす。

『南相馬市原町区、ぼくの町の住人』(岡達也／64分／2013年)

原発事故に巻き込まれてしまった自分の故郷を、出来る限り冷静な視線でドキュメントしようと試みる。作者が卒園した幼稚園は今も園児を受け入れている。

加藤到作品

『ゴーランド』(8分／1981年)

『サスペンション・ブリッジ』(7分／1983年)

『スパークリング(SPARKLING)』(9分／1991年)

『メルトダウン(MELT DOWN)』(13分／1988年)

『KAISEKI料理』(16分／2002年、櫻井篤史との共作)

『冬の遮眼子《しゃがんし》』(20分／2009年)

震災関係プログラム

『相馬看花《かんか》』(松林要樹／109分／2011年)

『檜枝岐《ひのえまた》歌舞伎　やるべ～や』(安孫子亘／76分／2011年)

『大津波のあとに』(森元修一／74分／2011年)

『槌音《つちおと》』(大久保愉伊／23分／2011年)

の展示室の片側のオープンスペースでの上映となった。

イタリアでのジャパニメーションの浸透度は想像をかなり超えるもので、ロッセッラさんの学生たちからもアニメや漫画を通して日本語を学んでいるという声が多く聞かれた。この日の観客にも自称アニメオタクという三十代後半ぐらいの大人のマニアが数人含まれていた。観客数は六十席ほど並べられた椅子が三分の二ぐらいは埋まっていただろうか?

まず四本のアニメーション上映後に作者二名が登壇して質疑応答があり、その後のドキュメンタリー作品の後にも質疑応答が行われた。学生たちは、古川さんの通訳のお世話になりながらも、日本でのプレゼンテーション以上に真剣に自分の作品について語っていたように見受けられた。イタリア語の通訳を挟む時間が、かえって自分の発言を反芻《はんすう》して考える時間となって効果的に作用していたのかもしれない。

上映されたアニメーション作品の中に『まえだかるた』というカルタ遊びからヒントを得た作品があり、日本語でのナンセンスで微妙な言葉遊びの作品で、イタリア語字幕を付けてもなかなか意図が通じないのではと心配していたのだが、観客がしっかりと笑ってくれていたので安心した。実は「カルタ」という言葉がイタリア語で、「カード」という意味で普通に使われていることを作者も知らずにいた。そういえば日本語の「カルタ」もポルトガルからの外来語だったということに改めて気づかされる次第だった。

震災後の福島県南相馬市を描いた岡達也作品については、ミラノ在住の日本人の方からテレビ等の報道とは一味違う現実を見ることができてよかったという感想を聞くことが出来た。

学生・ボランティアを育てながらの運営

この「DOCUCITY」という映画祭は今回が六回目である。今年は開催準備中にミラノ市の文化行政の担当部長が替わってしまい、予定していた助成金申請がゼロからの再スタートになってしまったことによってかなり厳しい経済状態に立たされてしまった。当初の開催期間は六日間の予定だったが、会場費を捻出《ねんしゅつ》することができずに四日間に短縮され、プログラムチラシ等の印刷物も最小限に抑えられているようだった。

ユーロ危機が叫ばれる中でイタリアの文化行政は深刻な緊縮状況で、特に映画、演劇に対する助成金が厳しく縮小されてしまっている様子だ。観光の目玉であるはずのスカラ座のオペラについてさえ、その赤字体質が問題視される有様で、元首相のベルルスコーニは、いくつものテレビ局を経営しているので「国民は映画や演劇等を観ずに私の会社のテレビ番組を見ていればよい。」とまで言ったというジョークのような噂《うわさ》も流れていた。

とはいえ、緊縮財政の中でアイディア勝負で運営している映画祭だけに参考になった点も多く、特にコンペ部門に贈られる賞の中に「学生賞」という学生の審査員によって選ばれる賞があるのには感心した。しかも、その学生審査員たちは事前に、審査するということはどういうことかを学ぶワークショップを受講した上で審査に望むのだという。ワークショップの中味まで聞き出すことができなかったのが残念だったが、学生たちに手放しで審査を任せてしまうわけではない映画祭の姿勢には好感が持てた。ボランティアに仕事を任せるというのは、意外に手間のかかることでもあるからだ。

「DOCUCITY」閉会式の直前のステージ

山形映画祭も多くのボランティアで成り立っている映画祭で、その中には学生ボランティアも多い。特に芸工大の学生は三回目の映画祭の頃から、上映後の質疑応答のビデオ記録撮影や、日刊映画祭新聞の編集等の仕事で各会場を飛び回っている。地元開催の映画祭にそれほど期待していなかった学生が、約一週間の期間中に目の色が変わってきて、クロージングパーティの頃にはしっかりと成長した別人のように豹変《ひょうへん》してしまうことさえあり、映画祭体験の教育効果には計り知れないものがある。なかには映画祭がきっかけで就職や結婚が決まった例も少なくない。まさに人生さえ変えてしまいかねない魅力が潜《ひそ》んでいるといってもいいだろう。

毎回この魅力を映画祭開催以前に学生たちに伝えたいと思い授業やチュートリアル（教員が中心のサークル）活動等で様々な仕掛けを

準備するのだが、相変わらず、映画祭が始まってみないとピンとこない学生もいて、ボランティアを育てることの困難と戦い続けてきたような気もしている。

映画の街・ボローニャを訪問

「ＤＯＣＵＣＩＴＹ」終了後の十三日と十四日、ミラノから新幹線で一時間ちょっとのボローニャを訪れた。映画図書館（チネテカ）とその映画修復センターを見学させていただくのが最大の目的であったが、世界最古の大学があるボローニャという街にも大きな魅力を感じていた。故井上ひさし氏が少年時代から憧れていて、晩年ＮＨＫで番組制作までして紹介したボローニャの街の魅力を味わってみたかったのだ。

　実はこの旅の前に㈱シベールの創業者であり、井上ひさし記念館をつくった熊谷眞一さんから井上ひさしが愛したボローニャの魅力について、数々の助言をいただいていたのだ。熊谷さんは現在東北芸術工科大学仙台スクールの大学院生でもあり、修士研究のテーマとして、ボローニャにあるイル・モンテという健常者と障害者がともに働くレストランをお手本にして山形に同種のソーシャルビジネスを立ち上げようとしている。これもまた、山形とイタリアを直接繋ぐご縁の一つでもあるのだ。

　さて、肝心の映画図書館はボローニャの街の中心部から歩いて十五分ほどの住宅地の中にあって、とても小綺《こぎ》麗《れい》な外観の二階建ての建物だった。二百人と二百五十人ぐらいの上映室が二つと映画資料図書館、ビデオやゲームを無料で借り出して視聴できる個室が数個ある施設で、もともとはチャールズ・チャップリンの遺族からすべての資料の管理を委託されたことから始まった施設だそうだ。玄関には、ち

ボローニャ、チネテカ外観（映画図書館および上映館２館）

ょうど上映中だった、黒澤明特集のポスターが貼られ、他にも松たか子主演の『告白』（中島哲也監督／二〇一〇年）等の日本映画の上映予定が目立つところに掲示されていた。

ここで特に感心したのが、字幕投影専用のスクリーンが両会場ともに常設されていたことだ。スクリーンの下部中央に一メートルぐらいの高さの字幕専用スクリーンが常に準備されていて、字幕専用のビデオプロジェクターも天井に設置されていた。基本的にはイタリア国内では、外国映画は吹き替えで上映されることがほとんどらしいが、ここは一般の商業映画館とは一線を画しており、さらに画面を字幕で汚してしまわないように本編の外側に字幕をシンクロ投影する技術が日常的に運用されている。映写室のドアには世界中から見学に来た映画関係者のサインが残されていて、日本にも熱狂的なファンが多いアキ・

カリウスマキのサインをドア上部に発見することが出来た。

世界中から映画修復の注文

チネテカから公園を横切るように五分ほど歩いたところに映画修復センターはあった。イタリアの機械工業の歴史は古く、特にボローニャの機械工業は製品を自動的に包装する機械などを世界各国に輸出してきた実績を持っている。こういった機械技術とイタリア映画の古い歴史が幸運な出会いをして、この修復工場は大成功を収めることになった。

当初は古いイタリア映画の修復から始まり、その後チネテカに収蔵されているチャップリンの資料とともに遺族より預けられたチャップリン作品のフィルム修復を行うチャップリン・プロジェクトが進められた。ちょうどその頃から、ハリウッドをはじめとする大手の映画産業がこぞってＤＶＤの発売を始めた時期と重なって世界中から修復の注文が殺到するようになり、ビジネスとしてもしっかりと成り立つようになってしまったのだ。現在でも世界中の映画会社や映画祭からひっきりなしに注文がきているという。この日も出荷を待つフィルム棚には、来週カンヌ映画祭で上映される予定だというアラン・レネの〝Hiroshima monamour〟（アラン・レネ監督／一九五九年、邦題『二十四時間の情事』）のプリントが積まれていた。

初めに通されたのがフィルムをクリーニングする部屋で、十人ぐらいのスタッフがそれぞれ机に向かって35ミリのシネフィルムを一コマ一コマ洗浄している。部屋に入った瞬間に鼻を刺す強い臭いが充満

映画修復センター　フィルムを１コマずつ洗浄している

していてクリーニング用の化学薬品の臭いかと思ったのだが、ユーカリの樹の樹液から作った自然素材の洗浄液だそうである。現在この施設では、フィルムをフィルムのまま修復する技術と、デジタル化して修復する技術の二通りを使い分けているのだが、いずれにしても、まずは持ち込まれたフィルムをクリーニングすることから修復は始まる。その後、巨大なフィルム現像機や35ミリフィルムプリンターがある部屋を案内されたが、何と言っても圧巻はデジタル技術による修復の現場だった。

薄暗い部屋の中にコンピューターのディスプレイが横一列に並び、その前で二十～三十代の男女が黙々と修復作業に取り組んでいる。技術的にはそれほど珍しいことではないのかもしれないが、そのプロフェッショナルとしての作業の量と質には圧倒的な迫力が感じら

デジタル修復室　整然とコンピューターが並び、キーボードを叩く音だけが響く

れた。私たちが訪問した時点で四、五十人が黙々と働いていたが、交代制のシフトを組んで作業をしているそうなので、実際には百名を超える若者たちが入れ替わりながら働いていることになる。ボローニャ大学の学生アルバイトスタッフも数多く含まれているということだったが、完全にプロとしてのプライドを持って働いているように見受けられた。

ビジネスとして成り立つということ

ボローニャ大学がそうであるようにこの修復施設の従業員も世界中から集まっている。世界各国からの修復依頼に応えるためにもできるだけイタリア人以外も雇用する考えなのだそうだ。残念ながら日本人の姿は見受けられなかったが、チネテカでは日本映画の特集プログラムが組まれているぐらいなのだから、この修復施設にも日本人が数人いてもおかし

修復中のパソコンモニターの画面　『ガス灯』でイングリッド・バーグマンと共演していたシャルル・ボワイエの若い頃か？

くはないだろう。

採用条件として最も大切なのは、映画をしっかり勉強していることだそうで、担当者は「技術はここに来てから覚えればよいが、映画そのものへの作品理解力がなければ修復は出来ない。」とはっきり言っていた。近年の日本での就職活動の話では企業側がすぐに〝即戦力〟などという言葉を使って技術を持った学生を雇用しようとするのに比べて、なんと崇高《すうこう》な理念を掲げていることか。

そして、最も驚くべきは、最終的に4Kのデジタルシネマとして修復を完成させる最新設備を備えるこの施設が全く助成金を受けずにビジネスとして成り立っているという事実だ。「助成金なんかに頼っているとスピードが遅くて全くダメです。」と断言していたのは三十歳そこそこに見えるかわいらしい女性、ここの代表者とは大学時代のクラスメートだったそうである。

そう言えば、今回の旅で出会った重要な人物たちは、全員女性だった。ロッセッラさん、古川さんに始まって、ロッセッラさんのもとで学ぶ学生たちもほとんどが女性、ミラノの映画博物館、漫画博物館でも案内してくれたのは女性の学芸員だったし、ボローニャでもチネテカ、修復センターともに、直接対応してくれたのは女性の担当者であった。男性スタッフがいないわけではないが、彼らは裏側で地味な力仕事を黙々とこなしている様子だった。日本ではアベノミクスの成長戦略とやらに女性の社会進出問題をトップに据えているようだが、はたしてどうなることやら、わが大学の映像学科の専任教員が全員男性であることを考えると何とも情けない現状である。

若い世代の想像力に託す

今後この交流をどのように発展させていくかが早速問われている。本年十月に開催される山形映画祭にミラノからのプログラムが上映可能か？　ミラノの学生たちを山形に呼ぶことは可能か？　実は中国の杭州にある中国美術学院からも交流のプロポーズを受けていて、三都市間での学生シンポジュウムを開催するアイディアもあるのだが、はたして本当に実現可能なのか？　現時点では期待と不安が入り交じった混沌とした状態なのだが、せっかく生まれた山形―ミラノ間のご縁を大切に発展的に取り組んでいきたいと考えている。

山形映画祭は始まって四半世紀が過ぎ去ろうとしている。これまで、毎回多くの学生たちがボランティアとして関わり、なかには映画祭の事務局に就職した卒業生もいる。卒業後も何らかの形で映画祭と関係を持ち続けてくれることはうれしい限りだが、中心となるスタッフも、そろそろ本格的に次の世代へのバトンタッチが必要になってくるだろう。これまで順調に発展してきた山形映画祭に新たな展望を持ち込むのは、これまで学生ボランティアとして映画祭を支えてきた若い世代の創造力に託すのが最善だろう。今回始まった、イタリアとの学生間交流も、山形映画祭の新たな基軸の一つとして発展していくことを願いながら、この稿を閉じさせていただくことにする。

山形国際ドキュメンタリー映画祭2013

〈開催＆プログラム〉情報!

資料編

[1] これまでの受賞作品・監督リスト

[2] 貸出可能なライブラリー・コレクション

YAMAGATA
International
Documentary
Film Festival

〈開催&プログラム〉情報！

〈会期、会場について〉

会期：2013年10月10日（木）～17日（木）

会場：山形市中央公民館（アズ七日町）、山形市民会館、フォーラム山形、山形美術館ほか　※地図参照

〈山形国際ドキュメンタリー映画祭　問い合せ先〉

東京事務局

電話：03-5362-0672　ファックス：03-5362-0670

e-mail: mail@tokyo.yidff.jp

山形事務局

電話：023-666-4480　ファックス：023-625-4550

e-mail: info@yidff.jp

山形国際ドキュメンタリー映画祭2013

〈主な上映プログラムについて〉

・インターナショナル・コンペティション：
長編を対象に募集。世界の最先端の表現が凝縮した珠玉の15本を紹介する。

・アジア千波万波：アジアの新進作家を発掘、応援するプログラム。

・未来の記憶のためにークリス・マルケルの旅と闘い：
映画監督であり先駆的アーティスト、クリス・マルケル（フランス、1921-2012）の広大な作品世界を体験する渾身のプログラム。

・６つの眼差しと《倫理マシーン》：
カメラアングル、光の具合、ショットの切れ目を判断するにも、倫理的な課題が立ちはだかる。ドキュメンタリー作家にとって、カメラは倫理を担う装置となる。秀作の上映と活発なディスカッションを通して問題提起とする。

・それぞれの「アラブの春」：
2011年、チュニジアから周辺アラブ諸国に広がった「アラブの春」。かつてない規模の反政府抗議活動とその余波を様々な視点で表した作品を上映する。

・日本パノラマ（仮）：
日本のドキュメンタリー作品の様々な試みを世界へ向けて紹介するプログラム。

・ともにある Cinema with Us：
2011年3月11日。東日本大震災、原発事故という未曾有の体験とそこから生まれ続ける課題を、改めて見つめ伝えていくプログラム。

・やまがたと映画：
現代史を映し続けたヤマガタを、ドキュメンタリーによって再発見する。発掘映像による多角的な山形探検。

・奨励賞
・特別賞（1993年のみ特別推薦）

■市民賞
現在は、映画祭期間中に募った、観客によるアンケート集計の結果、授与する賞。運営は、YIDFFボランティアが主体。

また、上記のもののほか、YIDFF以外の団体が授与する賞として、「FIPRESCI（国際批評家連盟）賞」「同　特別賞」「国際映画批評家連盟最優秀短編映画」、「CINEMA だいすき！賞」、「NETPAC（アジア映画促進会議進会議）賞」「同特別賞」、「コミュニティシネマ賞」、「日本映画監督協会賞」、「スカパー！IDEHA賞」などがある。　　※ただし、開催年によって異なる場合がある

ここでは、YIDFFが授与する公式な賞について、これまでの受賞作品と監督を一覧にまとめる。

優秀賞	特別賞	奨励賞
•『井戸の上の眼』監督：ヨハン・ファン・デル・コイケン／オランダ •『ノーボディ・リスンド』監督：ネストール・アルメンドロス、ホルヘ・ウリャ／アメリカ •『精神の武器』監督：ピエール・ソヴァージュ／アメリカ、フランス	•『時は名前を持たない』監督：ステファン・ヤール／スウェーデン	•『家族写真』監督：クリスティン・ロイドフィット、手塚義治／日本、イギリス
•『アメリカンドリーム』監督：バーバラ・コップル／アメリカ •『その昔7人のシメオンがいた』監督：ヘルツ・フランク、ウラジミール・エイスネル／旧ソ連	•『石の賛美歌』監督：ミシェル・クレフィ／ベルギー	•『ミニ・ジャパンの子供たち』監督：チャラム・ベヌラカル／インド
•『阿賀に生きる』監督：佐藤真／日本 •『予測された喪失』監督：ウルリッヒ・ザイドル／オーストリア	•『ロシアン・エレジー』監督：アレクサンドル・ソクーロフ／ロシア	
•『スクリーン・プレイ：時代』監督：バーバラ・ユンゲ、ヴィンフリート・ユンゲ／ドイツ •『ピクチャー・オブ・ライト』監督：ピーター・メトラー／スイス、カナダ	•『父、息子、聖なる戦い』監督：アナンド・パトワルダン／インド	

資料[1]　これまでの受賞作品・監督リスト

山形国際ドキュメンタリー映画祭（以下、YIDFF）が授与する公式な賞としては、つぎの2つの部門があり、各賞が授与される。また、観客の意思を反映して授与される市民賞は、初回の映画祭から継続されている（現在は、観客のアンケート集計によって決定）。

◆インターナショナル・コンペティション部門
- ロバート＆フランシス・フラハティ賞（大賞）
- 山形市長賞（最優秀賞）
- 審査員特別賞
- 優秀賞
- 特別賞
- 奨励賞

◆アジア千波万波（1993年アジアプログラム、1995年アジア百花繚乱）部門
- 小川紳介賞

インターナショナル・コンペティション部門

	ロバート＆フランシス・フラハティ賞（大賞）	山形市長賞（最優秀賞）	審査員特別賞
1989	•『踏切のある通り』監督：イヴァルス・セレツキス／旧ソ連	•『ルート1』監督：ロバート・クレイマー／フランス	
1991	•『頑固な夢』監督：ソボリッチ・ベーラ/ハンガリー	•『閉ざされた時間』監督：シビル・シェーネマン／ドイツ	
1993	•『黒い収穫』監督：ボブ・コノリー、ロビン・アンダーソン／オーストラリア	•『動物園』監督：フレデリック・ワイズマン／アメリカ	
1995	•『選択と運命』監督：ツィピ・ライベンバッハ／イスラエル	•『メタル＆メランコリー』監督：エディ・ホニグマン／オランダ	

優秀賞	特別賞	奨励賞
•『ペーパーヘッズ』監督：ドゥシャン・ハナック／スロヴァキア •『LET ME GO あなたは叫んだ』監督：アンヌ＝クレール・ポワリエ／カナダ	•『コメディ・フランセーズ — 演じられた愛』監督：フレデリック・ワイズマン／フランス	
•『掃いて、飲み干せ』監督：ゲルト・クロスケ／ドイツ •『ハッピー・バースデー、Mr. モグラビ』監督：アヴィ・モグラビ／イスラエル、フランス		
•『真昼の不思議な物体』監督：アピチャッポン・ウィーラセタクン／タイ •『シックス・イージー・ピーセス』監督：ジョン・ジョスト／アメリカ、イタリア、ポルトガル	•『A2』監督：森達也／日本	
•『生命(いのち)』監督：呉乙峰(ウー・イフォン)／台湾 •『S21　クメール・ルージュの虐殺者たち』監督：リティー・パニュ／フランス	•『純粋なるもの』監督：アナット・ズリア／イスラエル	
•『海岸地』監督：アルベルト・エリンフス、オウジェニー・ヤンセン／オランダ •『静かな空間』監督：メルヴィ・ユンッコネン／フィンランド		
•『旅 — ポトシへ』監督：ロン・ハヴィリオ／イスラエル、フランス •『M』監督：ニコラス・プリビデラ／アルゼンチン	•『垂乳女(たらちめ)』監督：河瀬直美／日本	
•『Z32』監督：アヴィ・モグラビ／イスラエル、フランス •『要塞』監督：フェルナン・メルガル／スイス	•『ナオキ』監督：ショーン・マカリスター／イギリス、日本	
•『阿仆大(アプダ)』監督：和淵(ホー・ユェン)／中国 •『5頭の象と生きる女』監督：ヴァディム・イェンドレイコ／スイス、ドイツ	•『殊勲十字章』監督：トラヴィス・ウィルカーソン／アメリカ	

	ロバート＆フランシス・フラハティ賞（大賞）	山形市長賞（最優秀賞）	審査員特別賞
1997	•『エルサレム断章』監督：ロン・ハヴィリオ／イスラエル	•『アフリカ、痛みはいかがですか？』監督：レイモン・ドゥパルドン／フランス	
1999	•『不在の心象』監督：ヘルマン・クラル／ドイツ	•『メイン州ベルファスト』監督：フレデリック・ワイズマン／アメリカ	•『アンダーグラウンド・オーケストラ』監督：エディ・ホニグマン／オランダ
2001	•『さすらう者たちの地』監督：リティー・パニュ／フランス	•『ヴァンダの部屋』監督：ペドロ・コスタ／ポルトガル、ドイツ、スイス	
2003	•『鉄西区』監督：王兵（ワン・ビン）／中国	•『スティーヴィ』監督：スティーヴ・ジェイムス／アメリカ	
2005	•『水没の前に』監督：李一凡（リ・イーファン）、鄢雨（イェン・ユィ）／中国	•『ルート181』監督：ミシェル・クレフィ、エイアル・シヴァン／ベルギー、フランス、イギリス、ドイツ	•『ダーウィンの悪夢』監督：フーベルト・ザウパー／オーストリア、ベルギー、フランス
2007	•『鳳鳴（フォンミン）― 中国の記憶』監督：王兵（ワン・ビン）／中国	•『アレンテージョ、めぐりあい』監督：ピエール＝マリー・グレ／ポルトガル、フランス	
2009	•『包囲：デモクラシーとネオリベラリズムの罠』監督：リシャール・ブルイエット／カナダ	•『忘却』監督：エディ・ホニグマン／オランダ、ドイツ	
2011	•『密告者とその家族』監督：ルーシー・シャツ、アディ・バラシュ／アメリカ、イスラエル、フランス	•『光、ノスタルジア』監督：パトリシオ・グスマン／フランス、ドイツ、チリ	

2009	•『アメリカ通り』監督：キム・ドンリョン／韓国	•『ビラル』監督：ソーラヴ・サーランギ／インド •『されど、レバノン』監督：エリアーン・ラヘブ／レバノン	•『ハルビン螺旋階段』監督：季丹（ジ・ダン）／日本 •『細毛家の宇宙』監督：毛晨雨（マオ・チェンユ）／中国
2011	•『雨果（ユィグォ）の休暇』監督：顧桃（グー・タオ）／中国	•『アミン』監督：シャヒーン・パルハミ／イラン、韓国、カナダ •『龍山（ヨンサン）』監督：ムン・ジョン ヒョン／韓国	•『ソレイユのこどもたち』監督：奥谷洋一郎／日本 •『柔らかな河、鉄の橋』監督：チャン・タイン・ヒエン、ファ ム・トゥー・ハン、ドー・ヴァン・ホアン、チャン・ティ・アイン・フウン／ベトナム •『水手』監督：ヴラディミル・トドロヴィッチ／シンガポール、セルビア、モンテネグロ

市民賞

1989	•『精神の武器』監督：ピエール・ソヴァージュ／アメリカ、フランス
1991	•『ミニ・ジャパンの子供たち』監督：チャラム・ベヌラカル／インド
1993	•『神の名のもとに』監督：アナンド・パトワルダン／インド
1995	•『スクリーン・プレイ：時代』監督：バーバラ・ユンゲ、ヴィンフリート・ユンゲ／ドイツ
1997	•『プライベート・ウォーズ』監督：ニック・ディオカンポ／フィリピン
1999	•『ライオンのなかで暮らして』監督：シグヴェ・エンドレセン／ノルウェー
2001	•『A2』監督：森達也／日本
2003	•『純粋なるもの』監督：アナット・ズリア／イスラエル
2005	•『イラク — ヤシの影で』監督：ウェイン・コールズ＝ジャネス／オーストラリア
2007	•『ミスター・ピリペンコと潜水艦』監督：ヤン・ヒンリック・ドレーフス、レネー・ハル ダー／ドイツ •『バックドロップ・クルディスタン』監督：野本大／日本、トルコ、ニュージー
2009	•『ナオキ』監督：ショーン・マカリスター／イギリス、日本 •『ユリ 愛するについて』監督：東美恵子／ドイツ
2011	•『5 頭の象と生きる女』監督：ヴァディム・イェンドレイコ／スイス、ドイツ •『イラン式料理本』監督：モハマド・シルワーニ／イラン

アジア千波万波(1993年 アジアプログラム、1995年アジア百花繚乱)部門

	小川紳介賞	奨励賞	特別賞（1995年特別推薦）
1993	•『私の紅衛兵時代』監督：呉文光（ウー・ウェンガン）／中国		
1995	•『ナヌムの家』監督：ビョン・ヨンジュ／韓国	•『暴力の情景』監督：陳以文（チェン・イーウエン）／台湾 •『かたつもり』監督：河瀬直美／日本	•『銀幕の罠』監督：ジル・ミスキータ／インド •『彼岸』監督：蒋樾（ジアン・ユエ）／中国
1997	•『鳳凰橋を離れて』監督：季紅（リー・ホン）／中国	•『パラダイス』監督：セルゲイ・ドヴォル ツェヴォイ／カザフスタン、ロシア •『仕事、仕事』監督：フアド・アフラヴィ／イラン	•『虚港』監督：山崎幹夫／日本 •『魔のつり橋』監督：テミールベク・ビルナザロフ／キルギス
1999	•『ハイウェイで泳ぐ』監督：呉耀東（ウー・ヤオドン）／台湾	•『綿打ち職人』監督：朱伝明（ジュー・チュアンミン）／中国 •『老人』監督：楊天乙（ヤン・ティエン イー）／中国	•『メイド・イン・フィリピン』監督：ディツィ・カロリノ、サダナ・ブクサニ／フィリピン •『あんにょんキムチ』監督：松江哲明／日本
2001	•『夢の中で』『愛についての実話』監督：メリッサ・リー／オーストラリア	•『別れ』監督：ファン・ユン／韓国 •『不幸せなのは一方だけじゃない』監督：王芬（ワン・フェン）／中国	•『線路沿い』監督：杜海濱（ドゥ・ハイビン）／中国 •『空色の故郷』監督：キム・ソヨン／韓国
2003	•『一緒の時』監督：沙青（シャー・チン）／中国	•『雑菜記』監督：許慧如（シュウ・ホイルー）／台湾 •『ハーラの老人』監督：マーヴァシュ・シェイホルエスラーミ／イラン	•『ビッグ・ドリアン』監督：アミール・ムハマド／マレーシア •『ショート・ジャーニー』監督：タノン・サッタルーチャウォン／タイ
2005	•『チーズ と うじ虫』監督：加藤治代／日本	•『大統領ミール・ガンバール』監督：モハマド・シルワーニ／イラン •『ガーデン』監督：ルーシー・シャツ、アディ・バラシュ／イスラエル	•『Dear Pyongyang』監督：梁英姫（ヤン・ヨンヒ）／日本 •『25歳、小学二年生』監督：李家驊（リー・ジアホア）／台湾
2007	•『秉愛（ビンアイ）』監督：馮艶（フォン・イェン）／中国	•『溺れる海』監督：ユスラム・フィクリ・アンシャリ（ユフィク）／インドネシア •『バックドロップ・クルディスタン』監督：野本大／日本、トルコ、ニュージーランド	•『雲の彼方に』監督：蕭美玲（シャオ・メイリン）／台湾

イギリス／1989／16mm／60分
『アズル』 監督：ローランド・レシャルディ＝ラウラ／アメリカ／1988／16mm／104分
『ロッツ・ゲットー』 監督：アラン・アデルソン、キャスリン・タヴェルナ／アメリカ／1988／35mm（1.66）／103分
『オリ』 監督：ラケル・ガーバー／ブラジル／1989／35mm（1.33）／93分
『フィリピン、私のフィリピン』 監督：クリス・ナッシュ／オーストラリア／1988／16mm／72分
『プレーントーク＆コモンセンス』 監督：ジョン・ジョスト／アメリカ／1987／16mm／117分

1991……………………………………………………………………

『頑固な夢』（'91 ロバート＆フランシス・フラハティ賞）監督：ソボリッチ・ベーラ／ハンガリー／1989／16mm／93分
『閉ざされた時間』 監督：シビル・シェーネマン／ドイツ／1990／35mm（1.33）／90分
『その昔７人のシメオンがいた』 監督：ヘルツ・フランク、ウラジミール・エイスネル／旧ソ連／1989／35mm（1.33）／89分
『石の賛美歌』（'91 特別賞）監督：ミシェル・クレフィ／ベルギー／1990／35mm（1.66）／105分
『ミニ・ジャパンの子供たち』（'91 奨励賞、市民賞）監督：チャラム・ベヌラカル／インド／1990／16mm／60分
『人工太陽の日食』 監督：ニコレット・フリーマン、アマンダ・スチュワート／オーストラリア／1991／16mm／55分
『ホテルクロニクル』 監督：レア・プール／カナダ／1990／16mm／74分
『生きて帰れてよかったね』 監督：ルシア・ムラト／ブラジル／1989／35mm（1.33）／100分
『ママ・カレ』 監督：アリアンヌ・ラーン／オランダ／1990／16mm／63分
『特権』 監督：イヴァンヌ・レイナー／アメリカ／1990／16mm／103分
『死のトライアングル』 監督：イェジー・スワトコフスキ／スウェーデン／1990／16mm／57分

資料[2]　貸出可能なライブラリー・コレクション

特定非営利活動法人山形国際ドキュメンタリー映画祭では、より多くの人々に鑑賞の機会を提供し、ドキュメンタリー映画に対する理解を深めることを目的に、山形ドキュメンタリーフィルムライブラリーに保管している作品で、上映権を所有しているものの貸し出をおこなっている。なお貸出しの費用（正会員、賛助会員割引あり）や申込み手続き、条件（遵守事項）など仔細については山形国際ドキュメンタリー映画祭事務局（山形事務局）まで問い合わせください。

『青年の海・四人の通信教育生たち』監督：小川紳介／日本／1966／16mm／56分
『日本解放戦線・三里塚の夏』監督：小川紳介／日本／1968／16mm／108分
『映画作りとむらへの道』監督：福田克彦／日本／1973／16mm／54分
『映画の都』監督：飯塚俊男／日本／1991／16mm／98分
『雪国』監督：石本統吉／日本／1939／16mm／40分
『イマジニング・インディアン』監督：ヴィクター・マサエスヴァ／アメリカ／1992／16mm／79分
『ロンドンスケッチ』監督：ジョン・ジョスト／アメリカ／1997／ビデオ（Betacam）／91分
『思いやりの話』監督：チャン・ヴァン・トゥイ／ベトナム／1986／35mm（1.33）／45分
『満山紅柿　上山 — 柿と人とのゆきかい』監督：小川紳介＋彭小蓮（ポン・シャオリェン）／日本／2001／16mm／90分

1989……………………………………………………………………………………

『ルート1』（'89 山形市長賞）監督：ロバート・クレイマー／フランス／1989／35mm（1.85）／255分
『井戸の上の眼』（'89 優秀賞）監督：ヨハン・ファン・デル・コイケン／オランダ／1988／16mm／91分
『ノーボディ・リスンド』（'89 優秀賞）監督：ネストール・アルメンドロス、ホルヘ・ウリャ／アメリカ／1988／35mm（1.33）／117分
『精神の武器』（'89 優秀賞、市民賞）監督：ピエール・ソヴァージュ／アメリカ、フランス／1989／16mm／90分
『時は名前を持たない』（'89 特別賞）監督：ステファン・ヤール／スウェーデン／1989／35mm（1.66）／61分
『家族写真』（'89 奨励賞）監督：手塚義治、クリスティン・ロイドフィット／日本、

クライナ／1994／35mm（1.33）／60分
『記憶と夢』監督：リン＝マリー・ミルバーン／オーストラリア／1993／35mm（1.66）／58分
『広場』監督：張元（チャン・ユァン）、段錦川（ドゥアン・ジンチャン）／中国、日本／1994／35mm（1.66）／100分

1997

『エルサレム断章』（'97ロバート＆フランシス・フラハティ賞）監督：ロン・ハヴィリオ／イスラエル／1997／16mm／358分
『アフリカ、痛みはいかがですか？』監督：レイモン・ドゥパルドン／フランス／1996／35mm（1.66）／165分
『ペーパーヘッズ』（'97優秀賞）監督：ドゥシャン・ハナック／スロヴァキア／1996／35mm（1.33）／96分
『プライベート・ウォーズ』監督：ニック・ディオカンポ／フィリピン／1996／16mm／67分
『アルプス・バラード』監督：エリッヒ・ラングヤール／スイス／1996／35mm（1.66）／100分
『アムステルダム・グローバル・ヴィレッジ』監督：ヨハン・ファン・デル・コイケン／オランダ／1996／35mm（1.33）／254分
『望郷』監督：徐小明（シュー・シャオミン）／台湾／1997／35mm（1.85）／85分
『杣人物語』監督：河瀬直美／日本／1997／16mm／73分
『母がクリスマスに帰るとき…』監督：ニリタ・ヴァチャニ／インド、ギリシャ、ドイツ／1995／16mm／107分

1999

『不在の心象』（'99ロバート＆フランシス・フラハティ賞）監督：ヘルマン・クラル／ドイツ／1998／16mm／89分
『アンダーグラウンド・オーケストラ』（'99審査員特別賞）監督：エディ・ホニグマン／オランダ／1997／35mm（1.66）／115分
『掃いて、飲み干せ』（'99優秀賞）監督：ゲルト・クロスケ／ドイツ／1997／35mm（1.66）／70分
『ハッピー・バースデー、Mr. モグラビ』（'99優秀賞）監督：アヴィ・モグラビ／イスラエル、フランス／1999／16mm／77分

1993……………………………………………………………………

『**黒い収穫**』('93 ロバート&フランシス・フラハティ賞)監督:ボブ・コノリー、ロビン・アンダーソン/オーストラリア/1992/16mm/90分

『**阿賀に生きる**』('93 優秀賞)監督:佐藤真/日本/1992/115分

『**予測された喪失**』('93 優秀賞)監督:ウルリッヒ・ザイドル/オーストリア/1992/35mm(1.66)/118分

『**神の名のもとに**』('93 市民賞)監督:アナンド・パトワルダン/インド/1992/16mm/91分

『**アフリカ、お前をむしりとる**』監督:ジャン・マリ・テノ/カメルーン/1992/16mm/88分

『**氷の夢**』監督:イグナシオ・アグェーロ/チリ/1992/16mm/56分

『**パート・タイム・ゴッド**』監督:ポール・コーエン/オランダ/1992/16mm/80分

『**テキサス・テナー:イリノイ・ジャケー・ストーリー**』監督:アーサー・エルゴート/アメリカ/1991-2/35mm(1.33)/81分

1995……………………………………………………………………

『**選択と運命**』('95 ロバート&フランシス・フラハティ賞)監督:ツィピ・ライベンバッハ/イスラエル/1993/16mm/118分

『**メタル&メランコリー**』('95 山形市長賞)監督:エディ・ホニグマン/オランダ/1993/16mm/80分

『**スクリーンプレイ:時代**』('95 優秀賞、市民賞)監督:ヴィンフリート・ユンゲ、バーバラ・ユンゲ/ドイツ/1993/35mm(1.33)/284分

『**ピクチャー・オブ・ライト**』('95 優秀賞)監督:ピーター・メトラー/カナダ、スイス/1994/35mm(1.66)/83分

『**父、息子、聖なる戦い**』('95 特別賞)監督:アナンド・パトワルダン/インド/1994/16mm/120分

『**カルメン・ミランダ:バナナが商売**』監督:ヘレナ・ソルバーグ/ブラジル、アメリカ/1994/35mm(1.66)/92分

『**百代の過客**』監督:原将人/日本/1995/16mm/219分

『**アルバト通りの家**』監督:マリナ・ゴルドフスカヤ/ロシア/1993/16mm/59分

『**さらばUSSR**』('95 FIPRESI賞)監督:アレクサンドル・ロドニャンスキー/ウ

『夢の中で』（2001 小川紳介賞）監督：メリッサ・リー／オーストラリア／1999／ビデオ（Betacam）／26分
『愛についての実話』（2001 小川紳介賞）監督：メリッサ・リー／オーストラリア／2001／ビデオ（Betacam）／27分

2003……………………………………………………………

『S21　クメール・ルージュの虐殺者たち』（2003 優秀賞）監督：リティー・パニュ／フランス／2002／ビデオ（DVCAM）／101分
『純粋なるもの』（2003 特別賞、市民賞）監督：アナット・ズリア／イスラエル／2002／ビデオ（DVCAM）／63分／
『神聖なる真実の儀式』監督：アオレイオス・ソリト／フィリピン・パラワン／2002／16mm／120分
『フラッシュバック』監督：ヘルツ・フランク／ラトヴィア／2002／ビデオ（DVCAM）／105分
『時の愛撫』監督：パブロ・ガルシア／スペイン／2001／35mm（1:1.33）／72分
『天使狩り—預言者詩人の四つの情熱』監督：アンドレイ・オシポフ／ロシア／2002／35mm（1:1.37）／56分
『レイムンド』監督：エルネスト・アルディト、ヴィルナ・モリナ／アルゼンチン／2002／ビデオ（DVCAM）／127分
『羊飼いのバラード』監督：エリッヒ・ラングヤール／スイス／2002／カラー／35mm（1:1.66）／124分

2005……………………………………………………………

『水没の前に』（2005 ロバート＆フランシス・フラハティ賞）監督：李一凡（リ・イーファン）、鄢雨（イェン・ユィ）／中国／2004／ビデオ（DVCAM）／143分
『ルート181』（2005 山形市長賞）監督：ミシェル・クレフィ、エイアル・シヴァン／ベルギー、フランス、イギリス、ドイツ／2003／ビデオ（DVCAM）／270分
『海岸地』（2005 優秀賞）監督：アルベルト・エリンフス、オウジェニー・ヤンセン／オランダ／2005／35mm（1:1.66）／70分
『静かな空間』（2005 優秀賞）監督：メルヴィ・ユンッコネン／フィンランド／2005／ビデオ（DVCAM）／54分
『イラク—ヤシの影で』（2005 市民賞）監督：ウェイン・コールズ＝ジャネス／オーストラリア／2005／ビデオ（DVCAM）／90分

『ライオンのなかで暮らして』('99 市民賞) 監督：シグヴェ・エンドレセン／ノルウェー／1998／35mm (1.85) ／83分
『加速する変動』監督：トラヴィス・ウィルカーソン／アメリカ／1999／16mm／56分
『瘋狂英語（クレイジー・イングリッシュ）』監督：張元（チャン・ユアン）／中国／1999／35mm (1.37) ／90分
『イラン式離婚狂想曲』監督：キム・ロンジノット、ジバ・ミル＝ホセイニ／イギリス、イラン／1998／16mm／80分
『天使の家で』監督：マルグレート・オリン／ノルウェー／1998／35mm (1.66) ／97分
『死神博士の栄光と没落』監督：エロール・モリス／アメリカ／1999／35mm (1.85) ／91分
『2H』監督：李纓（リ・イン）／日本／1999／35mm (1.37) ／120分

2001……………………………………………………………………………
『さすらう者たちの地』(2001 ロバート＆フランシス・フラハティ賞) 監督：リティー・パニュ／フランス／2000／ビデオ (Betacam) ／100分
『真昼の不思議な物体』(2001 優秀賞、NETPAC特別賞) 監督：アピチャッポン・ウィーラセタクン／タイ／2000／35mm (1:1.85) ／83分
『シックス・イージー・ピーセス』(2001 優秀賞) 監督：ジョン・ジョスト／アメリカ、イタリア、ポルトガル／2000／ビデオ (Betacam) ／68分
『A2』(2001 特別賞、市民賞) 監督：森達也／日本／2001／ビデオ (Betacam) ／130分
『あるアナーキスト — ドゥルティの生涯』監督：ジャン＝ルイ・コモリ／スペイン、フランス／1999／ビデオ (Betacam) ／107分
『山での日々』監督：王海浜（ワン・ハイビン）／中国／2000／ビデオ (Betacam) ／162分
『鳥のように—ラ・ドゥヴィニエール』監督：ブノワ・デルヴォー／ベルギー／2000／35mm (1:1.66) ／90分
『刑法175条』監督：ロブ・エプスタイン、ジェフリー・フリードマン／アメリカ／1999／35mm (1:1.85) ／81分
『青春クロニクル』監督：ヴィターリー・マンスキー／ロシア／1999／35mm (1:1.33) ／91分

2006／ビデオ（DVCAM）／58分
『12タンゴ　ブエノスアイレスへの往復切符』監督：アルネ・ビルケンシュトック／ドイツ／2005／35mm（1:1.85）／86分
『ワイルド・ワイルド・ビーチ』監督：アレクサンドル・ラストルグエフ、ヴィタリー・マンスキー、スサンナ・バランジエヴァ／ロシア、ドイツ／2006／ビデオ（DVCAM）／125分

2009……………………………………………………………………

『包囲：デモクラシーとネオリベラリズムの罠』（2009ロバート＆フランシス・フラハティ賞）監督：リシャール・ブルイエット／カナダ／2008／ビデオ（ブルーレイディスク、DVCAM）／160分
『忘却』（2009山形市長賞）監督：エディ・ホニグマン／オランダ、ドイツ／2008／ビデオ（DVCAM）／93分
『Z32』（2009優秀賞）監督：アヴィ・モグラビ／イスラエル、フランス／2008／35mm（1:1.85）／85分
『要塞』（2009優秀賞）監督：フェルナン・メルガル／スイス／2008／35mm（1:1.85）／105分
『オート＊メート』監督：マルチン・マレチェク／チェコ／2009／ビデオ（DVCAM）／90分
『生まれたのだから』監督：ジャン＝ピエール・デュレ、アンドレア・サンタナ／フランス、ブラジル／2008／35mm（1:1.85）／90分
『私と運転席の男たち』監督：スーザン・モーグル／アメリカ／2008／ビデオ（DVCAM）／68分
『稲妻の証言』監督：アマル・カンワル／インド／2007／ビデオ（DVCAM）／113分
『アポロノフカ桟橋』監督：アンドレイ・シュヴァルツ／ドイツ／2008／ビデオ（ブルーレイディスク、DVCAM）／85分
『ダスト―塵―』監督：ハルトムート・ビトムスキー／ドイツ、スイス／2007／35mm（1:1.85）／94分

2011……………………………………………………………………

『密告者とその家族』（2011ロバート＆フランシス・フラハティ賞）監督：ルーシー・シャツ、アディ・バラシュ／アメリカ、イスラエル、フランス／2011／ビデオ（ブルーレイディスク※SD）／84分

『生まれなかった映画たち』監督：ケース・ヒン／オランダ／2005／ビデオ（DVCAM）／73分
『ファイナル・ソルーション』監督：ラケッシュ・シャルマ／インド／2004／ビデオ（DVCAM）／150分
『ジャスティス』監督：マリア・アウグスタ・ラモス／オランダ、ブラジル／2004／35mm（1:1.66）／100分
『老いた猫のお引越し』監督：ヨハン・ルンドボーグ／スウェーデン／2004／ビデオ（DVCAM）／58分
『アンコールの人々』監督：リティー・パニュ／フランス／2003／ビデオ（DVCAM）／90分
『リハーサル』監督：ミハウ・レシチロフスキー／スウェーデン／2004／35mm（1:1.85）／101分
『メランコリア 3つの部屋』監督：ピルヨ・ホンカサロ／フィンランド、ドイツ、デンマーク、スウェーデン／2004／35mm（1:1.85）／106分
『パレルモの聖女』監督：アントニオ・グイーディ／ドイツ、イタリア／2005／35mm（1:1.66）／82分

2007……………………………………………………………………………………

『アレンテージョ、めぐりあい』（2007山形市長賞）監督：ピエール＝マリー・グレ／ポルトガル、フランス／2006／ビデオ（DVCAM）／105分
『旅―ポトシへ』（2007優秀賞）監督：ロン・ハヴィリオ／イスラエル、フランス／2007／35mm（1:1.66）／246分（フィルム1：130分　フィルム2：116分）
『M』（2007優秀賞）監督：ニコラス・プリビデラ／アルゼンチン／2007／35mm（1:1.85）／150分
『彼女の墓に花をそえるのは私』監督：ハーラ・アルアブドッラー、アンマール・アルベイク／シリア／2006／ビデオ（DVCAM）／110分
『リック・ソルト―僕とばあちゃん』監督：ライアン・フェルドマン／カナダ／2006／ビデオ（DVCAM）／78分
『紙は余燼（よじん）を包めない』監督：リティー・パニュ／フランス／2006／ビデオ（DVCAM）／86分
『革命の歌』監督：ヨウコ・アールトネン／フィンランド／2006／35mm（1:1.85）／80分
『あなたが去ってから』監督：ムハンマド・バクリ／パレスティナ、イスラエル／

『阿仆大（アプダ）』（2011 優秀賞）監督：和淵（ホー・ユェン）／中国／ 2010 ／ビデオ（ブルーレイディスク）／ 145 分
『殊勲十字章』（2011 特別賞）監督：トラヴィス・ウィルカーソン／アメリカ／ 2011 ／ビデオ（ブルーレイディスク※ SD）／ 62 分
『川の抱擁』監督：ニコラス・リンコン・ギル／ベルギー、コロンビア／ 2010 ／ビデオ（ブルーレイディスク）／ 73 分
『失われた町のかたち』監督：ジョン・ジョスト／アメリカ、ポルトガル／ 2011 ／ビデオ（ブルーレイディスク※ SD）／ 92 分
『遊牧民の家』監督：イマン・カメル／エジプト、ドイツ、アラブ首長国連邦、クウェート／ 2010 ／ビデオ（ブルーレイディスク）／ 61 分
『星空の下で』監督：レナード・レーテル・ヘルムリッヒ／オランダ／ 2010 ／ビデオ（ブルーレイディスク）／ 111 分
『飛行機雲（クラーク空軍基地）』監督：ジョン・ジャンヴィト／アメリカ、フィリピン／ 2010 ／ビデオ（ブルーレイディスク※ SD）／ 264 分
『何をなすべきか？』監督：エマニュエル・ドゥモーリス／フランス／ 2010 ／ビデオ（ブルーレイディスク※ SD）／ 152 分
『青春ララ隊』監督：楊力州（ヤン・リージョウ）／台湾／ 2011 ／ビデオ（ブルーレイディスク）／ 104 分

ドキュメンタリーを
つくるということ

「撮ることからはじまる」ドキュメンタリー

小泉修吉

私は一九六五年に独立プロダクション「グループ現代」を創立以来、今日までの五〇年近くの間に、数百本の記録映画、教育映画、産業映画、展示映像、テレビドキュメンタリー等々の作品を演出、監督、プロデュースしてきましたが、映像作家としてつくったドキュメンタリー作品はわずか二十数本です。今回はその中から私にとって愛着の深い、しかも世間にはあまり知られていない三つの作品を取り上げ、私なりのドキュメンタリーの世界について語りたいと思います。

老人たちとの〝出会い〟を記録した映画

日常に生の深淵を窺う

まずは、「撮ること」からはじめた作品です。一九七八年に製作・監督した『老いる――五人の記録』（16ミリフィルム／六十分）について。

この映画は『農薬禍《か》』（一九六九年）でお世話になり、以来おつきあいのあった長野県の佐久総合病院映画部の協力がきっかけになり実現しました。はじめは佐久地方で農村福祉をテーマにする映画をつくるつもりでした。そのため一九七七年の晩秋から翌年の早春にかけ千曲《ちくま》川源流に点在する過疎の集落に幾度となく出かけていったのですが、その取材の過程で私たちは、村々でひっそりと暮らしている様々な老人たちに出会うことになったのです。二十代から四十代にかけての都市生活者である私たちスタッフにとっては、この出会いは衝撃的でした。

当時、佐久総合病院には地域医療の先駆的な活動を長年つづけてきたこともあって、村の保健婦さんや衛生指導員、ヘルパーさんとの広いネットワークがありました。私たちはその人々の助けをかりて、比較的容易に老人たちの日常生活の機微にふれることができました。そして、その時に垣間《かいま》見せてくれた老人たちの「老いを生きる」したたかさに私たちは圧倒されたのです。

庭の片隅で古い木の根をひたすら鋸《のこ》でひくやや痴呆《ちほう》（当時は認知症などという言葉はなかった）の進んだ元村大工の老人。その傍《かたわ》らでおじいさんを見つめる老婆が何げなく語った言葉、「おじいさんはな、日がな一日、鋸をひいているのが一番。それでいいんだよ……」。夜、ほりごたつで向きあって老夫婦はさしつさされつの晩酌を楽しむ。やがて酒の回ったおばあさんは手拍子を取って古い民謡の卑猥《ひわい》な替え唄を歌いだす。ろれつの回らぬ口調でそれに唱和するおじいさんはやがて寝入ってしまう。そこで、おばあさんの一言「おじいさんはな、こんなわけだから、オレがしっかりしなけりゃなんないというわけ……さあ、今夜はもう寝るとすっか」。

この歳老いた夫婦の間に流れるなんとも言えぬ情感の人間的な味わいに私は深く心を動かされました。

人生の最後の時を二人が互いに支えあって坦々《たんたん》と日々の日常を生きている姿にうたれたのです。

もう一人忘れがたい人がいます。長い間、お嫁さんの介護をうけている寝たきりのおばあさんです。昼間、お嫁さんが家事にかまけている間、おばあさんはベッドで一人ぼっちになってしまうと甘えるような声をかけます。「さびしいよう。何かおくんなしい！」。お嫁さんから小さな甘いお菓子をもらって、おばあさんは、大切に少しずつ食べながら寝入ってしまいます。おばあさんにとって食べる楽しみが生きる支えになっているようです。そして、それにも増してすばらしい至福の一時がおばあさんを待っています。

昼食のあとお嫁さんに下の世話をしてもらい一息ついたあと、おばあさんから「一服おくんなしい……」と声がかかります。お嫁さんから煙草に火をつけてもらい、深々と吸いこんでゆっくりとくゆらすおばあさんの紫煙ごしに見える目を細めたその笑顔から、私は最後まで生をまっとうしようというけなげな、しかも、安らかな思いを感じざるを得ませんでした。お嫁さんの世話になる寝たきりのつらい老後ですが、おばあさんは生きる喜びを失っていないのです。

もう多くを語る必要はないでしょう。このような出会いから映画『老いる――五人の記録』ははじまったのです。その時、私たちは躊躇《ちゅうちょ》することなく、手にもっていたカメラとマイクでこの老人たちの生のありかたそのものを記録する作業にとりかかりました。私たちはまず撮ることからはじめたという所以《ゆえん》です。

私たちの狙いは、たまたまその時、その場所で出会った老人の生活のある断片を何のてらいもなく単純に記録することにありました。したがって現代の最も切実なテーマである老人問題にアプローチしようというような問題意識はまったくありませんでした。

いつもわずか数日の短い間でしかなかったのですが、その時を共にすごした老人たちとの出会いの体験を解釈をぬきにして直截《ちょくせつ》に記録することが願いでした。そして、その記録のはざまに、老人たちの「老いを生きる」深淵を覗《のぞ》きみることができるのではないかという希望を託したのです。

スチール写真の集積としての映画

『老いる』のこのような製作の契機とモチーフは、この映画の方法と深く相関しています。私たちは「映画をつくろう」としたのではありません。スチール写真の集積のようなフィルムをつくりたかったのです。しかし、時の流れの中に映像を表出する映画のフィルムにスチール写真のような静止した映像を定着させるということは何を意味するのでしょうか。わかったようでわからないこの課題をかかえてカメラは苦闘しました。

私たちはただ一つのことだけはわかっていました。何かを意図的に狙ったシャッターチャンスという方法は決してとらないということです。その時、その場でカメラを向けた時に存在するものをただ撮るという方法に徹することです。それは、なるべく自然態のままでカメラを恣意的に操作したいという願いから発したものでした。

旧《ふる》いフィルムの作法の枠をとりはらい、自由な映像の世界をめざしたものといってよいでしょう。このような方法意識は、フィルムを編集構成して録音するという仕上げ作業においても一貫させました。具体的には、撮りっぱなしということです。それは編集という一つの構成の流れの中に映像を位置づけることを拒否し、一つひとつの映像を独立した表現─表出として重視することを意味します。いわばセルゲイ・エイゼンシュタイン（映画監督、一八九八〜一九四八年。代表作に『戦艦ポチョムキン』『イワン雷帝』など）によって確立されたモンタージュ論（複数のカットを組み合わせて用いる技法のことをいう。中でもエイゼンシュタインは、台本の言語的要素を映像に置き換えて編集していく手法を編み出した）への反逆です。撮ったフィルムは基本的には全部使い撮影した順序につなぐ、また一つひとつのショットも切りきざまないでなるべく撮影した長さを生かすということを志しました。

録音においても同じ方法意識はかわりません。音は映像と同等に扱い、音楽、ナレーションはなく、その時、その場で、映像と一緒にとった音をつけただけです。

従来の編集構成するという作業に慣れたものにとってこの方法意識を貫徹することは大変困難でした。必ずしもうまくいったとは言えません。それにもかかわらず『老いる』のフィルムは基本的には「撮りっぱなしのものを観客の前になげだした」という構造をもっていると確信しています。

当時、私がこのような方法にこだわったのは、記録映画の基本にもどって改めてフィルムの表現世界の可能性について考えてみたかったからに他なりません。言いかえれば、私は映画をつくろうとしたのではないということです。

老人たちのありのままの生きざまをフィルムに焼きつけたい。彼らの語る声のひびきをテープに定着させたいという願い──それを合体したものが、『老いる──五人の記録』に他ならないのです。

感性に基づいた自由な映像表現

今から二十三年前、CS放送朝日ニュースターで『フリーゾーン二〇〇〇』という実験的なドキュメンタリー番組がはじまりました。技術の進歩に支えられて、誰もがカメラを簡単に扱えることができるようになったことをふまえて新しいドキュメンタリー映像表現への挑戦をめざしたものでした。参加者は家庭の主婦などの市井《しせい》の生活人から、大学などの研究者、企業人、詩人等多くの芸術家、もちろんプロの映像人も加った多彩な顔ぶれでした。それぞれが個人的に関心をもつ社会のあらゆる分野のテーマにいどみ、それこそカメラをペンのように使って自由な、というより勝手な映像づくりにはげんだ記憶があります。ニューヨークではじまったビデオジャーナリズムの時代を日本でも切り開こうとする意欲的な試みだったのです。

この『フリーゾーン二〇〇〇』のスタートの冒頭に『老いる――五人の記録』が紹介されました。番組がめざすこれまでの記録映画の作法やテレビドキュメンタリーの方法の殻を破る、個人の感性にもとづいた映像表現の自由とは何かを考える一つの方向性を示す素材として取り上げられたのです。私も番組に登場しトークに参加しましたが、何を語ったかは憶《おぼ》えていません。しかし、二十年前のフィルム時代のささやかな作品が、このような形で時代の要請に応えることができたのを嬉しく思ったものでした。

それからさらに二十三年、今や映像の世界は大きくかわり、フィルムからビデオそしてデジタルの時代へと突入しました。カメラは軽量小型化、自動化し、個人で容易《たやす》く買うことができるまでに安くなりました。ドキュメンタリーに関していえば、誰でも志さえあれば一人で高品質のハイビジョン映像作品をつくることができる時代が来たのです。すでに、アマチュアの分野でもプロの世界でも多くの人が個人作家としてドキュメンタリー作品を製作し上映活動を行っています。

私が三十数年前に『老いる——五人の記録』を製作・監督するにあたって、フィルムという制限の中で試行錯誤しながら挑戦した映像の自由を求める方法論が大きな時代の流れになったようです。『老いる』も捨てたものではなかったなと密《ひそ》かに北叟《ほくそ》笑《え》んでいるしだいです。

自然農の実践が生んだ世界に

驚きと期待が交叉する瞬間

二番目は一九九五年から九六年にかけて撮影し、一九九七年に完成した長編記録映画『自然農——川口由一の世界』（16ミリフィルム／二時間三十三分）です。

この映画も出会いの映画でした。私はそれまで「賢治の学校」の主催者である鳥山敏子さんの授業の映画を数多く製作してきました。その鳥山さんから、「川口さんという無農薬、無肥料、無起耕のお米づくりの自然農を実践している方と知りあった。おだやかで口数が少ない人だが、しっかりとした考えをもったすばらしい人だ。ぜひ映画にとりたい」と声がかかったのです。

私はさっそくカメラマンの堀田泰寛さんに声をかけ、フィルムとカメラを用意し、鳥山さんと一緒に奈良県桜井市の纏向《まきむき》にある川口さんのお宅を訪ねました。

挨拶のあとしばらく雑談してから、さっそく田圃《たんぼ》へでかけることになりました。そこで、私たちは、カメラをとりだし川口さんと鳥山がそろって家をでて田圃に向かうところから撮影をはじめたのです。

『自然農――川口由一の世界』もまた、「撮ることからはじめた」映画に他なりません。しかも、この場合は二重の意味で。

というのは、完成した映画のファーストシーンもこの「撮ることからはじめた」田圃へ向かうシーンからはじまったからです。これは決して意図したわけではありません。自然にそうなったとしか言いようがないのです。私の映画作法はいつも自然態の無定形の中にただよっています。どこにたどりつくかは映画が完成してからはじめてわかるのです。

はじめて見た川口さんの田圃は周囲のものとはまったく違う自然そのものの姿をしていました。春まだ浅い枯れた田圃の広がりの中に膝がうずまるほど雑草が生い茂った一角があります。それが川口さんの自然農の舞台となる田圃でした。このような場所で草も取らず耕しもしないで、しかも肥料も農薬も使わないで果して水田耕作ができるのだろうか。驚きとこれからはじまる未知の道のりへの期待が交叉する一瞬でした。カメラマンの堀田さんは黙々と風になびく雑草の葉先の流れをとらえるため、ひたすらカメラのファインダーを覗いています。

このようにして鳥山さんと共に川口さんの田圃へ通う約一年にわたる撮影の日々がはじまったのです。

映画が最後にたどりついた地点

私たちは、何の前提もなしにカメラと共に田圃に足をふみいれ、川口さんの耕さず、肥料、農薬を使わずに草や虫を敵としないで稲を育てる実践をただひたすら記録しました。その過程で様々な体験をし、多くのことを学びながら、川口さんの田圃の小さな空間に存在する自然農の大きな世界にいざなわれていったのです。その世界とは、川口さんが手をそえている稲を中心に成育する様々な草花や雑草、それにまつわる数知れぬ昆虫や小動物たち、それを支える大地の恵み、無限ともいえる微生物のネットワーク、そして太陽の光や風や雨、それらが一体となって生きとし生きるものが、互いに命をつむぎあって共生している空間に他なりません。そして、映画が最後にたどりついた地点は、この空間を撮って表現しようということでした。

何かわかったようでわからない禅問答のようなことですが、私は映画『自然農——川口由一の世界』は総体としてその目的を実現していると確信しています。十数年前に私が何を考えていたか、当時のパンフレットに書いた拙文の一部を引用して参考に供したいと思います。

川口さんの田んぼや畑がある場所は、のどかな田園地帯ではありませんでした。左手には多数の車が行き交う国道１６９号が、右手にはＪＲ奈良桜井線が走り、近くの製材所や工場からは絶え間なく騒音がおしよせてきます。ところが、カメラをもって田んぼの中に足をふみこむと不思議なことにそれらの騒音は私たちの耳から消えてしまいます。それにかわって、鳥山さんがトランポリンのようだといって田んぼのふかふかした土壌の上で飛びはねた時の水の音、たわわに稔った稲穂を川口さんの手がいとおしげに撫ぜるかすかなひびき、野鳥がひそやかに田んぼの巣にもどる物音などがあざやかに聞こえてくるのです。今でもありありと耳に甦ってきます。実際には周囲の騒音によってそんなによく聞こえるはずはないのですが。

どうしてこんなことが起きるのでしょうか。川口さんと一緒に田んぼに入ると私たちの心と身が、自分もその一部である自然の営みに包みこまれることによって清められ、ありのままの姿に戻ることが出来るからだと思います。

この事は川口さんの田んぼや畑が、現代の工業化した文明の中で私達人間の心と身が失ってしまった大切なものをとりもどす貴重な空間であることを意味してはいないでしょうか。昏迷する物質文明の中にあって自然と共生する新しい文明の可能性を予感させる一つのミクロコスモスとして成立しているのです。

そして、このような場をつくりあげたのが川口さんの無起耕無農薬無肥料の自然にとけこんだ二十年にわたる実践なのです。……


自ら言うのもおこがましいですが、今読んでも、川口さんの田圃の空間に立った時の心が洗われるような新鮮な思いが甦ってきます。今回この原稿を書くことにより、改めて『自然農――川口由一の世界』の現代的意義について思いを馳せました。デジタル化によって甦らせ、多くの人に見てもらわなければと密かに心したしだいです。

遺作に込められた思索と感性を再現

四十年ぶりのレイチェル・カーソンとの再会

最後に取り上げるのは二〇〇一年に製作・監督した『センス・オブ・ワンダー――レイチェル・カー

ソンの贈りもの』（16フィルム／一時間五十八分）です。

私の記録映画作家としてのスタートは、合成化学物質が地球の生態系や環境に与える危険性についていち早く警句を発したレイチェル・カーソン（生物学者、一九〇七～六四年）の『沈黙の春（Silent Spring）』（註：初訳では『生と死の妙薬――自然均衡の破壊者科学薬品』青樹簗一訳、新潮社、一九六四年）に啓発されてつくった『農薬禍』からはじまりました。そして、その四十年後に再びレイチェル・カーソンと出会い、彼女が晩年に著した遺言とも言うべき『センス・オブ・ワンダー（The Sense of Wonder）』の映画化を手がけることになったのです。

朗読ドキュメンタリーという試み

『センス・オブ・ワンダー』はカーソンが、姪の息子ロジャーとの一夏をすごした別荘での自然体験をもとに書いたもので、子どもと一緒に自然の中にでかけ、ともにその神秘さや不思議さに心をうばわれる感性を育むことの大切さを詩情豊かな文章でつづったエッセイです。このような美しい詩的な文章をドキュメンタリー映画にするにはどうしたらよいか、私には当初見当もつきませんでした。何度も読みかえしているうちに、カーソンの豊かな感性と深い思索の文章がしだいに私の体の中に入ってくるように感じました。そして、この感覚を大切にしよう、映像と音響という感性の世界で『センス・オブ・ワンダー』の文章を丸ごと一冊読んでしまうことはできないものかと考え、朗読ドキュメンタリーという方法をとることにしました。

こんなことは果して可能か、まずは現場を体験しなければと、翻訳者の上遠《かみとお》恵子さんと写真家の森本三郎さんの三人で、メイン州にある『センス・オブ・ワンダー』の舞台になったレイチェル・カーソンの別荘を下見に訪れました。別荘は大西洋に面した岩礁地帯にあり、背後をとうひ（唐桧）の針葉樹林に囲まれてひっそりとたたずんでいました。木造の質素な平屋建てで、海に面した居間には大きな石造りの暖炉があります。居間の奥にはレイチェル・カーソンが使っていたと思われる寝室と書斎がつづいています。私たちはさっそく、上遠さんにレイチェルの寝室と書斎を使ってもらうことにしました。

窓ごしに岩場からつづくとうひの木立を望む書斎の大きな机を前にして、肘かけ椅子でくつろぐ上遠さんのうしろ姿を遠くから見た時、私には、ありし日のレイチェルさんの姿が重なるように浮かびあがってきました。また、上遠さんが森や海辺を逍遥《しょうよう》しながら小さな生きものや草花、苔や地衣類の一つひとつに語りかける様子にもレイチェルを彷彿《ほうふつ》とさせる何かが感じられました。

これで、この映画はできると私はそのとき確信しました。レイチェルが、幼いロジャーと過ごしたメインの海と森の日々、その自然のうつろいを上遠さんに追体験してもらい、『センス・オブ・ワンダー』を朗読してもらう。それを映像と音で記録する朗読ドキュメンタリーという方法に自信をもったのです。

本を読むように映画をみる……

『センス・オブ・ワンダー』は、レイチェルが幼い頃からつちかってきた自然へのういういしい感性と、それにもとづく深い思索から生まれる珠玉のような言葉に満ちています。いわば自然と人間についての思想書のおもむきをもっています。私は、その言葉の一つひとつを映画の中で大切にしたいと思いました。翻訳者である上遠さんの肉声でその言葉を観客の一人ひとりに確実にとどけたい、自然のリズムにしたがってゆったりと流れる映像の中で、その言葉の意味を反芻《はんすう》しながら深めてもらいたいという想いをこの映画に込めました。これも朗読ドキュメンタリーの方法をとった所以の一つなのです。

一方で、映画『センス・オブ・ワンダー――レイチェル・カーソンの贈りもの』は私にとって「撮ることからはじめる」出会いの映画でもありました。四十年の歳月を経たレイチェルとの再会、翻訳者の上遠恵子さんとの出会い、レイチェルが愛した別荘のあるメイン州の海辺やとうひの森との出会い。これらの出会いを通して映画は生まれたのです。

私たちはカメラを持って、上遠さんは『センス・オブ・ワンダー』の小冊子をもってメイン州の自然を散策することから撮影をはじめました。そして、海辺や森の生きものたちがくりひろげる様々な命のあり様の中で上遠さんが朗読する場面、小さな命に語りかけたりする情景を撮影する日々を送ったのです。このような経緯を経て映画は完成したのですが、果たして映画をみることで本を一冊読む体験をする――この方法は成功したでしょうか。『センス・オブ・ワンダー』が公開上映された時、賛否両論でした。概して専門家の評判はよくなく、一般の市民、特に子どもをもつお母さんたちには好評でした。お母さんたちが組織した自主上映会は全国で五百回を超えました。私にとってこの結果は嬉ばしいことでした。

撮ることから関係性の構築がはじまる

これまで、私がつくった三つの作品を紹介することで、私にとってドキュメンタリーとは何かということについて、自分なりの考えを述べてきました。それは「出会い」と「撮ることからはじめる」の二つのキーワードに要約することができます。

ドキュメンタリーは、世界と社会のあらゆる事象の現実が対象ですが、私はその対象との関係性をどのように構築していくかがドキュメンタリーの要だと考えています。そして、関係性を構築する上で大切なのは対象との出会いのあり方です。

その場合、対象についての先験的な知識やイメージ、理論は役に立たないどころかむしろ害になると思っています。まずは、作家としての主体性を無にして対象の存在そのものを自分の中に内在化してゆく作業が必要です。なにしろ我々は対象の日常性の世界にカメラという暴力装置をもって侵入する異邦人だからです。カメラがつくりだした非日常性をいかにしてカメラが存在する日常性に回復するかがドキュメンタリーの鍵なのです。

対象との撮るものと撮られるものの関係から、共同して映画づくりを行う関係性を構築する。これこそドキュメンタリーを製作する過程でもあるのです。

これはたいへん困難な課題です。そのためには、カメラが存在する非日常性を前提にして、まずは「撮ることからはじめる」ことが必要だと私は考えています。今、カメラの前にいる人や事物のありのままを心をひらいて受け入れ記録することから、関係性を構築する第一歩がはじまるからです。こうしてはじまった撮影の過程で、私たちは撮るものと撮られるものとして互いに学び合い、その関係性を記録者としての共同性にまで高めていかなければならないのです。

何やら理屈ぽくなりましたが、私にとってドキュメンタリーとは、撮るものと撮られるものが共同して行う記録作業にほかならないのです。

ドキュメンタリーをつくるということ

いしゃ先生は、神さまだっけ

——女医・志田周子の映画化をめぐって

あべ美佳

恋を捨てた仙境のナイチンゲール

私のふるさと・山形県に「神さま」と語り継がれる女性医師がいる。いまその女性・志田周子《ちかこ》の生涯を映画化するプロジェクトが、彼女の地元である西川町《にしかわ》で進む。私はそこに脚本家として参加している。

結婚もせず、子も産まず、無医村の辺地に一生を捧げた伝説の女性——志田周子。彼女を語るときの呼び名は、実に様々。「医者せんせい」と呼ぶ人があれば、「医者さま」と呼ぶ人もいる。「医者姉ちゃん」「おなご先生」「医者おばちゃん」……等々。様々な彼女の呼称にリンクして、皆がそれぞれ、大事にしてきた思いがある。

「いしゃ先生は、神さまだっけ」

取材中、何度も耳にした言葉。

東京女子医専の頃　右から２人目が志田周子

志田周子（西川町提供）

――んでもよ、いしゃ先生。あなたが神さまになるまでには、ずいぶん大変だったんだべ？

私は、最初にこの話を伺ったときから、どこかむずむずした気持ちを抱えていた。自己犠牲の精神、その上に成り立つ美徳みたいなものを、ことさら賛辞するのは危険だ。そもそも周子先生に失礼な気がした。最初は本当に自分を犠牲にしたと思っていたかもしれない。けれど最後は、己が運命を受け入れ、自らが選び取って生きたのだと思う（思いたい）。周子先生が患者に向ける笑顔の写真を見ていたら、そんなふうに願わずにはいられない。

志田周子は、一九一〇年（ナイチンゲールが亡くなった年）、北に出羽三山《でわさんざん》、南に朝日連峰という、神々に見守られるような仙境《せんきょう》の地に生まれた。残されたいくつかの資料には、恋を捨て、夢を捨て、一生を村に縛られて生きた姿が、感謝の言葉とともに語られている。

そこに書いてあることは一方から見れば真実だろう。だが、私にはどうにもまだ知りたいことがあった。彼女が「神さま」と呼ばれるようになるまでには、きっと壮絶な闘いがあったはずなのだ。

年号　年	西暦	月　日	数え年	記　　事	社会・世相
明治43	1910年	10.28	1	西村山郡左沢〈あてらざわ〉町に生まれる（枡屋〈ますや〉旅館）	大逆事件
大正3	1914年	3.31	5	父荘次郎氏、大井沢小学校校長に栄進し、大井沢に移住	第一次世界大戦勃発
大正6	1917年	4月	8	大井沢尋常小学校入学	ロシア革命
大正12	1923年	3月	14	大井沢尋常小学校卒業	関東大震災
大正13	1924年	4月	15	山形第一女学校入学	
昭和3	1928年	3月	19	山形第一女学校卒業 東京女子医学専門学校入学（4月）	
昭和4	1929年		20		世界恐慌
昭和6	1931年		22		満州事変
昭和8	1933年	3.22	24	東京女子医学専門学校卒業　医師免許取得、付属病院医局勤務（4/6）	国際連盟脱退
昭和10	1935年	7.1	26	大井沢診療所医（土蔵の仮診療所）、村医、小学校医となる	
昭和11	1936年	1.5	27	新診療所で診療をする	二・二六事件
昭和12	1937年		28		日中戦争勃発
昭和13	1938年	2.8	29	母せい（明治24年3月11日生まれ）死去	
昭和14	1939年	4.1	30	大井沢婦人会長に就任（爾来20年間）	
昭和16	1941年		32	弟惣次郎出征	太平洋戦争開戦
昭和20	1945年	3.21	36	弟惣次郎戦死（１年後の昭和21年3月に公報入る）	太平洋戦争終戦
昭和21	1946年	4.1	37	郡連合青年団参与、県民生委員就任（11/1）	日本国憲法発布
昭和22	1947年	4.30	38	大井沢村会議員当選	
昭和25	1950年	2.10	41	父荘次郎死去 大井沢弘報委員会委員となる（7/28）	朝鮮戦争
昭和26	1951年	4.23	42	大井沢村会議員に再選	
昭和29	1954年	10.1	45	町村合併により西川町議会議員となる	
昭和31	1956年	6月	47	NHKの宮田輝〈てる〉訪問「僻地〈へきち〉に生きて二十年─ある女医の一生─」放送	国際連合加盟
同	同	11.3		県知事、教育委員会より表彰される	
昭和32	1957年	3.21	48	NHKラジオより特別番組「僻地に生きる」を放送	
昭和34	1959年	9.15	50	第十一回保健文化賞受賞	皇太子明仁親王ご成婚
昭和36	1961年	10.1	52	県人権擁護委員	
昭和37	1962年	5.1	53	山形県立山形病院内科入院	
同	同	5.23		山形内科から桂外科に移る	
同	同	7.18		午後5時40分死去　生涯を終わる	

青空診療（西川町提供）

大好きな故郷だが、私はその暗い部分も知っている。周子先生の容姿はとても美しい。おまけに頭も良く、家柄も良い。努力も惜しまず志も高かった。彼女が頑張れば頑張るほど、妬《ねた》み・嫉《そね》みの対象になったことだろう。小さいことを突いて大きく非難する……いわゆる「小村《こむら》根性」というやつが、東北の農村には根強く残っていた。古《いにしえ》より、先駆者は孤独である。加えて東北という土地柄も、彼女の孤独を増長させたであろうことは容易に想像できた。

取材を進めると、やはり想像を超えた困難が見えてきた。陰湿《いんしつ》なイジメもそのひとつ。物語の舞台は、あの『おしん』の里にほど近い（どうです？　イメージしやすいでしょう）。当時の大井沢《おおいさわ》は、日本のチベットと呼ばれた無医村の辺地《へんち》だった。新聞も届かない土地では、情報不足もしょうがなく、知識のなさからくる誤解も多かった。病気は「ロクサン」と呼ばれる巫女《みこ》にお祓《はら》いしてもらえば治ると信じられており、医者よりもずっと頼りにされていた。周子先生のような駆け出しの女医が村人に受け入れられるまでには相当な時間を要したのだ。

双方の思いがすれ違う日々は続く。ようやく少し認められはじめると、今度は過酷な往診の日々が待っていた。大井沢は有数の豪雪地帯。現代でも三メートルをゆうに超える積雪量がある。そんな吹雪の中を、かんじきを履いて黒マントを羽織って、往診鞄片手に突き進む。道も見えない中、自らが遭難するかもしれない命懸けの往診だ。患者は冬になるとたんに増えたと言う。村全体が貧しく、栄養状態が悪いので、体力がない子供や老人は、過酷な冬場を越せないのだ。

それから診察費を払うという習慣がなく、お金にも相当苦労したこともわかってきた。中には払いたくても払えない人もいただろうが、そもそも「医者は治して当たり前」という風潮がそこにはあった。周子先生のご苦労は、筆舌《ひつぜつ》に尽くしがたい。黒澤明監督の映画『赤ひげ』ではないが、まさに「貧困と無知との闘い」であったのだ。

東京女子医学専門学校を卒業し、系列の今村内科で臨床を学び始めて二年目、昭和十年の春のこと。志田周子はふるさと大井沢に戻ってきた。残雪と桜と新緑……そんな〝春もみじ〟の道を、ハイヒールを鳴らして帰って来たのだ。

その日から二十七年間、彼女はたった一人で、最後まで村人の命を守った。そして昭和三十七年、五十一歳の若さでこの世を去った。それは国民皆保険《かいほけん》が制定された翌年である。国民皆保険とは、どんな人間でも等しく医療を受けられる制度。まるでそれが実現したのを見届けるように、彼女は亡くなった。

「映画×町おこし」

二〇一一年二月二十日。西川町役場の方と私は初めて顔を合わせた。当時の手帳をひっくり返しメモを読み返してみると、こうある。

「志田周子を町の宝とし、町おこしを頑張るための『シンボル』にしていきたい。おらだの町にもこんな凄い人がいたんだよ、と後世に伝えていきたい。残念なことに、同じ地域の人でさえ彼女を知らない人がたくさんいる。」

もう数年前から活動は始まっているそうで、「最初はＮＨＫの朝ドラにしてほしいと思って動いていた。当時は専門家がメンバーの中にいなかったし、いまいち盛り上がらず、会合は二回で終わってしまった」とのこと。西川町の現状もお聞きすると、人口減少、過疎化、若い人の土地離れ……等々、いまの東北が抱えている問題が見本市のように並んだ。

私は、作家としての立場でふるさとの役に立てないかと、自ら手を挙げた。だが実際に話を伺《うかが》うと、そのお役目は想像をはるかに超えて難儀そうだ。正直最初は、「えらいのに関わってしまったなぁ」とも思った。そんな私を動かしたのは役場の担当者の熱意だった。俺たちは本気なんだぜ、という覚悟が、目から、手から、全身から漂っていたのだ。これはもう、覚悟を決めて向き合うしかない。作家としての立場以上の仕事を求められているのはすぐにわかった。でも私はプロデューサーではない。東京に戻った私は、知り合いの映画関係者に、片《かた》っ端《ぱし》から連絡を取った。とにかく協力者を探さなくては。アポを取っては話をし、打ちのめされ、呆《あき》れられ……の繰り返し。なかには親切に「おやめなさい」と進言してくれる方もいた。よし、面白くなってきた。まるで自分が「志田周子」になった気分だ。私のやる気は、俄然《がぜん》盛り上がる。

エンターテインメントの魔法

助っ人を探しつつ、同時に脚本の準備を始めた。今回は通常の映画作りと工程がかなり違う。仕事の相手は、自他共に認めていらっしゃる「映画作りの素人」なのだ。もしこの題材で自分が書かせていただくとしたらこうしたいです、というポイントを最初にしっかり話しておくことが必要だった。ドキュメントではなく、エンターテインメント作品を作りたいということ、それはなぜかということを、事前に話しておく必要を強く感じた。

主人公のことを皆があまりに「聖人君子」にしたがるので、私はそのことが気になっていた。つまり面白くないと思った。誰がそんな立派な女性の物語を観たいかしら？　と。「皆さんが思い描く立派な女性が、実はとっても人間くさくて、めんこい女性だったことを描きましょう」とご提案した。皆が知らない周子先生がきっといるはず（いなくてもつくればいい）。いまの段階でひとつ、私にも彼女の気持ちが想像できるとしたら、それはこんなこと……彼女はきっと、なりたくて神さまになったわけじゃないんだ。

物語に実在のモデルがあるとき、映画を作る側の配慮は、より一層デリケートな作業になる。丹念に史実を紡《つむ》いでいき、ときに演出を編み込んでいく、ＮＨＫのドキュメントのような作り方もあるだろう。だが今回、私は「エンターテインメントに徹して作りましょう」とご提案した。ことあるごとに、あえて何度も繰り返しているのは「これは実在する人物がモデルだが作りものですよ」ということだ。なぜなら、ドキュメンタリーは、ひどい出来事や、悪人、リアルな現実をそのまま見せられない（ときが多い）

から。テレビドラマではなく映画なので、やろうと思えばできるけど、今回はそうしたくなかった。なんせ、「おらだの宝もの」を描くのだ。そのおらだが（期せずして）行ってしまった数々のむごい仕打ちをそのまま描いては、当事者がいたたまれない。気分だってよくないだろう。かといって、そこを甘くしてしまっては、物語の振り幅が狭まり、面白くなくなってしまう。「つくりもの」というオブラートに包んであげるほうが、逆に鋭いものが書けることもある。

フィクションだから本当のことが書ける。——「これはいろんな農村を取材して得た情報で、決して西川町のことだけではないですよ」と前置きし、事実、他所《よそ》のことも盛り込む。「女医・志田周子」の物語は、それができるネタであるし、現代においても続いているテーマなのだ。

この手法を、私は好んで使う。関係者がまだ実際に御存命、もしくは関係者のご家族が御存命である今回のようにデリケートな題材は、あえてドキュメントという単語を使わず、エンターテインメントの魔法にくるんであげるのだ。

そしていよいよ「映画×町おこし」はスタートした。有志が集まってから五年、私が加わってから二年。少しずつ、しかし着実に歩みは進んでいる。

映画化プロジェクト・これまでの流れ

・平成二十・二十一年

山形県村山《むらやま》総合支庁が主体になり、地域に尽力した人々の調査の結果、志田周子をピックアップ。や

「志田周子の生涯を銀幕へ甦らせる会」発足式での紙芝居

まがた「地域の宝」映像化戦略会議を設置し、その可能性や進め方について検討。

・平成二十二年

志田周子生誕百周年を契機に、県、町、地元（大井沢）、関係機関で「やまがたの宝「志田周子」資源活用化実行委員会」を設立（六月）、実行委員会各構成団体・機関の連携の下に、各分野において各種事業を展開。

・平成二十三年

映像化の手段として「映画化の可能性調査」に力を入れて活動を展開。脚本家、プロデューサー参加の下、現地調査、関係者ヒアリング等を行い、映画化の可能性調査を行う。

・平成二十四年

これまでの活動経過、実績を踏まえるとともに、町長からの回答を受けて、改めて、民間主体による映画製作を目指していくことを確認。より民間主導で動ける組織形成と普及啓発事業が必要であることを念頭に置き、官民一体となって活動を展開。

・平成二十五年

二月　「志田周子の生涯を銀幕に甦《よみがえ》らせる会」を設立。発足式。

五月一日　役場に口座開設。募金活動スタート。

我らの手で1億円!?　映画作りは叶うのか？

平成二十五年二月。西川町で「志田周子の生涯を銀幕へ甦らせる会」の発足式が行われた。当日は猛吹雪。今年初めて大雪警報が発令されるというおまけつきだ。それにもかかわらず、百七十人もの方々が県内外から集まった。会場の熱気に私の胸は熱くなる。あぁ、これでようやく本当のスタートラインに立てたのだ。

おらが町の宝物・志田周子への思いは皆それぞれ。紙芝居、朗読劇、歌……それぞれが思いを込め、周子先生の生涯を讃《たた》えた。私を含めた製作陣の講演も終了し、ユニークで熱のこもった西川町町長・大《おお》江《え》町町長それぞれの談話も終わり、とても良い感じで発足式は終わりに近づいていた。そんなときだった。一人の女性の手が上がった。「一億円なんて大金、どうやって集めるんですか？　それに一口五千円の寄付金なんて、何にどう使うんですか？　簡単に五千円なんて言わないで」。

その勇気ある女性が声に出して言ってくださったことは、きっと誰もが思っていることだろう。――んだよね、五千円って大金だよね。まして一億円もかかる映画を作っていったいどんなメリットがあるのか。私が一町民でも、きっと同じことを質問したと思う。閉会時間もとっくに過ぎ、時間がないなか、すべての答えをその場でお伝えすることはできなかった。でもどうか、我々がやろうとしていることを見ていてほしいというお願いを、私はした。いまなぜ、映画で町おこしなのか。自分たちの取り組みで町にどんな変化が現れるのか。そしていつか、ご賛同いただける日がきたら、一口五千円という大金を、ぜひご寄付いただきたい。なぜならこれは、誰のものでもない皆さんの映画なのだから。そんな願いを込めて、私たち製作人は会場を後にした。宿への道すがら、視界ゼロの吹雪の道を役場の車が進む。どんなに目を凝《こ》らしても何も見えない真っ白な世界がこの世にはある。周子先生は、こんな道を、一人徒歩で歩いたのだ。東京から来たプロデューサー陣は、初めて目にするその光景を、驚きというより覚悟をもって眺めていた。

官民一体の落とし穴――人事異動

これも東北の県民性だろうか、あるいは日本人の特性か。せっかくの自分たちの良いところも、他所で盛り上がって初めて自分たちも認めることができる……というところがある。情報や価値観の逆輸入、とでも言おうか。他所者のことをなかなか受け入れないくせに、他所者に言われて初めて自分たちの価値に気付くようなところが、多々見受けられるのだ。

この映画作りに関して、私はそれを利用した。まず、全国保険医団体連合会（保団連）に、自分たちの取り組みを知っていただこうと飛び込んだ。保団連とは、全国の開業医と開業歯科医の組織で、十万五千人の会員がいる。我々がやろうとしていることをお話しし、志田周子がなぜいま、世の中に必要かを話してみる。すると、会長さんはじめ役員の方々は、前のめりになって聞いてくださるではないか！

話はとんとんと進み、保団連が毎月三回発行している新聞に志田周子の小説を連載できることになった。連載開始前、西川町を取材に訪れた保団連事務局を、今度は地元の新聞社に逆取材してもらう。す

いしゃ先生
町おこし映画顛末記
▶③
あべ美佳
初取材―なぜか体に異変⁉

「いしゃ先生―町おこし映画顛末記―③」
『山形新聞』2013年５月23日

いしゃ先生

「いしゃ先生（第１回）」
『全国保険医新聞』2013年５月５・15日

ると効果はてきめん！「おらが町の志田周子を取材にわざわざ東京から来てくれた」となり、地元は周回遅れでまた盛り上がった。現在、映画に先んじて保団連の新聞に、オリジナル小説『いしゃ先生』を書かせていただいている。それを追いかけるように映画化の動きも高まっていけばいいなぁと思う。

次に、我々がこのプロジェクトに取り組む姿を、なるべく世間に晒《さら》していこうと考えた。失敗も感動も、決して順風満帆《まんぱん》ではないところもあえてそのまま世間に晒すことで、緊張感は高まる。媒体は、地元には絶大な影響力を持つ山形新聞。さっそく『町おこし映画顛末《てんまつ》記』の連載が始まった。

映画化の可能性を探りつつ、東京で右往左往するうちに「映画を作っている裏側のほうがよっぽどドラマチックだっちゃれ」と思ったことがきっかけでもある。はてさて、映画は完成まで辿《たど》り着くのか⁉顛末記とは、顛（はじまり）から末（おわり）までを記すこと。読者は、その終わりがどんな着地点になるのかを見届けたくなるだろう。我がことのように気にしてもらうことから、町おこし映画は始まる。

ご縁は広がり、地元以外からも応援団は集まってきた。「いいぞ、絶好調！」と思っていたら、思わぬところに落とし穴があった。この春の人事異動で、プロジェクトをゼロから立ち上げここまで導いた役場の担当者が、別の部署に移ってしまったのだ。私たち製作陣は呆然《ぼうぜん》自失。えー、このタイミングで？

この町おこし映画プロジェクトは、決して大げさな言い方ではなく、その担当者の熱意と信念でここまで来た。彼の熱意に動かされ、共鳴した人々が集まり、やっと本格的に動き出したばかりのプロジェクト、その「軸」が移動してしまうという。町の未来がかかっていると言っても過言ではないこの大きな取り組みは、いろんな角度から盛り上げていく必要がある。もしかしたらそのための人事異動かもしれない。けれど、この人事異動でいったい誰が得をするのか？　考えても考えても、やはりわからない。役場なんだから当たり前だろう、という考えがもしあるのだとしたら、最初から映画作りなんてやめたほうがいい。そもそも、いままでのようにやっていたらダメだと思ったから「町おこし」なのでしょう？　だったら、いままでの常識を一旦忘れなくては進めないこともある。

映画を一本完成に導くということは冗談抜きで命懸けだ。だからこそ強い信念を持った人が「作品の中心」にいなければ、完成までは至らない。製作費の大小も、商業映画か町おこし映画かどうかも関係ない。本木雅弘さんが俳優という立場を越え『おくりびと』に懸けたように、要は「人間の思い」が軸となって動いていくものなのだ。その役割を私たち外部の製作陣が担えば、もう「町おこし映画」では

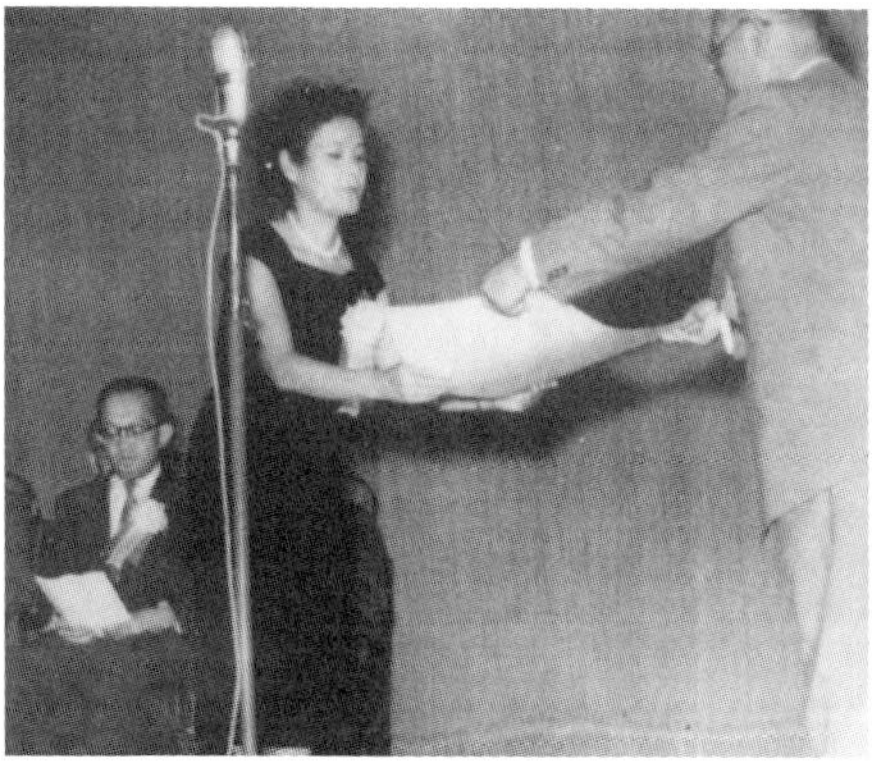
保健文化賞授賞式にて
（昭和34年9月15日）

なくなってしまう。官民一体となって進めるこの「町おこし映画」。いまこそ、それぞれの覚悟を示すときだろう。映画作りに官の常識は通用しない。民のやり方を押し付けるつもりもない。けれど、簡単に動かしてはいけない「コト」と「タイミング」があるということは忘れないで進みたい。

そんなメッセージもあえて顚末記に書いた。各所で多くの波紋を呼んだそうである。いいと思う、それで。それこそが、町おこし。私の投じた小石が、綺麗《きれい》な波紋を描いて広がっていき、皆が意見を出し合うことで、皆が当事者になる。そのための小石なら何個でも投げようではないか。

本当の出発

皐月《さつき》一日、「志田周子の生涯を銀幕へ甦らせる会」製作資金一億円の募金活動出発式が湯殿《ゆどの》山神社で行われた。西川町役場に口座も開設され、いよいよ皆さんの熱意が目に見える数字となって現れることになる。私の生まれた町・尾花沢では、口座開設のだいぶ前から「みかちゃん、がんばれ」と寄付を持ってきてくれた方がいた。これこそが、他所から突き上げる効果！　マスコミの力。

「ふん、どうせ一億なんて集まらないべ」と斜めに構えて見ていた人を、少しでも前のめりにできたなら、ピースなのだ。「うわー、しんどそうだね。ほらね、だから言わんこっちゃない」と思った方が、「え、こんな助っ人が現れたの？　え、え、寄付金こんなに集まったの？」となり、「あら、もしかしたら本当に映画できちゃうかも？」となる。我々の行動が気になってしょうがなくなる。で、自分も何かの立場で混ざってみようかと一歩前に足を出す。それこそが、町おこしではないのか。

何をもって、成功とするのか？

仮に、一億円が集まらず、映画が製作できなかったとしたら「町おこし映画」は失敗なのだろうか？　私は、もうすでにいまの段階で「半分」は成功していると断言できる。なぜなら、町おこしは「人間起こし」だから。

まだまだ数は少ないが、確実に、「自分の町のために何かやらなくちゃ」と奮起する人が出た。「俺たちの町って凄いんだな」と自信を取り戻した人もいる。だから例えばここで、映画作りが止まってしまったとしても、彼らはきっと、また何かを始めるだろう。それが「映画」なのか、「他のこと」なのかはわからない。けれど、一度火のついた「心の熱」は、そうそうのことでは消せないのだ。

この『志田周子・町おこし映画』は、故郷を愛する皆さんにとっての〝お神輿《みこし》〟なのだと私は思う。時を越え、世代を越え、代々担ぎ続けられる無形の文化財であり、とても高価な宝物。皆で作り上げた

〝お神輿〟は、折に触れ御披露目《おひろめ》され、そのたびに皆さんの誇りとなっていく。その発表の場は、無限大。そんな大事な〝お神輿〟の、図面引きの役割を任せていただいたことを、とても光栄に思う。

もちろん、課題もある。特に若い世代の参加が少ないことは、残念なことだ。自分も身に覚えがあるが、二十代、三十代、四十代は、いま、この瞬間を生きることに必死。自分のことで精一杯だ。将来のために町を元気にしなくちゃ、と頭では理解していても、時間的にも経済的にも「余裕」がない。その分、じいちゃんたちがいまは頑張っている。世代間の結《ゆい》の力である。

この映画製作を通して世代間の新たな交流が生まれ、皆が一つになることで、ますます地域が活気づき、町の歴史の継承にもつながることを期待する。そして、東北の小さな町、その町民の熱い思いから発進するこの映画で「日本を元気に」することができたら幸せに思う。映画には、その力があると信じている。

ドキュメンタリーをつくるということ

この国の無関心に向けて

――原発避難所の撮影から見える幾多もの反省点

船橋　淳

どうしようもない徒労感・無力感を前に

いま我が国の現状に絶望し、社会を変えたいと考える日本人が多くなっている。

3・11以降、情報をひたすら隠蔽《いんぺい》する政府に対し、不信を深めた人口は多い。放射能による汚染被害について、政府発表を信じることなく市民レベルで測定し自衛しようとする市民団体がどんどん増えているし、特別増税までした東北の復興予算がまったく別の用途に使われていたことに「またか！」という怒りを覚えた人も少なくないだろう。

なぜこうも政府に思いが通じず、勝手気ままに消費増税や原発、ＴＰＰが推進され、国防軍と戦争をも容認する憲法改変案がまかり通るのか。答えが見つからぬ問いとフラストレーションに苦しむ市民も

避難所となった旧埼玉県立騎西高校は故郷から約 250 キロ離れたところにあった

多い。実際、人数は減少しているとはいえ、毎週官邸前には脱原発デモがあの日から二年以上も経ってなお継続されているし、小熊《おぐま》英二著『社会を変えるには』（講談社）が書店でロングセラーとなっている。

拙作『フタバから遠く離れて』は、福島原発事故により避難を続ける双葉町を追ったドキュメンタリー映画である。いまも先の見えぬ避難生活に寄り添い、その続編の撮影を続けている。動機はやはり、この国の民主主義の歪《ゆが》みが、原発難民を社会の片隅に追いやり続けているのではないか、という深い怒りがあるからだ。

事故から二年以上経ったいまも三食お弁当で、旧埼玉県立騎西《きさい》高校（埼玉県加須《かぞ》市）の避難所で生活を続ける双葉町民は約百名いる。彼らの日常に密着し話を聞かせてもらったフッテージは五百時間を超えた。同じ避難所を

被災から 1 年の 2012 年 3 月 11 日午後 2 時すぎ、追悼の祈りを捧げるため避難所の入口に集まった双葉町町民

定点観測する中でさまざまな問題にぶち当たったのだが、それが実は双葉町だけの問題ではなくこの国の状況に通底する普遍的大問題だという実感を強くしている。例えば、3・11直後の避難のドタバタ・指示系統の混乱、いまも賠償が滞り避難民が放置され続ける不条理、被害者にすべての被害届申請・立証責任があるという矛盾、事故が収束していないのに国が原発再稼働に向かう忘却ぶり、など挙げればキリがない。

水俣《みなまた》病に代表される日本の四大公害訴訟にせよ、企業・国はできるだけ賠償を少なくするための持久戦に持ち込み、兵糧《ひょうろう》攻めにあった被害者は憔悴《しょうすい》しきり、生存者も減ってゆき、妥協による示談が五十年以上経ったあとに成立する。その間、官僚は配置転換・世代交代を繰り返すだけで痛くも痒《かゆ》くもなく、被害者だけが一方的に磨り減ってゆく。時間軸方向の被害を見積もることができないのが、日本社会の特徴的汚点となっている。

一%が利潤を貪《むさぼ》り、九九%の民がワリを喰う社会に異を唱えたOccupy Wall Street運動は、ノーム・チョムスキーなど知識人のサポートにより大きな影響力を組織したが、その日本への影響は微々たるものだった。しかし、政治が果てしなく遠くにあり、なぜか政治が経済界とグローバル企業（多くの場合アメリカの）に利するようにしか動いておらず、それを我々は指をくわえて見ているだけというどうしようもない徒労感・無力感ばかりが残る。我が国では無関心が支配的で、政治はただ徒《いたず》らに遠くで進んでゆく。

この政治と国民の遠く離れた並走状態をどうしたらよいのだろうか。

どうにかもう少し接近戦に持ち込めないものだろうか。

いちばん多いときで1423人いた町民も2013年7月現在、107人までに減った

回りくどく理論を振り回したくもないし、かといってすぐに答えを用意できるわけでもない。

しかし、私が知っている範囲で分かっていることを論じてみようと思う。それは、福島第一原発の事故を徹底して反省することだ。

そこに教訓を学び取り社会変革への糧《かて》として取り込んでゆくことが、日本の「第二の戦後」にとり肝要と考える。ぜひ本稿にざっと目を通していただきたい。

（専門的知見による掘り下げは、数ある事故調査委員会報告を参照いただくとし、ここでは全体を広く俯瞰《ふかん》することに主眼を置きたい。）

福島原発事故の本質的な反省

1　緊急時避難を抜本的に考え直す！

▼テレビ・ラジオをジャックし、首相が緊急事態宣言を出せるシステム

アメリカにおける大統領の緊急事態宣言のように、

いわきでの新しい生活を始める決意をした父親と息子

国は記者クラブによる報道に依存するのではなく、ダイレクトに情報を国民に伝達する手段を確保すべきである。
▼首相・内閣府から直結で、末端市町村・被災地オフサイトセンターと通話できるホットライン
アメリカCNNがメルトダウンと報じたのは三月十二日。国が認めたのは二ヵ月遅れの五月になってから。たとえ私企業の東京電力といえども、緊急事態には国が現場に介入し共同作業する仕組みが必要。なければ徒らに隠蔽が連鎖するフクシマの悲劇を繰り返すことになる。
▼緊急事態宣言が出されたときは、末端市町村に避難統率の権限と予算を与える
上記ホットラインにより、中央と地方の密な連携・情報提供は必要だが、それでも最後の最後は末端市町村が判断するしかない。それが不明瞭だった3・11では大きな混乱が生じ、失われた命も多かった。
▼津波・地震速報と同様に、SPEEDIの速報

原発事故時、放射性物質の拡散予測は、常にテレビ・ラジオ・ネットでオープンに流すべきである。

▼避難経路の整備・EPZ三〇キロメートル圏で広域避難訓練の実施

これだけ原発の安全性・再稼働の是非が論議されているのに、広域避難訓練が成された立地市町村は皆無。福島では交通渋滞、情報不足による被曝《ひばく》が多数見られた。避難は机上のプランだけではなく訓練の実施が必要である。

▼首相から、他国に緊急時支援を求めるシステムの構築

菅首相（当時）がアメリカから冷却剤援助の申し出を断ったことが非難されたが、これは首相に情報が上がっていっていなかったことが原因（支援を求めたり、援助申し出を受けつける災害時コミュニケーションが存在せず、内閣府がばらばらになっていたことは船橋洋一著『カウントダウン・メルトダウン』〈文藝春秋〉に詳しく述べられている）。

▼原発のシビアアクシデント対策の厳密化〈すべてを失ったときの対処法〉

まずは、全電源喪失（SBO）を災害時想定に入れる（これが想定されていなかったこと自体がおかしい！）。それは、イコール廃炉覚悟にいつ切り替えるか？という問題を孕《はら》む。SBOとなれば、即廃炉覚悟とし、海水注入などあらゆる手段で、原子炉・建屋崩壊を防ぐべき。

ここに共通するのは、考えられないことが起こったときにどうするか、を考えてゆく姿勢である。

2　地方が犠牲になるシステムを変える！

▼原発立地の条件改善

いったん原発事故が起きると、その土地で受け継がれてきた何千年という歴史も、それ以降継承されていたであろう家系による未来も、分断される。たかだか三十〜四十年の原発により、とてつもなく長期スパンで被害を受けるのである。そのリスクを一方的に地方に背負わせるのが現在の我が国の原子力政策。この不平等なシステムは、倫理上おかしいという点で討議すべき。そもそもリスクは都市＝地方間で、平等化するべきではないか？

例えば、小さな原発をすべての都市につくる「原発ミニチュア化」により、リスクを分散する考え方は欧米でも検討されている。巨大な原発を、いつ地震・津波が来るかもわからぬ我が国の沿岸地域につくること自体が、地方に犠牲を強いるナンセンスである。

▼雇用・交付金とのトレード・オフは可能なのか？　倫理委員会を設置へ

いまも原発再稼働は必要と考える立地市町村は少なくない。大飯《おおい》町、玄海《げんかい》町、伊方《いかた》町、東海村など、地元の雇用・交付金の観点から、再稼働に前向きな自治体は後を絶たない。六月十五日に茨城県東海村で拙作『フタバから遠く離れて』が上映され、私、井戸川克隆《いどがわかつたか》前双葉町長が上映後トークに参加したとき知らされたのが、東海村議会でいま九対六で再稼働賛成の議員が多数を占めるという現実だった。3・11以後、村上達也村長が鮮明に脱原発を打ち出し、また福島の放射能被害や風評被害を直接被《こうむ》ってきたのに、地元では「雇用のため原発は必要」という考え方に揺るぎはないのだ。

しかし、我々が3・11以後認識を新たにした「原発事故のリスク」の視点に立つと、これは視野狭《きょう》窄《さく》であり、地方と都市の横断的な対話が必要とされる。

福島原発事故を受け、ドイツで設けられた倫理委員会を日本でも設置するべきである。国民の命、経済発展、電力需給、エネルギー保障、消費社会と消費しないライフスタイル、などさまざまな問題系を一つのテーブルの上に並べ、優先順位について共通理解を構築するべきである。

地方と都市の各々の事情を並べて、不平等にリスクを背負わせないための議論を行うことこそ、ポスト3・11の民主主義であると私は考える。

▼国、電力会社、メーカーの責任を明確化し、賠償契約を義務化

六月七日、カリフォルニア州サンオノフレ原発を運営するアメリカの電力会社サザン・カリフォルニア・エジソン（SCE）は、蒸気発生器の配管の問題で運転を停止している原子炉二基を廃炉にすることを決定した。長く住民の反対を受け、再稼働をめぐるアメリカ原子力規制委員会（NRC）の判断が長引き、エジソン社は「再稼働できるかどうか、できたとしてもいつになるか不安定な状態がこれ以上続くのは、利用者や投資家にとってよくないとの結論に至った」と廃炉を決断した。同社は三菱重工に損害賠償を請求するそうだ。

安倍政権は、トルコやインド、東欧四ヵ国に原発を輸出しようと躍起だが、実はいったん事故が起きれば「欠陥商品」としてメーカーが訴追されてしまうのは常識。三菱重工、東芝、日立という巨大メーカーの首を自ら絞める爆弾になりかねない。

いままで数ある事故調査委員会報告はどれも、今回の原発事故の根本原因を洗い出すところにまで到達していない。なぜなら事故は未だ収束しておらず、高い放射能のため原子炉に入ることができないからだ。

しかし、時間はかかろうとも、事業者である東京電力、原発メーカーの日立、東芝、ＧＥ、そして国策として推進してきた国の責任を明らかにしなければいけない。それは、原発再稼働を進めるときの「安全協定」の核となる。

つまり、「もしものとき、誰が何をいつ賠償するのか」を、国と事業者と立地市町村との契約に含むことが必要不可欠となってくるからだ。誰が責任を取るのか、不明瞭なまま再稼働を進め、ワリを喰うのは賠償してもらえない下々の避難民である。だからこそ、こんなに広域に被害を与える原子力災害では、運転前の契約をなんとしても締結しなければならない。安全を担保するのが安全協定ではない。絶対的安全は存在し得ないことを学んだポスト３・11の世界において、安全協定とは「最大限安全性は高めるが、同時に、もしものときの賠償も定める」極めて現実的な賠償契約に他ならない。

六月十九日に原子力規制委員会が発表した新規制基準には、このもしものときの賠償契約が含まれていない。考えたくないことは考えない、想定外を生む日本人の弱さが、また踏襲されている。賠償しきれないことははっきりしており、そんなことは契約できないのであれば、原発そのものが採算に合わないということだ。世界中の保険会社を当たってでも、もしものときの賠償プランを準備することを再稼働の必須事項とすべきである。

賠償契約に同意できないのであれば、それはすなわち運転するリスクが高すぎるためであり、他の発電方法をさぐるしかない、とするのが道理なのだ。

3 「一部の人に犠牲になっていただく」という考え方を転換する！

今回の原発事故で明らかとなったのは、たとえそれが人命に関わろうとも大局のために一部の犠牲は仕方ない、という国の姿勢である。

それは、どの政治家も官僚も絶対に口にしないが、日本に限らず、権力はいつの時代も下々の人間を無視することで体制を保持しようとする。例えば、いわゆる二〇マイクロシーベルト問題を取り上げてみればよい。国際基準の年間被曝量一マイクロシーベルトより、はるかに高い限度で避難基準を定めたのは、「避難者が増えすぎる」ためであり、「賠償の増加」を防ぐためだった（『朝日新聞』二〇一三年五月二十五日「福島の帰還基準、避難者増を恐れて強化せず　民主政権時」参照。いま事故後の民主党政権の内幕が明らかになってきている）。せめてチェルノブイリ基準の五マイクロシーベルトまで下げるべきという医者・専門家の助言も撥《は》ねつけたという。

いま日本において絶望的なのは、政府に対する信頼が根底から失われてしまったこと。その原因は、国民の命を第一に考えず、情報を隠蔽し続け、騙《だま》し続ける政府の姿勢であることは、読者もお分かりだろう。

「二〇マイクロシーベルトの基準は間違っていた。国民の命を第一に考え、避難基準を一マイクロシーベルトとすべきであり、そのためには福島県全域避難となってもやむを得ない。国民の命を守り、次の世代への継承を考えるのが国の一番の責務なのだから。自主避難する人にも『避難の権利』を認め、コストは国と東電がカバーする」と、政府が素直に認めれば、どれだけ拍手喝采《かっさい》となることか。この国の政治家は、それを想像できないのだろうか。

海の向こうのアメリカでは自分の祖国を愛する若者が多い。どんなに財政破綻していようが、軍事産業に膨大な予算が投じられようが、根底において、アメリカという国が支える「自由」というコンセプトと、それを絶対死守するという国の基本姿勢があるからである。十年間ニューヨークで暮らしていたとき、私は、これだけ世界中に迷惑をかけている国であるにもかかわらず、それでも祖国を敬うアメリカ人の愛情に辟易《へきえき》しつつも羨望《せんぼう》したものだった。

一方、日本には、そのような国是《こくぜ》とすべきコンセプトがない。これは悲しむべきことであり、残念なことだと思う。

そして、３・11以後続く「一部の人に犠牲になってもらう」、「情報は隠す」姿勢により、政府は信頼すべき対象から、憎むべき対象に変わり果てた。もうこれは改善の余地はないのだろうか。（問題は山積でも）アメリカのように、国を〝愛すべき対象〟に戻すことはできないのだろうか。

その答えをもう既に我々は知っている。議論するまでもなく明らかである。

それは、国民の命と自由を第一に考える国家に変えることである。いいかえれば、ひとりも見捨てない社会ではないだろうか。高齢化社会に突入している日本にとって、３・11は、高福祉国家に舵《かじ》を切る契機とすべきなのである。

4　時間軸方向の被害を見積もる！　被害者が疲弊しない賠償システム

原発避難を取り巻く状況で最も大きな問題が、損害賠償である。

しかも最も本質的で高額な、自宅の土地・家屋など財物の賠償が、あり得ないほどの低額に抑えられている。私が撮影を続ける双葉町を例にとれば、農地と自宅の土地・家屋で合わせて五百万円という方もいる。大正期に建てられた古い農家で、二〇一一年三月十日時点の市場価格で不動産価値を決定するという国・東電の賠償指針により、家屋の価値がほぼゼロになり、土地も買い叩かれたためだ。そもそも売ることは考えていなかった土地と家に無理やり「市場価値」を押しつけ、低額で追い出すという政策は明らかにおかしい。

①　まず、移動したくて移動したわけではない、という点に関して、何も補償されていない（慰謝料として避難民には月々十万円が支払われているが、それは長引く避難生活の〝精神的苦痛〟に対するもので、〝立ち退き料〟ではない）。

②　住んでいた場所と同等の土地と家屋を購入するには、まったく足りない額である。

諸悪の根源は、国が「東電は潰《つぶ》せない」という立場で、できるだけ賠償額を低く抑えることを、避難民の生活再建より優先させていることだ。そして、この賠償額の高い・安いを争うための原発ＡＤＲ（原子力損害賠償紛争解決センター）には長い行列ができており、いっこうに処理が進んでいない。

３・11から二年四ヵ月が経ち、避難民は疲弊《ひへい》しきっており、賠償額の多寡《たか》よりも、早くこの窮状を抜け出したいという焦りばかりが先に出る。理不尽《りふじん》なのは、損害賠償の書類一式を整え提出する作業が、避難民に押しつけられていること。水俣《みなまた》病のように立証責任は加害者ではなく、被害者に押しつけられ、時間とともに被害者は憔悴してゆくばかりだ。

我々は、こんな汚いやり方を放置していてはならない。無為に時間が経てば、人々は離散し、コミュニティは崩壊してゆく。なぜなら、子どもには通うべき学校があり、大人には稼ぐべき生活があり、高齢者には守るべき生活・医療環境があるからだ。

いま、国は帰宅困難区域について、原発事故から「最低六年は戻れない」という言い方に終始しており、それ以上の明言化を避けている。であれば、先を見通そうとする三十〜四十代の働き盛りの家庭は、次の環境に移ってしまう。帰れるか帰れないか分からない故郷のことは二の次にせざるを得ない。

ここで必要なのは、時間軸方向の被害を見積もることである。

末端の市町村を守るためには、まだコミュニティの繋《つな》がりがあるうちに、根本的な救済策を打ち出すことである。

それは、国家予算を投じ、住宅と雇用と学校を併せて都市計画を作り上げることである。

南三陸町など宮城県以北ではそれを始めている市町村もある。帰還時期が定かでない福島の市町村は、同様にはいかないだろう。しかし、復興公営住宅（復興庁）、賠償（内閣府特命原子力担当相）、雇用（厚生労働省、経済産業省）と、行政の縦割り構造が分断を生み、いまは支援のトータルプランが皆無の状況である。除染に莫大な予算を投じるよりも、まず生活再建、市町村のコミュニティ再建・保持に予算を投じるプランニングが国に求められている。

復興都市計画のトータルプランニングを、横断的に遂行するシステムを行政につくることが肝要だ。

5　閣議をディスカッションする場に改革・可視化する

内閣の閣議って、何を話し合っているんだろう？　と思われる方は少なくないだろう。ニュースで、首相と各大臣たちがコの字型に並べられた椅子に座った光景はよく目にするが、そこで何が語られているのか、我々国民は知らない。

私は今年春に菅直人元首相と対談したのだが、そのときに「閣議はいったいどんな運びで、何をしているのですか？」と率直に聞いた。それに対する答えは、（一字一句正確ではないが）「各省庁から上がってきた『結論』を確認し、書類に判をついて回す」というものだった。

つまり、俯瞰した視点から何を優先すべきかをディスカッションする場ではなく、官僚が各省庁で練り上げた施策を追認する機能しか果たしていないわけだ。これが、縦割り行政の根本原因である。

いま、福島の警戒区域では除染が本当に必要なのか、という疑問があちこちで聞かれる。賠償もロクにもらえず、二年四ヵ月待ちぼうけで、帰れるかどうか定かでない故郷の除染だけが進められている現状はおかしすぎる。人口約六千人の飯舘村は、その七五％が豊かな森林に覆われており、居住地は二年以内、耕作地は五年以内、森林は二十年以内の除染を目指しているというが、ゼネコンに支払われる莫大な除染費用を村民の人口で割ってみると、一人当たり五千万円である。いまも避難生活を続ける村民にその費用を差し上げればいいじゃないか、というのは誰もが思うところだ。

しかし、除染は環境省、賠償は内閣府特命原子力担当相が担当で、割り当て予算は各々決まっている。だから、莫大な除染費用が投じられ続けている間、避難民は賠償もなく待たされ続けるという不条理が起きているのだ。

ここに欠落しているのは、俯瞰して全体の予算配分のバランスを見る視点である。国家行政の最高機関である閣議で、それが議論されないのはおかしすぎる。閣議で省庁の壁を取り払い横断的・俯瞰的に「何を優先すべきか」をディスカッションすべきであり、それが透明化され、国民に公開されるべきだ。

密室会議と縦割り行政により、政治は限りなく庶民から遠いものに成り果てた。本当の国民目線とは、優先順位を考えてゆく過程そのものを、みなで共有していくことではないか。

6　税金の使い方をチェックする民間の監査機関が必要だ！

たとえ、国で予算の使い方を決める議論過程と結果を公開したとしても、それがちゃんと履行されているのかどうか、徹底して監査する必要がある。

北欧やイギリス、ドイツでは常識である税金についての民間監査機関が日本には存在しない。先ごろ復興予算が、被災していない西日本の護岸工事やご当地キャラの宣伝対策費用などに充てられていたことが明らかになったが、そんな予算の流用を誰もチェックすることができない。さらにいうと、スキャンダルとして報道されたこの復興予算はその後、追加調査され、是正されたのか？　それすら疑わしい。

また原子力規制委員会による新規制基準のチェックでは、「予算が足りないから」活断層調査を関西電力など電力会社に頼らざるを得ないという。規制する方が、規制される業者におんぶにだっこの状態が、３・11以前から温存されてしまっているのだ。

維持するだけで一日五千万円が消えるもんじゅなど核燃料サイクルを即刻廃止してでも、原発の安全基準の徹底確認に予算を割くべきではないだろうか。原子力規制委員会は、電力会社に依存することなく、独立して立入調査を行うべきである。そうでないと、規制される事業者の「言い値」で調査が進み、骨抜きになってしまうからである。このようなゆる〜い仕組みを「規制」と呼ぶのはあまりにも愚かであり、福島を学んだ我々は原子力規制の組織的財政的独立を徹底すべきなのだ。そのためにこそ国家予算が使われるべきではないか。

そもそも国民の血税は、国民が思い描くプライオリティに沿って、使われるべきである。この大原則がこの国ではまったく希薄化している。

国民のニーズに沿った予算の配分を勧告し、不正流用を調べ上げ、是正したのか否か、しつこく調査し続ける監査機関がわが国には必要だ。税金の流用が発覚したときの罰則規定も法律でしっかり整備するべきであろう。

7　エネルギーを選べる時代へ——電力自由化

原発は本当に安いのか?

「脱原発成長論」を唱える慶應義塾大学・金子勝教授など官民さまざまなレベルで、原子力業界全体の発電コストを試算している。経産省のいう一キロワット当たり最低でも八・九円という原子力の発電単価は、最終処分場までのバックエンド費、福島原発事故の賠償、再稼働できずにいる全国の原発および発電できずにいる核燃料サイクルの維持費などを合わせると、一キロワット当たり二十七〜三十円にもなるという。また、『東京新聞』が縦割り省庁ごとにしか分からなかった原発関連予算を自社でまとめ上げたところ、原子力関連予算は年度十一兆円強。国家予算の約八分の一であることが分かった。

原子力は本当は高い、ということが明らかになりつつあるのに、そのシステムにメスを入れることは難しい。理由は、電力会社の独占体制にあり、だから現在の東電のように「巨大すぎて潰せない」状態を招いたこと、独占企業だからこれだけの隠蔽体質と腐敗を招いたことを我々は深く反省すべきである。国際社会ではもはや常識である電力自由化に向けて日本も舵を切るしかない。まず第一歩は発送電分離であろう。

8　情報を自分から求める国民性へ――テレビ一極支配からの脱却

3・11以後改めて明らかになったのが、大手報道メディアの保守性である。既成の巨大資本（電力会社など）と結びついたとき、スポンサーの利益を損なう報道はできなくなってしまい、ある種の情報がニュースから消え去ってしまう。

拙作『フタバから遠く離れて』を地方で上映するたびに、観客から「うぁあああ」と声にならない驚嘆が洩《も》れるシーンがある。警戒区域に残され死に絶えた牛のミイラ化死体を映した場面だ。ある大手民放のニュース番組から、この映像を使用させてほしい、警戒区域に捨て置かれた動物たちの特集をしたい、という申し出を受け快諾したのだが、数週間後、局内の電力閥プロデューサーからNGが出て企画が潰れたという報告を受けた。

いまもなおこのような無残な牛たちの映像はテレビでは放映されていない。上映後、客席に質問してみると、ほとんどがその存在を初めて知ったという。しかし、ネットではこの牛たちの死骸映像はそこらじゅうで流通していた。これは、人々の多くは自分からネットなどで情報を求めることはせず、ただテレビや新聞の情報を受け身で吸収するだけであることを示している。

「デジタルデバイド」という言葉がもう古臭くなりつつあるいま、この情報を自ら取りにいくネット人口と、大手メディアの情報しか受け取らない人口の情報格差がいよいよ深刻化している。それが3・11以後の日本の状況であると思う。

資本と結びついた報道とは一線を画し、自分たちの知りたい情報を自分たちの手で調べ上げる市民メディアがもっともっと成長すべきである。幸い、ＩＷＪ、VideoNews、OurPlanet TV、デモクラＴＶ、8bitNews、神奈川市民放送局などさまざまな市民メディアが拡大している。メインストリームメディアが突っ込まない利権構造をぐいぐい追及する調査報道も見られるようになってきた。その中でも公共性の高い放送局は、ＮＰＯとして公的助成金の対象にすべきであろう。

新たな情報アリーナを生かすも殺すも国民の手にかかっている。

むすびにかえて――投票率アップのためにディベートできる社会へ

原発避難民を取材し続け、毎度身につまされ痛みを覚えるのが、賠償もなく待たされ疲弊してゆく人々の窮状である。双葉町の避難所では、いまも一日三食お弁当の人がおよそ百人いる。そのほか六千八百人の町民も仮設住宅、借り上げ住宅で現状維持はできているものの、先行きの見通しはまったく立たない人がほとんどだ。

一方、東京・関東圏では福島の事故はまるでなかったかのように、忘れ去られつつある。メディアでは「フクシマを忘れない」というキャンペーンがここかしこで報ぜられるが、それは忘却にどっぷりつかった世間の裏返しでしかない。「まだまだ気の毒な方々がいる、忘れないでいよう」というのはいっときの同情を呼ぶかもしれないが、それにより本質を目くらましする副作用がある。

その本質とは、福島第一からの電力を使い続けてきた関東の人間こそ、原発事故の当事者であるという事実だ。そして、大飯原発を稼働し続ける関西も、再稼働に移りつつある他の西日本も、立地市町村に不平等に事故のリスクを強いる犠牲のシステムの潜在的加害者なのである。

原発が再稼働したら、誰しもが立地市町村に莫大な被害を押しつける加害者になり得るかもしれない。福島原発事故で露《あら》わになったのは、そんな当事者意識の欠落である。半径五メートルの自分と家族の生活と経済がうまくいけば、他はどうでもいいという無関心の構造が、原子力を支えているといっても過言ではない。

選挙の投票率はどこも相変わらず低い。昨年七月の山口県知事選挙は四五％、十二月の衆議院総選挙は戦後最低の五九・三二％と、もうオーストラリアのように投票を義務化し、罰金制を布《し》くしか人々を投票所に向かわせる術《すべ》はないのか、と思えてくる。

若者から高齢者、男女そして子どもまで、政治への関心を国民レベルで上げてゆくこと。それこそ福島原発事故から学び得る最大の教訓であると私は考える。

参加意識が消失した、末期症状の日本の民主主義を救う妙案など何もない。政治を日常の延長として話せる国民性と文化を作り上げてゆくしかないのだ。そのためには、議論し、ディベートする訓練を教育に組み込んでゆくべきだし、音楽・ファッション・アニメ・映画など文化のあらゆる側面でかっこよくポリティクスを語る環境、政治的ウィットがウケるカルチャーを育んでゆくべきだろう。

学校で職場で、仲間内で、クールに政治をディベートできる日本人なんて、かっこいいではないか。民主主義のボトムアップには、政治を語ろうとしない日本人の習性をひっくり返し、個々人の当事者意識を変革するしか道はない。

時間がかかることは見えているが、やるべきことははっきりしているのではないだろうか。

連載

阿武隈梁山泊外伝 第二回

たくきよしみつ

梁山泊人物録

この連載のタイトルは「阿武隈梁山泊《あぶくまりょうざんぱく》外伝」としたが、梁山泊というからには、そう呼ぶにふさわしい人物が集まらなくてはならない。

今後の連載での話を分かりやすくするために、今回は私が阿武隈で出会ったアウトロー、いや、英傑《えいけつ》と呼ぶべき人たちを紹介していこうと思う。

小説を書くのと違って、実在の人たち、しかもまだ生きている人たちを紹介するのだから、いろいろと悩むところがある。昨今は個人情報の保護云々というのがうるさいし。

しかし、3・11以後、「フクシマ」の問題はプライベートな問題を超えてこの国全体の将来を考える上で避けて通れない課題になっている。私を含めて、「フクシマ」を目の前で体験した人たちの生の記録という意味あいを重視しながら、この梁山泊人物録を記してみたい。

本名の場合は、なんとなくふわっと記したいので平仮名またはカタカナ表記にした。みな実在の人物だが、物語の登場人物のような感じでとらえていただければ、と思う。

（なお、私は福島第一原発から大量の放射性物質が拡散した事件を「事故」と呼ぶことに抵抗がある。そのため、ここから先、今私たちが直面しているひどい結果も、それを引き起こした要因も全部含めて「フクシマ」と表現していく。これは場所としての福島のことではない。）

でとさん夫妻

彼らは私たち夫婦より少し前に、前回登場の不動産屋のF氏の仲介で川内村《かわうち》の土地を二か所購入し、すでに家を建て始めていた。

夫はほとんど笑顔を見せない。大島渚監督のような感じ。本人は笑っているつもりでも表情がこわばったままなので、それが分かるまで、こちらもちょっと緊張したものだ。

行政批判や辛口の人物評が炸裂《さくれつ》を始めると止まらない。これは後にみんなから「でと節」と呼ばれるようになった。

妻のまさこさんはそんな夫のことを「でとさん」と呼ぶ。私は彼女のことを夫の「でとさん」と区別するため、名前を一字つけて「でとま」と呼んでいる。

しょうかんさん（左手前）に設計を依頼し、自宅母屋の横にゲストハウスを建築中のでとさん（右上）。左上は左官の渡辺さん（当時富岡町在住。現在も「帰宅困難区域」） 2005年11月

でとまは精力的な女性で、無農薬・有機農業やパン作りなどを通じて、土と水に根ざした持続可能な地域社会、地域経済の構築といったテーマに取り組んでいた。半分放棄された山の中の田んぼを借りて「もえの里」と名付け、都会の人たちなども呼んで無農薬農業体験の場を作ったりもしていた。

私は川内村で暮らし始めてから、カエルに興味を持ち、写真を撮り、生態を観察し続けていたが、でとまが中心になって企画した「げえる探検隊」と名づけられたカエルの観察会では講師役を務めた。

こづかさん夫妻

こづかさん夫妻も、でとさん夫妻と相前後して川内村に引っ越してきた。

しかし、こづかさんの場合は不動産屋のF氏とは関係なく、自分で何年もかけて村の中をくまな

川内村の自宅で毎日新聞社の取材を受けるこづかさん夫妻　2011年4月28日

く土地探しをして、ここだ！　という理想の場所を見つけ、時間をかけて地主と交渉し、農地も所有するために農業者としての登録もして……と、苦労を重ねて田舎暮らしをスタートさせていた。

こづかさんはかつて住宅・都市整備公団の管理職だった五五歳のときに関連会社に天下り。そのまま六五歳までいられたのを五年残して退職し、農業に転身する余生を選んだ。あと五年いれば手に入った数千万円を捨て、退職金を注ぎ込んで山ひとつと農地を買い、家を建てて田舎暮らしを始めたことで、周囲からは「あいつは何か悪いことでもやって逃げたのか」と噂《うわさ》されたそうだ。

こづかさんとでとさんは行動を共にすることが多く、一緒に「きのこ里山の会」という、土と水との共生をテーマにした活動も始めた。

マサイ・ボケ夫妻

川内村でいちばん人が集まるイベントに「満月

満月祭のマサイさん

祭」というのがある。これは日本全国どころか、世界中からヒッピー然とした人たちが集まり、八月の満月の晩を中心に、数日間、歌ったり踊ったり太鼓を叩いたりといったお祭りを楽しむというもの。日本版のウッドストックみたいなものといえば分かりやすいだろうか。3・11前のピーク時には、延べ一〇〇〇人以上が集まってきていた。

この満月祭の会場となっているのが「獏原人《ばくげんじん》村」で、川内村の外れ、通称「獏林道」と呼ばれる地図にも載っていない作業道を数キロメートル入っていった果てにある。

獏原人村は今でも電気が来ていない。ケータイも圏外。かつては今の獏林道もなかったから、ここにたどり着くには山の中の道なき道を分け入っていくしかなかった。だから、一九七〇年代終わりに都会から流れてきたヒッピーたちがそこに住み着いてコミューンを作ったときも、地主でさえ一年以上気がつかなかったという。

当初は何人もの若者が半裸で暮らしていたそうだが、やがて一人抜け二人抜けして、最後はリーダー格だったマサイさんと妻のボケさん夫妻だけが残っていた。二人にはお子さんもいるが、みんな大人になって原人村からは離れている。

電気の来ていない土地だから、どうしても電気が必要なときは自家発電。水は山から沢水をパイプを通して引いている。自家消費の農産物を作る以外は、鶏五〇〇羽を地飼いしてその卵を一個四〇円で売って現金収入を得る、という生活。

マサイ&ボケ夫妻は川内村の住民でありながら川内村の外でのほうが有名だった。テレビのバラエティ番組に「原人ビンボーさん」として登場したこともある。

「人間は自由なんだ。誰にも支配されたりしない」がマサイさんの口癖。

過激な人というわけではなく、普段はものすごくおっとりしていて、見知らぬ人がふらっと訪ねていってもニコニコ受け入れ、時間があるときは一緒に茶飲み話をする。

私たちが初めて訪ねていったときもそうだった。

「あら、ど〜も〜」と、まるで旧知の友人であるかのように出迎えてくれた。

「まあ、理想郷を求めてここに来たわけだけど、『理想』って言っちゃった時点でもう何かしら自分の中で決められた形やルールを作っているわけだよね。それは俺の理想とは違《ちが》うわけ」

「草むらに、人が歩きやすいように石を置いて、ここを歩きなさいって道を造るとするでしょ。それはもう自由な生き方じゃないわけよ。何にも決められてないのに、そこを通りたい人がいて、勝手に歩いているうちに自然に道ができる、というほうがいいわけ」

大塚家の稲刈り記念写真　左端がしょうかんさんと愛ちゃん、息子の楽人くん。二人置いて前列帽子を被っているのが愛ちゃんの師匠のよりみち棟梁、その右がきくこ夫人

そんな「名言」の数々を、説教臭さゼロで、さらっと自然体で言ってのける。

大工の愛ちゃんと夫のしょうかんさん

その獏原人村に、二〇〇〇年、一人の若い女性が自転車に乗ってやってきた。

愛《あい》という名前のその女性は岡山の出身。阪神・淡路大震災のときのボランティア体験で人生観がちょっと変わり、その後、岡山市の社会教育課の資金援助を得てネパールに渡り、教育環境視察。それが終了してからもインド旅行。帰国後はお遍路さん、さらには福島県の川俣《かわまた》町にある「やまなみ農場」というところで農業体験などなどを経て、この獏原人村の話を聞いてやってきたのだった。

愛ちゃんは原人村の自然に魅了されて、「ここに住みたい！」と思った。

マサイさんに許可をもらって、自力で三畳大の掘っ立て小屋を作り、犬（すぐ人を噛む）と一緒に電気もガスも水道もない生活を始めた。そのうち、村の大工・よりみち棟梁に弟子入りして大工修行に入る。

これが後に川内村でマサイさんと並んで超有名人になる「大工の愛ちゃん」だ。

その愛ちゃんと、とある建築関連の研修会で出会って結婚してしまうのが、横浜に事務所を構えていた一級建築士の大塚しょうかんさん。

私はでとさん夫妻のできあがったばかりの家でしょうかんさんと知り合い、我が家に離れを造ってもらうことになった。

大塚夫妻の間には男の子と女の子が生まれ、原人村に自分たちで家を新築して生活をしていた。

私たちは川内村の中ではほぼ隠遁《いんとん》生活で、普段あまり人に会わない生活をしていたが、その中でいちばん頻繁に会っていたのは大塚一家だったかもしれない。

関守夫妻

「せきもり」というのは私が勝手に付けた呼び名。

夫のまもるさんはかつて獏原人村に住んでいた時期がある。その後、獏林道の入り口にあたる土地を購入して獏工房という木工アート家具の工房を構えた。

私たちが知り合ったときはすでに上の二人のお子さんは独立し、妻のじゅんこさん、すでに独立した上二人の姉兄とは年の離れた次男の三人で暮らしていた。

飾らない性格で、訥々《とつとつ》と喋《しゃべ》る人柄にいつもほっとさせられる。獏原人村の入り口、関所のようなと

家具を製作中の関守さん

ころに住んでいるので「関守だね」と私が言ったときも「好きに呼んでくれ」と答えただけ。実際には本人がいないところでは（彼のほうが年上なのだが）親しみを込めて「まもちゃん」と呼んでいる。

みれっとファーム

獏工房は川内村といわき市を結ぶ国道三九九号線沿いにあるが、そのくねくねと曲がった国道らしからぬ道を少し南下したところ、いわき市小川町戸渡《とわだ》というところに、無添加、砂糖不使用のお菓子やパンを作っているみれっとファームがある。

店主のよーすけさんは私と同い年で同じＡＢ型。必要なこと以外は喋らず、あまり笑わない人だが、別に怖い人ではないし人付き合いが悪いわけでもない。マラソンレースに参加し続けるストイックな面も持っている。

妻のけーこさんは廃校になった戸渡分校を地域の文化交流の場にしたいと、精力的に活動していた。そのへん、でとまに似ている。

ブッチ夫妻

ブッチ夫妻も原人村の人たちとは付き合いが深い。

ブッチさんといえば家の美しさに触れないわけにはいかない。彼に限らず、原人村ゆかりの人たちはみな、自分の家は自分で建てるのがあたりまえで、マサイさんも関守もよーすけさんも自分の手で立派な家を造っていたが、ブッチさんの家は別格だった。プロの大工も舌を巻くほどの出来映えで、壁を曲面に処理するなんてことも普通にやっていた。家を造るのは彼の趣味で、納屋には電動鋸《のこぎり》だけでも数台ずらっと並んでいたりした。「一生かけて造るから、終わりがない」とのこと。私も越後時代には自分で電動鋸や玄翁《げんのう》を使ってリフォームに精を出していたから、その気持ちはよく分かる。

妻のりくさんは陶芸をやっていて、自宅の庭に「ことりこ工房」という窯《かま》を構えていた。

スーパーマン

彼も原人村の出身で、関守の獏工房から少し離れた山の中で完全な隠遁生活をしていた。別棟に立派なオーディオルームがあり、一度その音を聞かせてもらいにお邪魔したことがある。口数が少なく、一見取っつきにくい印象だが、怖い人というわけではない。

これまた彼に限らず、原人村ゆかりの男たちはみんな音楽好きで、自分で建てた家にすごいオーディオセットを持っていて、ギターを弾いて歌うのはごく普通のことのようだった。

DaGO さん（左）と筆者　2008 年 9 月

DaGOさん夫妻

ＤａＧＯさんは川内村の西隣に位置する田村市の山奥に引っ越して来て住んでいた。カリンバという民族楽器を製作・演奏していて、一緒に即興セッションをしたこともある。

原人村とは直接関係はないのだが、生活ぶりはマサイさん以上に原人っぽくて、井戸を掘っても電気で汲み上げるのは嫌だと、わざわざ手でギコギコ動かすポンプをつけていた。

お子さんが生まれたときも自宅出産。その様子をテレビ局が取材に来て番組を作ったりもしていた。

自宅出産といえば、愛ちゃんも二人目は原人村の自宅で出産した。「昔はみんなこうだったんだから、なんてことないわよ」ということらしい。

ニシマキ師匠とミホさん

ニシマキさんは『自然山通信』というトライアルバイク専門誌の編集者兼ライター兼カメラマン。私たちより少し遅れて川内村にやってきた。村の牧草地を使ってバイクのイベントをやったりしたことがきっかけだったようだ。そのまま川内村が気に入って住み着いた。

最初は廃校になった第三小学校を借りて一人で住んでいたのだが、そのうち空いていた古い教員用住宅を借りて、ミホさんという女性と一緒に暮らすようになった。バツイチ同士という話だが、同棲するようになったいきさつについてはよく知らない。もしかしたらすでに結婚しているのかもしれないが、確かめたこともない。

軽い筆致《ひっち》、美しい写真、フットワークのよい取材能力。私が学ぶべき点がたくさんあるので、彼のほうが少し年下なのだが、私は彼を「師匠」と呼んでいる。

……と、ここまでは全員移住者。

マサイさんやまもちゃんたちは移住者と言っても阿武隈に来てから四〇年近く住んでいるわけで、私たちやでとさん、こづかさんなどの新しい移住者とは年季が違うのだが、村では何十年住み続けようが「外から来た人」という認識は厳然とある。

次に、地元の人たちも何人か紹介しておきたい。

念願の別荘「遊木館」の前で笑顔のこーちょー　2006年8月。遊木館もこーちょーの自宅（富岡町）も、「フクシマ」以後は20km圏で立ち入り禁止区域になってしまった

よりみち棟梁一家

愛ちゃんの大工の師匠であるよりみちさんの家族とも交流があった。棟梁は口数が少なく、静かな人。妻のきくこさんは面倒見がいい肝っ玉母さんタイプ。川内村のよさを体現しているような一家だった。

こーちょーとりほこ先生

福島第二原発（通称2F＝ニエフ）のある富岡《とみおか》町に家があったが、川内村の第三小学校の校長をしていた時期があったので、私は「こーちょー」と呼んでいる。

定年の日を指折り数えながら心待ちにしていて、私たちが知り合ったときは、川内村の毛戸《もうど》という高原地域に建てた立派な別荘で木工や音楽三昧《ざんまい》の余生を送り始めていた。

遊木館《ゆうぼくかん》と名づけられたその別荘では、子供たちを集めて、同じく教師だった妻のりほこ先生と一緒に自然教室を開催したり、地元のバンド仲間を集めてライブをやったり、理想的な老後生活を満喫していた。

サックス吹きで、基本はブラスバンドなど、譜面のある演奏だったが、私の影響でジャズのアドリブに目覚めたようだった。

しげるさん

村の中では「しげるさん」と呼ばれていたが、うちではもっぱら「小松屋さん」と呼んでいた。川内村の中心部で小松屋という旅館を経営していて、村会議員、商工会長、観光協会会長などを務めていた。

よしたかさん

川内村では珍しく専業農家（ほとんどの農家は兼業）。有機農業にこだわり続け、うまい米を作るための土作りを特に重視していた。二〇〇七年には、福島県を代表して天皇家に米を献上する「献上米」農家にも指名された、言わば村の名士。

二〇一一年、第一原発から三〇キロ圏だということで川内村のすべての水田が作付け禁止になったとき、よしたかさんは「一斉に田んぼを放棄したらデータもとれない。俺は自分の田んぼ一枚だけ作付けし、自分で残留放射能の検査をしてもらう」と言って、県や村からの再三の説得をはねつけて作付けを決行した。これは新聞やテレビでも報道されたので一躍有名になった。私たちは「復活の米」と呼んで応援していたが、結局、最後は自らの検査も禁じられ、収穫した米は全部田んぼに廃棄させられた（こ

天皇家への献上米を田植えするよしたかさん（中央）と一族　2007 年

の事件については後に詳しく書くつもり）。

村　長

実は、村に来て最初に知己《ちき》を得たのは村長だった。

私の家の前の雑木林を皆伐《かいばつ》するという事件（前回参照）が起きて、すぐに村長に相談のメールを出した。

村長とその後初めて生で会ったのは、伐採が回避できた後、我が家を訪ねてきたときだったが、そのとき私は村長に二つ質問をしたのを覚えている。

一つは水の問題。川内村は水道がない村で、住民は井戸水か沢水を自前、自己責任で使っているが、村による水質検査などは定期的に行っているのか、という質問。

もう一つは、原発が至近距離にあるが、

村にはガイガーカウンターなどが備え付けてあるのか、万が一のときの放射能漏れ検出体制はあるのか、という質問。

確か、水に関しては毎年定点調査しているということだった。ガイガーカウンターについても、据え付け型の定点モニタリングポストがあるというので、それならまあ大丈夫でしょうね、というように答えた記憶がある。

しかし、これが甘かったということは七年後に分かる。

梁山泊の果て

さて、今回は急ぎ足で人物録を作ってみたのだが、これだけでは読んでいるみなさんにとっては「だからなんなんだ」「おまえの個人的交友録になど興味はない」となるだろう。

なので、この人たちとの交友記録は次回以降、おいおい詳しく書いていくことにして、今回は、「アフター・フクシマ」の今、この人たちがどうしているかを先に記しておきたい。彼らの今を知っていただくことで、漠然とでも「フクシマ」（とカタカナ書きされる、原発をめぐるもろもろの事件や今の事態を引き起こしてしまった社会構造）が福島（という土地とそこに暮らす人々の人生）を壊した現実を感じていただけるのではないかと思うからだ。

でとさん夫妻

二人は夫側・妻側の母親を連れて川内村の新居で生活していた。

3・11直後、川内村は避難指示が出た富岡町からの避難者受け入れに大わらわだったが、でとさん夫妻はその炊きだしなどを手伝っていた。でとまは後に「正しい避難指示が出なかったために、私たちもあのとき、知らずに被曝《ひばく》していたのかと思うと悔しい」と、綿々と綴《つづ》った手紙を送ってきてくれた。

お二人は大金を注ぎ込んで手に入れた土地や新築の家を捨てて、佐渡に渡った。

すでに佐渡での再生を決めて、「二宮《にくう》いち」という、佐渡の名産品を紹介・販売する活動を始めた。夫のでとさんが病気になって入院したこともあって通販は縮小したが、当初は隣のおばあちゃんが作った干し柿とか、村で取れた銀杏《ぎんなん》とか、まるで田舎の母親が子供や孫に送ってくる宅配便のような暖かさを感じさせる中身の箱が送られてきた。

でとまからの手紙には、「川内村での経験は、今の生活のための授業だったと思っています」とも書いてあった。

こづかさん夫妻

こづかさん夫妻とは、川内村の中の雰囲気がおかしくなってきた（どのようにおかしくなってきたかは今後の連載で詳述していく予定）二〇一一年夏頃から、一緒に福島県内に新天地を探して回った。しかし、福島県内にはどうしても見つからず、私たちが日光市にとりあえずの拠点を移した後、こづかさん夫妻はでとさん夫妻に誘われる形で佐渡に渡り、佐渡を終《つい》の棲家《すみか》とする決意を固めた。

マサイ・ボケ夫妻

獏原人村は幸い放射能汚染がそれほどひどくはなかった。今ではおよそ0・2マイクロシーベルト／h以下。福島市内や郡山市内などに比べれば概ね低い。

マサイさんは全村避難が続いていた二〇一一年の夏にも例年通り満月祭を決行した。参加者はぐっと減ったが、それでも三〇〇人くらいが全国から集まっていつもと同じように太鼓を叩き、歌い、踊り、飲み食いして祭りを楽しんだ。私もステージに上がって弾き語りした。

マサイさんはこれからも原人村に住み続けると言っている。

「だって、ここに代わる土地なんてないでしょ。大金持ちなら別だけど」

それはそうだ。

今の川内村には外からどんどん金が流れ込み、やれ除染だメガソーラーだバイオ発電だと落ち着かないことになっているが、原人村はもともと隔離されたような場所なので、そうした喧噪《けんそう》にあまり関わらないで、今までに近いリズムで生活ができるだろう。

大塚一家

獏原人村に住んでいた大塚一家は、第一原発がおかしくなったという第一報が入った直後に愛ちゃんの実家がある岡山に避難した。途中、車中泊をしたラーメン屋の駐車場で、涙を流しながら「やっぱり戻りたい」と訴える愛ちゃんに、しょうかんさんは「戻るなら一人で戻れ。俺は子供たちを連れて避難する」と宣告したそうだ。

子供たちが成長し、すでに独立している他の人たちとは違って、子ども二人がまだ未就学児である大塚家にとっては、少しでも汚染された土地に住み続けるという選択はなかった。しばらくは愛ちゃんの実家に同居していたが、その後、岡山の山間の土地に空き家を見つけて引っ越し。今はそこに根を張ろうとしている。

愛ちゃんはその後、あちこちの集会やイベントに精力的に出向いていき、講演を続けている。

関守夫妻

関守とも一緒に移転先を探して回った。関守は電動工具などの音も気兼ねなく出せる広い作業場が必要だし、自然に抱かれたような土地じゃないと住む意味がないと言っているので、移転先の条件は厳しい。結局、福島近辺には見つからず、今は北海道に移住することを考えているという。

みれっとファーム

みれっとは食べ物を作って売っている。しかもお客の多くは、アレルギーを持つ子供を抱えていたり、農薬や添加物に厳しい目を向けている健康志向の人たちだから、放射能被害のダメージは計り知れなかった。

戸渡は川内村の中心部などより汚染の度合がひどかったが、いわき市だったために早々と避難区域から外され、東電を相手の賠償交渉でも不利になった。東電の賠償窓口の人からも「私たちもあそこがかなり汚染されたことは分かっています。でも、区域分けをするのは私たちではないので……お察ししま

「フクシマ」で移転を余儀なくされたみれっとファーム　2006 年 4 月

す」と気の毒がられたという。

福島県内でも汚染が低かった会津地方なども回って移転先を探していたが、長い放浪の果てに、長野県にようやく候補地を見つけ、商売を再開した。

まだ使える業務用オーブンなどの設備は全部処分して新調した。屋内にあったのだから汚染されていないことは明白だが、「お客様が納得してくれないから」と。

みれっとといい、でとさんが佐渡で始めた二宮いちといい、家も設備も土地もそっくり失った後に、いち早く活動を再開する精神力と体力には感服するしかない。

ブッチ夫妻

ブッチさんは当初「放射能なんてどうってことないんだろ？　俺たちはもうじじいだし」などと言っていたが、妻のりくさんは完全に打ちのめされ、もう福島には住みたくないと決意していた。りくさんが先に村を離れる形で、二人は今、山形で新しい生活を始めている。

りくさんだけでなく、放射能への恐怖や嫌悪感は、男よりも女たちのほうが強かった。

マサイさんの妻・ボケさん、関守の妻・じゅんこさんも、精一杯夫に合わせて今までの生活を続けていたが、精神的には相当まいっていた。

こーちょー

こーちょーはいわきを経て名古屋にまで避難した。その避難先で、妻のりほこ先生が大腸癌を発病していることが発覚。その後、肝臓に転移。大変な中、癌治療ができる大きな病院がそばにあるという条件で落ち着く先を探し、静岡県三島市に貸し家を見つけて転居。

ところが二〇一三年二月、富岡の自宅に夫婦で一時帰宅中にりほこ先生が脳内出血で急死。「この寒い時期にあえて一時帰宅を希望し、念願かなって自分の好きなように建てた家を見て、旧友と楽しく過ごし、孫に会って、施設に入っている母親に会って帰ろうとしていた矢先」のことだった。私たち、こーちょー夫妻と交友があった者たちにとっても大変なショックだった。

避難先でもサックスを吹いて新しい音楽仲間を作ったり、「フクシマ」の体験を講演したり、畑を借りて野良仕事を始めたり、今も前向きに生き続けるこーちょーの精神力にも驚嘆するしかない。

こんな風に、私が勝手に「梁山泊」をイメージしていた友人たちは、今はもう散り散りになってしまった。これからもずっと今までの家と土地で暮らし続けると言っているのはマサイさんくらいだろうか。借家住まいで身軽なニシマキ師匠も川内村に残り、貴重な現地報告を続けている。

私たち夫婦はというと、今は日光市に住んでいる。

ここもそこそこ汚染されていて、今の家は、川内村役場がある村の中心部あたりより線量が高いかもしれない（家の中で０・１４マイクロシーベルト／ｈくらい）。

阿武隈の地を離れることにしたいちばんの理由は放射能汚染そのものではない。おそらくそれは、終の棲家のつもりだった家と土地を捨てて散って行った友人たちも同じ気持ちだろう。そこに残っても、もう「心」がもたない。残りの人生を楽しめないと判断したから、すべてを呑《の》み込んで、新天地を探し、流れていったのだ。

言い換えれば、阿武隈に惹かれてやってきたときと同じ理由で、離れていくしかなかった。

そのことについて、次回からは少していねいに説明していこうと思っている。

連載

八甲田山における山岳ガイドの変遷　第二回

羽根田　治

三浦敬三と八甲田山

前回は、八甲田《はっこうだ》山麓に位置する秘湯・酸ヶ湯《すかゆ》の発祥と、そこを舞台に明治から昭和にかけて活躍した山案内人・鹿内辰五郎《しかないたつごろう》のことについて書いた。

鹿内が八甲田山の隅々までを知り尽くした男であり、この山域における山案内人の先駆であったことは間違いない。だが、山一帯が深い雪に覆われる冬の八甲田山のパイオニアとなると、話はちょっと違ってくる。二〇〇七（平成一九）年に起きた雪崩《なだれ》遭難（前回参照）の取材で現地を訪れたとき、話をうかがった酸ヶ湯の専務取締役はこう言っていた。

八甲田の主、開拓者と称された三浦敬三氏（右、このとき99歳）と雄一郎氏（2003〈平成15〉年1月、藤巻健二氏撮影）

「八甲田山のガイドは鹿内仙人（辰五郎）が有名ですが、八甲田山の冬山スキーの大先駆者であり、八甲田山の名を世間に知らしめたのは三浦敬三《けいぞう》先生です。彼もまた八甲田山のことならなにひとつ知らないものはないと言われた方で、そのことに異議を唱える人はいないでしょう。八甲田の山岳スキーは、三浦先生なくして考えられません」

ご存知の方も多いと思うが三浦敬三は、今年の五月、八〇歳にして三度目のエベレスト登頂に成功したプロスキーヤーであり冒険家の三浦雄一郎《ゆういちろう》の父親である。敬三は日本のスキー界の草分け的存在のひとりとして知られ、山岳スキーと競技スキーの普及・技術指導などに尽力。還暦を過ぎてからは海外の高峰での滑降に情熱を燃やし、アフリカ大陸の最高峰キリマンジャロ滑降（七七歳）、ヨーロッパ・アルプスのオートルートの完全踏破（八八歳）、親子孫三代によるモンブラン山系のヴァレーブランシュ氷河の滑降（九九歳）など、一〇一歳で亡くなる直前まで一貫してスキーに人生を捧げてきた。

そう書くと、幼少のころからスキーに親しんできたと思いがちだが、実はスキーと出会ったのは意外に遅い。敬三は一九〇四（明治三七）年、青森県青森市の生まれ。雪国で生まれ育ったにもかかわらず、子供のころはスキーに見向きもせず、中学時代は水泳や鉄棒に熱中していたという。スキーを始めたのは北海道帝国大学（現在の北海道大学）農学部林学実科に在籍していた二〇歳のとき（一九二四〈大正一三〉年）で、友人の楽しげなスキーの話に興味を持ったのがきっかけだった。ちょうどこのころ、〝近代アルペンスキーの父〟として知られるオーストリアのスキー講師、ハンネス・シュナイダー主演の映画『スキーの驚異』が公開され、シュナイダーは日本のスキーヤーの憧れの的となった。敬三もまたこの映画の影響を強く受けたひとりであり、スキー熱はいっきょに高まっていくことになる。

翌一九二五（大正一四）年の四月、春休みで帰省しているときに、地元紙『東奥日報《とうおう》』主催の「八甲田～十和田《とわだ》縦走ツアー」に参加し、八甲田デビューを果たした。このツアーでは、転倒してお気に入りのカメラを失《な》くしそうになったり、疲労困憊《こんぱい》しながら山を越えて宿にたどり着いたり、蔦《つた》温泉で大町桂月《おおまちけいげつ》に出会ったりと、印象深い出来事がいくつもあったようだ。なかでもとくに心を打たれたのが、樹氷の美しさであった。

「この世にこんなにも神秘的で美しい造形があったのか」

と、私はしばらく呆然と立ちどまって、樹氷のすばらしさに見ほれていた。ちょうどその日は雲ひとつない快晴で、ぬけるような青空を背景に陽にキラめく樹氷群は、完全に私を幻惑してしまった。
この樹氷への感動が、以来四十五年間にわたる私の八甲田への愛着の、決定的ないとぐちとなったのである。（『大滑降への50年』より）
ちなみに、のちに深い関係を築くことになる酸ヶ湯に初めて泊まったのも、このツアーのときだった。
一九二六（大正一五）年、北大を卒業した敬三は生まれ故郷の青森に帰り、青森営林局大鰐《おおわに》営林署に

厳冬期に見られる八甲田山の樹氷（藤巻氏撮影）

勤めはじめた。と同時に営林局内の「青森林友《りんゆう》スキー部」に所属し、選手として競技スキーを志すが、病気やケガにより早くして選手生活を断念せざるをえなくなった。

営林署での敬三の仕事は、主にスキーの導入・実用化を進めて冬季の巡視等の効率化を図ることであったが、それと並行して林友スキー部の後進の指導・育成にあたることになった。青森営林局が実用スキーと競技スキーを二本柱として強化を図ろうとしたのは、たぶんに当時の営林局長の影響が大きかったようだ。局長は仕事に厳しい反面、熱心なスキー愛好者だったため、スキー絡みの話となると一変して寛大となり、林友スキー部の強化合宿などは「一〇日間の出張を命ず」という書類を作成して出張扱いにしてくれたという。

かねてより林友スキー部の競技スキーをスポーツとしてもっとランクアップさせたいと考えていた敬三は、ある日、営林局長に「青森林友スキー部を日本一のスポーツスキーのクラブに育ててみませんか。青森林友からオリンピック選手を輩出してみたいんです」と話を持ちかけてみた。それを聞いた局長は、しばらく考え込んだのちに、「よかろう、好きなようにやってみたまえ」と答えたという。

なお、青森林友から冬季オリンピック選手を、という敬三の夢は、一九三二（昭和七）年のレークプラシッド（アメリカ）大会に山田勝巳を、一九三六（昭和一一）年のガルミッシュ・パルテンキルヘン（ドイツ）大会には山田伸三と山田銀蔵の二人をスキー競技の日本代表選手として派遣することで叶《かな》えられる。

青森林友スキー部の育成に力を注ぐ傍ら、休みがとれると酸ヶ湯に入り浸ってスキー三昧《ざんまい》の日々を送り、敬三にとって酸ヶ湯と八甲田山は心の拠り所的な存在となっていく。

酸ヶ湯でのオリンピックスキー合宿（1957〈昭和 32〉年頃、藤巻氏撮影）

一九三一（昭和六）年、当時の衆議院議員だった小泉辰之助の三女・むつと結婚し、翌年には長男の雄一郎が生まれた。やがて太平洋戦争が始まったが、敬三は極度の近視だったため兵役には就かずにすんだ。戦争中は宮城県立宮城農学寮の寮長や岩手県六原《ろくはら》農場の場長として働き、ときには戦技スキーの指導も行なったという。

戦後は東京に赴任し、農林省山林局（現在の林野庁）に勤務したが、一九四九（昭和二四）年、四五歳のときに青森営林局にもどってきた。そこで青森林友スキー部の再建を図り、一九五二（昭和二七）年、再び冬季オリンピックのオスロ（ノルウェー）大会に山本謙一を送り出している。

〝魔の山〟から〝スキーの山〟へ

八甲田山における組織的なスキーツアーが始まったのも、戦後しばらくしてからのことだ。一九

四九、五〇（昭和二四、二五）年ごろ、地元の八甲田愛好者らからなるボランティア組織「八甲田リーダーグループ」が組織され、酸ヶ湯にやってくるスキー客の要望に応じて八甲田山を案内するとともに、遭難事故防止活動にあたった。このリーダーグループの前身となっているのが敬三であり、これが今も酸ヶ湯で行なわれている八甲田山酸ヶ湯ツアーガイドの前身となっている（酸ヶ湯の従業員がガイドとして宿泊客を八甲田のスキーツアーに案内するようになったのは、一九六五〈昭和四〇〉年ごろだそうだ）。一九五三（昭和二八）年四月には、青森営林局が三〇〇〇枚の指導板を設置して八甲田山の各スキーツアーコースを整備したが、それを先導したのも敬三だったという。

敬三が八甲田山に深く肩入れしたのは、もちろん自分が生まれ育った故郷の山だということもあるが、戦前から戦中にかけて国内のほかの山域を訪れるなかで、「八甲田こそ比類なきスキーの山である」との思いを強くしていったからだ。

ところが、当時の八甲田山は例の雪中行軍訓練中の大量遭難事故（一九〇二〈明治三五〉年）の記憶がさほど薄れておらず、「魔の山」としてのマイナスイメージが広く浸透していた。このことに心を痛めた敬三は、「〝魔の山〟という汚名をそそぎ、素晴らしいスキーの山として改めて八甲田を世に紹介するべきだ」と、当時の酸ヶ湯の専務であった大原誠一に掛け合った。その熱意が大原を動かし、八甲田山の名を広く世間に知らしめるために16ミリ映画を作成することになった。そこで、山岳映画の先駆者であり山岳写真家としても知られる塚本閤治《こうじ》を口説き落として八甲田に招聘《しょうへい》し、映画を撮影して東京で上映したところ、これが大きな反響を呼んで八甲田はスキーの山として認知されるようになっていく。

ちなみにこの映画には、敬三もスキーヤーとして出演しているという。

その後、やはり山岳映画の第一人者である酒井菊雄や、のちに山岳・自然映像のパイオニアとなる東京福原フィルムスの福原健司が八甲田に入って映画を撮影し、敬三と大原の目論見《もくろみ》どおり、スキーヤーにとって八甲田山は〝魔の山〟から〝憧れの山〟に変わっていくことになる。

映画撮影には多大の費用がかかる。その費用を捻出することは酸ヶ湯温泉だけでは大きな負担だったはずであるが、それをあえてなし遂げたのは大原専務の英断によるものであった。（『百歳、山スキーと山岳写真に生きる』より）

敬三によって八甲田山の潜在的な魅力に気付かされた大原は、このエリアを世に広めるために尽力を惜しまなかった。八甲田の樹氷を万人に見てもらいたいと考え、一九五四（昭和二九）年ごろ南極の昭和基地で使う雪上車の試作機を購入。酸ヶ湯まで除雪を行ない、一時的に通年営業を行なった。これはしばらくして中断されるが、のちの酸ヶ湯までの道路の冬季全面開通へとつながっていく。先に述べた八甲田リーダーグループも、敬三が大原に相談して立ち上げたものだった。

彼はまた、生涯を通じて敬三・雄一郎親子のよき理解者であり、両者の間には深い信頼関係が築かれていた。青森県スキー連盟内での意見の相違から三浦一家が青森県のスキー界から長い間スポイルされていたときも、大原だけは断固として三浦一家を支持し続けていた。敬三がその著書のなかで、大原のことを「八甲田開発の大恩人であり、三浦一家の最大の理解者である」と述べているのは、こうした経緯によるものである。

樹氷の上を行く八甲田ロープウェー（藤巻氏撮影）

戦後の混乱が落ち着くに従い、酸ヶ湯にも徐々に湯治客がもどってきて、一九五四（昭和二九）年には「国民温泉第一号」の指定を受けた。営業期間は三月から一〇月までで、毎年三月一日に「酸ヶ湯開き」が行なわれた。といっても、戦後しばらくは交通の便がなく、湯治客は徒歩、馬橇《うまぞり》、山スキーなどの手段を使い、苦労して酸ヶ湯までやってきたという。当初、バスは横内《よこうち》集落までしか行っていなかったが、その先の雲谷《もや》集落、さらには萱ノ茶屋《かやのちゃや》と段階的に延び、酸ヶ湯へのアプローチも徐々に改善されていく。

そして一九六八（昭和四三）年一〇月二日、八甲田山西麓の寒水沢《かんすいざわ》と田茂萢《たもやち》岳山頂を結ぶ八甲田ロープウェーが開業したことで、八甲田周辺の観光化がいっきに押し進められた。その起爆剤となったのが、ロープウェー開業の翌年に国鉄（当時）東北支社が「八甲田山を滑ろう」というキャッチコピーで販売を始めた春山スキーエックである。

エックというのは「エコノミークーポン」の略称で、国鉄の乗車券と他の交通機関の乗車券、施設入場料、昼食代などがセットになった商品のことをいった。この八甲田の春山スキーエックを発売するにあたり、国鉄は新型ロータリー除雪車二台を導入して三月一日の酸ヶ湯までの道路開通を目指したが、除雪が思うように進まず、開通は三月一五日にずれこんだ。それでも春山スキーエックは爆発的な人気を呼び、道路開通以降、三月の酸ヶ湯の宿泊客は少ない日でも四〇〇~五〇〇人、飛び石連休のときには七〇〇人以上と大盛況となった。八甲田ロープウェーにも平日で五〇〇人、ピーク時には一〇〇〇人ものスキー客が押しかけた。以降、三~五月の八甲田山は、春スキーのメッカとして大勢のスキーヤーを迎え入れることになっていく。

さらに一九八二(昭和五七)年、青森―酸ヶ湯間の道路の冬季全面開通が実現し、酸ヶ湯にとって念願だった通年営業がスタートする。これに伴い八甲田ロープウェーも翌年一月から通年営業となり、八甲田ではシーズンを通して山スキーが楽しめるようになった。

それでも事故は起きる

故郷・八甲田の山々を愛し、いつの時代でも還《かえ》るべき場所とした敬三は、大学生のころから趣味としていたカメラで八甲田の自然を収めては発表し(のちに山岳カメラマンとしても名をなし、イタリアの国際山岳写真ビエンナーレ展でも作品が入賞している)、またガイドブックなどを通じてその素晴らしさを紹介した。レジャー・趣味としての山スキーがまだ一般的ではなかった戦前から八甲田でそれを実践して広め、いつからか「八甲田の主《ぬし》」「八甲田の開拓者」などと呼ばれるようになった。

敬三が魅了されたのは、大学生のときに原体験した「雪に白くつつまれた冬の八甲田の樹氷とスキー環境」であり、「八甲田ほど〝スキー的〟な山を私は知らない」とまで言い切っている。


八甲田が〝スキー的〟に最高だという理由はいくつもある。まず第一に、山々の東面および南面の大部分はまったく木のない大斜面であり、標高差一五〇〜五五〇メートル、山麓の広さが二〇〇〜八〇〇メール〔原文ママ〕にも達するスケールの大きさなのである。いっぽう西面および北面は木があるものの大半は疎林（まばらな林）状態で、林間スキーをたのしむには絶好の地となっている。

つぎに沢下りがすばらしい滑降コースになっていることである。他の山では沢下りは危険とされているが、八甲田の沢にかぎっては断崖や急斜がなく、地獄沢をはじめ鬼面沢、鳥滝沢、、鳴沢、大井戸沢、パラダイスの沢、バッカイ沢といずれもスキーがたのしめる。

第三に雪崩がひじょうに少ないことだ。北海道ほど寒気がきびしくないので上層雪崩がおきず、上越地方のように暖かくないから底雪崩が生じにくい。むろん雪山である以上、絶無ということはないから油断は禁物だが、よそにくらべればはるかにまれである。（『大滑降への50年』より）

八甲田のスキーの魅力については、前回紹介した鹿内辰五郎も著書『八甲田山酸ケ湯・猿倉・蔦温泉案内』のなかで次のように記している。

五月に入つてからでも尚スキーの出來る場所は全國にても稀れでこの全岳は酸湯温泉場から樂々日歸りの往復が出來るためスキーと湯治と兩得の好地である。（中略）尙晩秋から春にかけて時々出來る樹氷の美しさは例令様がなく眞に深山の氣分満万として一度スキーにて登る者は必ず再擧を思はしめるものである。

鹿内は、雪崩の危険についても敬三同様に「それほど恐るべきものはない」とし、時期や場所によっては大きな雪崩が起きることもあるが、「山相と樹姿との具合によつて豫知することが出來る」と述べている。

敬三や鹿内が「八甲田が山スキーに適した山であり、雪崩のリスクも少ない」と言うのは、その山容によるところが大きい。山の特徴を形容するときに、よく「男性的」「女性的」という形容詞が使われるが、たおやかで優しげな山容の八甲田はまさしく女性的な山と言っていい。斜面の傾斜がそれほどきつくないということは、スキー滑降に適していると同時に雪崩のリスクが低いことも意味している（雪崩のリスクは斜面の傾斜に比例する）。しかも立木などの障害物がほとんどないオープンバーンがいたるところにあるのだから、敬三が指摘するとおり〝スキー的〟に最高の環境であることはたしかだろう。

だが、いくらリスクが少ないとはいえ、豪雪地帯の厳しい冬の自然のなかでは、雪中行軍訓練中の大量遭難事故が証明するように、危険とは無縁でいられない。たとえば古くは弘前藩の諸事情を記した山崎立朴の『永禄日記《えいろく》』に、一七六三（宝暦《ほうれき》一三）年二月下旬、「酸湯大乱風雨にて湯治人死す」という記録がある。一七七八（安永《あんえい》七）、一七八三（天明《てんめい》三）年にも、酸ヶ湯の湯治客が山中で吹雪に遭遇して凍死するという事故が起きている。また一八四四（弘化元《こうか》）年四月には、酸ヶ湯の湯治小屋が雪崩の直撃を受け、滞在していた九人のうち六人が圧死した。かつては、湯治に行くのも命懸けだった時代があったのだ。

山スキー中の事故としては、一九三九（昭和一四）年二月一日に裏八甲田で起きた大量遭難が記録に残っている。この日、上北郡《かみきたぐん》天間林《てんまばやし》村にあった高森《たかもり》鉱山鉱業所の社員一七人が日帰りで田代《たしろ》温泉へのスキーツアーに出掛けたのだが、その帰路で猛吹雪につかまり、パーティのメンバーは山中でちりぢりばらばらになってしまった。翌日に四人が、翌々日に二人がなんとか自力で山麓まで下りてきたものの、残りのメンバーは全員凍死体で発見。一一人が命を落とすという惨事となった。

また、一九五一（昭和二六）年三月二八日には、八甲田の山スキーの歴史に名を刻む梅津又四郎が遭難して還らぬ人となった。梅津は地元青森の出身で、やはり八甲田の山スキーの開拓者のひとりでもあった。敬三とはウマが合ったというが、山に入るときはたいていひとりだったそうだ。スキーは我流で習得し、白いガウンをコウモリのように広げて八甲田の大斜面を滑降する独特の姿は、「八甲田の黄金バット」とも形容された。彼が拓《ひら》いた「梅津コース」は、山スキーのクラシックルートとして今もバックカントリースキーヤーらに親しまれている。

その梅津が、八甲田を訪れていた高松宮殿下を歓迎するため、吹雪のなかを酸ヶ湯に向かう途中で行方不明になってしまったのだ。遺体が発見されたのは、五月の上旬になってからのこと。発見場所は田茂萢岳の西側中腹、自ら拓いた梅津コースのちょうど中間あたりだったという。享年六二であった。

痛恨の二重遭難

梅津の死から六年が経過した一九五七（昭和三二）年の年明け早々に、八甲田の歴史に残る大きな悲劇が起こる。

当時、酸ヶ湯はまだ通年営業になっていなかったが、木造建築の建物を維持管理するために、営林署の署員や電電公社（当時）の職員ら二〇人ほどが酸ヶ湯に入って冬を越すのが毎年の慣例となっていた（酸ヶ湯には自家発電も水力発電もあったそうだ）。その、陸の孤島と化す厳冬期の酸ヶ湯にやってきては（とくに年末年始など）、越冬隊の人々の世話になりながらスキーを楽しんでいたのが、八甲田リーダーグループの面々をはじめとする一部のスキーフリークたちだった。

この年の年末年始も、遠方からの客を交え一〇〇人近いスキーヤーが酸ヶ湯に宿泊していたという。ところが一月二日、ひとりでスキーに来ていた二一歳の男性が、宿にもどらず行方不明となった。この日の八甲田は無風快晴の絶好のコンディションだったが、行方不明者はスキーが上手くなかったため、当初は沢筋に落ち込んだものと見られていた。

翌三日は早朝から天気が崩れ、のちに猛吹雪となった。行方不明者の捜索には、敬三の指揮のもと八甲田リーダーグループのメンバーがあたることになり、敬三は若手約二〇人を選んで捜索隊を編成。午前四時半に酸ヶ湯を出発し、仙人岱《せんにんたい》ヒュッテをベースに二班に別れて捜索を開始した。一方、酸ヶ湯では五五歳の青森高校教諭をリーダーとした九人の第二次捜索隊が編成され、別方面の捜索へと向かった。

大人数が参加する、八甲田スタイルのスキーツアー(1957〈昭和32〉年1月、藤巻氏撮影)

だが、ここに大きな問題があった。というのも、敬三は第二次捜索隊の出動を知らなかったからだ。
この遭難者の捜索にあたる際、敬三は二人の経験豊富な年配者のリーダー格を酸ヶ湯に残し、新たな遭難者が出ないように一〇〇人近いほかのスキー客のガイドや講習を行なうよう命じていた。ところがそのリーダー格のひとりが、勝手に第二次捜索隊を組織して山に入っていってしまったのだ。また、もうひとりのリーダー格も、数人のメンバーを引き連れて、敬三らがいる仙人岱ヒュッテまでやってきて、敬三を唖然とさせたのである。

なぜこうした行動に出たのか。そういえば前夜、捜索隊のメンバーからもれたと知って、ありありと不満げな態度をみせたことを思い出した。八甲田にくわしい彼は、おそらくある種の功名心にかられ『おれの手で見つけ出してみせよう』と、抜けがけの競争意識を押

さえきれなかったのだろう。(『大滑降への50年』より)

しかも、最悪だったのは、第二次捜索隊のなかに小学生一人と中学生二人が混じっていたことだ。小学生は酸ヶ湯の専務・大原誠一の息子(一二歳)、中学生は酸ヶ湯の常務の息子(一四歳)と、リーダー格の高校教諭の息子(一四歳)である。

三日は午後になって猛吹雪となり、敬三は「これ以上の捜索は危険」と判断して行動を打ち切り、いったん酸ヶ湯に下山した。だが、危惧《きぐ》していたことが現実となり、第二次捜索隊の九人は夜になってももどってこなかった。最も恐れていた二重遭難が、現実のものになってしまったのだ。

敬三らは寝る間もなく捜索の手配や準備に追われ、翌四日も青森警察署の署員や青森営林局の局員、八甲田リーダーグループのメンバーらが動員され、早朝から捜索にとりかかった。また、要請を受けて米軍三沢基地からもヘリコプターと水陸両用救助艇が出動し、大掛かりな捜索が展開された。

そんななかの午後〇時半ごろ、行方不明になっていた九人のうち五人(リーダー格の高校教諭とその息子、大原誠一の息子、それにスキー客二人)が自力で酸ヶ湯に下山してきた。高校教諭の説明によると、九人は遭難者の捜索中に吹雪のためルートを見失い、雪洞《せつどう》を掘って一夜を過ごしたのち、疲労の色が濃い二人と付き添いの二人をその場に残し、五人が先に下山してきたとのことだった。この報を受け、同日の『毎日新聞』夕刊は「九人とも無事帰る」というタイトルで「残りの四人も全員雪上車で救い出された」と報道。地元紙の『東奥日報』夕刊にも遭難者の家族らの喜びの声と、「リーダーの言うことをよく守り、全員結束したのが奇跡の生還をもたらしたものだった」という記事が掲載された。

しかし、残念ながらそうはならなかった。自力下山した二重遭難者の情報をもとに現場へ駆けつけた敬三らが雪のなかで見たものは、すでに冷たくなっていた酸ヶ湯常務の息子ともうひとりの遺体であった。残る八甲田リーダーグループの二人はそばに見当たらず、吹雪と時間切れのためやむなくこの日は下山。硫黄《いおう》岳と石倉《いしくら》岳との鞍部《あんぶ》東側のトドマツの樹氷帯で二人の遺体が発見されたのは、二日後の六日午後二時過ぎのことであった。

遭難者の捜索に年端の行かぬ小中学生を加えるのは、常識的に考えられないことであり、たとえなにごともなかったとしても、そのことは非難されて然《しか》るべきだが、「全員無事」のはずが一転して「四人死亡」という最悪の事態を招いたことで、隊を組織した高校教諭は当然のことながら厳しい批判を浴びることになった。これに対して当人は、「せがまれたので同行させた」というようなことを語っている。

東京の人たちの案内かたがた捜索もしようという軽い気持ちで、井戸鞍部沢から仙人平ヒュッテのコースをたどった。少年たちは八甲田コースを早く覚えたいからと出発前にせがむので同行した。
(『毎日新聞』一九五七年一月五日付朝刊より)

この件では捜索隊を指揮する立場にあった敬三も批判にさらされたようだが、当時はあえて言い訳をしなかった。初めて真相を明らかにしたのは、事故から一〇年以上が経過して刊行された前出の自著のなかでのことであった。

岩谷君〔高校教諭――引用者注〕は捜索隊が勝つか、我々が勝つかと放言していたという。この競争意識を生じさせたことは、彼を捜索班長にしなかったことへの反感によるもの。急場とはいえ、反感を持たせたのは不覚であった。寄り集りのグループの欠陥か、あるいは彼の性格に根ざしたものか、いずれにしても一代の不覚、失敗、強く胸にくる。(『大滑降への50年』より)

なお、そもそものことの発端となった二一歳の行方不明者は、のちに偽名で酸ヶ湯に宿泊していたことが判明し、自殺目的で入山したと考えられていた。二重遭難後も捜索は続けられたがなかなか発見できず、タケノコ採りの人が腐乱死体を見つけたときは、季節はすでに春になっていた。

〃八甲田スタイル〃の落とし穴

遭難はこれまでかぞえるほどしか起こっていない。滑降中、立木に衝突して死んだスキーヤーなどをいれても、せいぜい十数人であろう。

一九七〇(昭和四五)年刊行の『大滑降への50年』に、敬三はこう書いた。その後の一九九〇(平成二)年三月九日、前嶽《まえだけ》の北側斜面で表層雪崩が発生し、スキーヤー一人が死亡するという事故が起きた。余談だが、この事故を報道する三月一〇日付『東奥日報』には、先の二重遭難のときの生還者のひとりである大原公一郎(この時点での酸ヶ湯社長)の「四十年ほど前からお客の希望でスキーを楽しんでもらっ

表層雪崩が起きた現場を望む。画面中央よりやや右寄りの山の斜面に破断面が見える。そこから雪崩が発生した（2007〈平成19〉年2月15日、藤巻氏撮影）

ているが、雪崩の事故は初めて。信じられない」というコメントが掲載されている。そしてもう一件の大きな事故が、前回の冒頭に書いた二〇〇七（平成一九）年二月一四日の雪崩事故である。

もちろんこれらのほかにも、報道されない小さな事故は何件も起きているはずだ。しかし、死者が出るような大きな事故は、シーズンを通して大勢の山スキーヤーが入山していることを考えると、たしかに少ない。それは、八甲田の山容や自然状態もさることながら、八甲田を知り尽くしたガイドによるところが大きいと思う。

現在、八甲田山にはいくつかのガイド組織があるが、そのルーツはほぼ酸ヶ湯に集約されるといっていい。敬三が率いた八甲田リーダーグループを先駆として、八甲田ロープウェーの開業当時から活躍していたガイドが独立し、その弟子や孫弟子にあたるガイドが育って現在に至っている。彼らは自分たちのホームゲレンデである八甲田山を隅から隅まで知り尽くしており、たとえ吹雪のなかでも狂いなく方向を定められるという。シーズンを通して多くのツアーを開催しながら事故がほとんど起きていないのは、彼らの優れたガイディング能力の証明でもあろう。

だが、二〇〇七年の雪崩事故の取材を進める過程で、ある種の違和感を感じたのもまた事実である。その違和感とは「こと冬の八甲田に関しては、自分たちの右に出る者はいない」という強烈な自負が、逆に慢心や油断を生じさせているのではないかというものだ。

たとえば八甲田では、数十人もしくは一〇〇人以上の大所帯でツアーを組むことが当たり前のように行なわれている。酸ヶ湯がまだ通年営業していなかった時代でさえ、年末年始には一〇〇人近いスキー客がいたと敬三は書いている。また、雪崩事故取材時に話をうかがったあるベテランガイドは、「いちばん多かったときは三六〇人をガイドした。あのときは素晴らしかった。毛無岱《けなしたい》から赤倉《あかくら》岳のてっぺんまで、スキー客の列が途切れずに続いていたから。われわれがいちばん華やかだったころだね」と言っていた。その華やかな時代は、八甲田ロープウェーが開業したころから一九七二(昭和四七)年ごろまで続いたそうだ。

一度に大人数を引率するというのは、敬三の時代から行なわれてきた八甲田のガイドスタイルである。しかし、雪山でのリスクマネジメントからすると、これは決して好ましいことではない。積雪にかかる負荷やガイドレシオ(ガイド一人あたりに対する顧客の適正人数)、行動の迅速性などの点で、人数が多ければ多いほど雪崩のリスクは高まっていくからだ。もちろん、全員がいっしょに行動するのではなく、班分けしてコースを変えるなどの対策もとっているが、それでも不充分なときもある。話を聞いた酸ヶ湯のガイドも、多すぎる人数については「たしかに問題は問題だ」とはっきり認めていた。

また、この事故のときは山スキーの必携装備とされる雪崩ビーコン等の所持が徹底されておらず、雪崩に対する危機管理意識が低いようにも感じた。雪崩のリスクが低いエリアとはいえ、過去には死亡事故も起きているのだから、ツアーを主催する側は雪崩ビーコン等の携行を義務づけるべきであった（事故後、酸ヶ湯はレンタル用の雪崩ビーコンを五〇台購入したという）。

山岳雑誌に掲載したこの事故の検証記事に、私は「ほかのエリアではスタンダードとなっているこうしたリスクマネジメントの欠如が、今回の事故につながっているのではないか」というようなことを書いた。では、なぜ八甲田ではそのようなガイドスタイルがとられるようになったのか疑問に思い、自分なりに調べた結果が前回と今回の記事である。もっと丹念に取材・調査をすれば、違った見方ができるのかもしれないし、知られざるエピソードのひとつやふたつも紹介できたのだろうが、それはまた別の機会があればそちらに譲りたい。

その後は現地を一度も訪れていないので、現在の酸ヶ湯のスキーツアーがどう変わったのかはわからない。ただ、鹿内辰五郎が、そして三浦敬三・雄一郎親子が愛した八甲田の自然は、おそらく今も昔もそれほど変わっていないはずだ。

その稀有の自然を舞台にしたスキーツアーが、今後も事故なく続いていくことだけは願っていたい。

参考文献
鹿内辰五郎〔一九三〇〕『八甲田山酸ケ湯・猿倉・蔦温泉案内』（私家版）

岩淵功〔一九九九〕『八甲田の変遷――史料で探る山と人の歴史』出版実行委員会
小沼幹止〔一九七一〕『八甲田物語』放送ジャーナル
三浦敬三〔一九七〇〕『大滑降への50年』実業之日本社
三浦敬三〔二〇〇三〕『百歳、山スキーと山岳写真に生きる』草思社

世界征服とリアリティ

【今回取り上げる本】岡田斗司夫『「世界征服」は可能か？』（筑摩書房、二〇〇七年）

世界征服といえば、アニメや漫画の設定としてよく用いられます。本書でも取りあげられていますが、かつて『ドラゴンボール』という漫画が大流行しました。そこに出てくるピッコロ大魔王は、戦争・暴力・強盗・殺人、なんでもありの悪と恐怖に満ちた世界を推奨しました。さらに彼は一年に一回くじを引いて、そこの地区を消し去ることを発表します。この漫画では世界は四三地区なので、四三年間で人類は滅亡します。

しかし、人類を滅亡させた後、ピッコロ大魔王はどうするつもりだったのでしょうか？　彼は口

から卵を産んで魔族を増やすことができますが、自分が産んだ魔族が死ぬと苦しみます。つまり、魔族同士の戦争や殺し合いは彼の望むところでは

ありません。ということは、人類がいなくなっては、彼が推奨した悪と恐怖に満ちた世界はつくれないということになります。「征服」後の世界は、魔族同士が平和に楽しく暮らす、なんとも大魔王らしからぬ世界になりそうです。

本書は、こうしたアニメや漫画、特撮の事例を取りあげながら現実に世界征服をしてみたらどうなるかを具体的にシミュレーションしています。「世界征服の目的」「あなたはどんな支配者か?」「世界征服の手順」と続き、最終章では題名通り「世界征服は可能か?」という問いについて、自由経済とネット社会という現代社会をふまえながら答えを導いています。

苦労が尽きない世界征服

さて、世界征服が可能かどうかはさておき、私がこの本で興味を引かれたのは世界征服の手順がリアリティをもって考えられている点です。例えば、世界征服をするためには信頼できる仲間が必要です。仲間を集める方法としては、まず明確な目的(理念)をもって説得することがあげられます。しかし、「人類を絶滅させよう」という目的だと説得は難しそうです。次にお金で仲間に引き入れるという方法がありますが、破格の報酬が求められる上に、そうやって集まった人たちはそもそも信頼できません。

資金調達も必要です。安易な方法としては銀行強盗があげられますが、これを確実に成功させるためには、金庫の設計図や警備員のシフトの確認、逃走車両の手配など準備だけで相当のお金と時間がかかってしまいます。万が一失敗でもしたら警察ににらまれてしまい、さらに仕事がやりにくくなります。銀行強盗はどうもリスクが高すぎます。やはり目的に賛同してくれるパトロンをみつけるか、真面目にお金を貯めるしかなさそうです。一方で、お金が儲かり過ぎて世界征服の野望を見失うといったことがないよう注意も必要です。

　また、せっかく引き入れた仲間をつなぎとめるのも容易ではありません。「失敗したら死をもって償え！」というのはよくある話ですが、そうすると脱走者が続出するでしょう。「裏切り者には死を！」と追手を差し向けるのも危険です。返り討ちにあったら大切な人材がさらに減ってしまいます。組織の外では残酷な悪であっても、組織の内側では人情味豊かでモラルが保たれた環境づくりに努めなければいけません。

　こうした苦労の末、世界征服が達成された後はどんなすばらしいことが待っているのでしょうか。都心の真ん中に超高層ビルや自分の銅像を建てるのもよいでしょう。しかし、支配した国同士がケンカしたときは仲裁しなくてはなりません。ほっといて戦争が起これば、人口は減るし、工場は破壊され、商品の流通も止まってしまいます。力でおさえこもうとすれば、「不当な支配だ」と反発されるでしょう。「支配者」は誰よりも公平であり中立であることが要求されます。どうも世界征服を達成した後も苦労は尽きないようです。

　このように世界征服をリアルに考えると、「労多くして益少なし」、ときに矛盾すら感じてしまいます。アニメや漫画では、基本的に世界征服を目指す「支配者」は主人公に敗れてしまうので、征服後のことまで想像する必要はありません。素直な視聴者や読者も、主人公がどうしようもない悪者を、いかにかっこよくやっつけるのかに注目するでしょう。

　その結果、悪者が主人公と戦うために腐心する苦労、「支配者」になってからの苦労には気づかないのです。本書は、世界征服をリアルに考えることでその苦労にまで行き着いています。

歴史学と「机上の空論」

　ここまでの話は、あるいはアニメや漫画に対する揚げ足取りのように聞こえるかもしれません。しかし、「支配者」は現代でもいますし、悪者かどうかはともかく「世界征服」を目指す人もいるでしょう。少なくとも歴史上には存在します。

そうすると「世界征服」や「支配者」のリアルを描いた本書の分析は、現代社会あるいは歴史についてリアリティをもって考える重要性も教えてくれているように思えます。とくに私が専門とする歴史学という分野では、そのリアリティが欠けているため、「机上の空論」に陥ってしまうことがしばしばあります。かく言う私も、その一人です。

ここで「世界征服」を「天下統一」と言い換えてみましょう。すると、大河ドラマでもよく取りあげられ、歴史ファンも多い戦国時代が思い浮かびます。鎧兜《よろいかぶと》を身にまとった武将たちが、何万という軍勢を率いながら生死をかけてぶつかり合う壮大なドラマです。織田信長は、三千挺《ちょう》の鉄砲隊を三段に分けて、千挺ずつ交代で一斉射撃を繰り返すことで武田勝頼軍を破り、軍事的天才と評されました。しかし、もうこの時点で私たちは「机上の空論」に陥っているようです。

鉄砲の伝来から長篠の戦いまで三〇年以上。その間、軍事的天才・信長が登場するまで交代射撃という方法に誰も気づかなかったのでしょうか。また、織田軍の戦線は二キロメートル余あるそうです。そこに鉄砲隊を並べて、誰が・どの位置から・どのような方法で一斉射撃の合図を送り続けられるのでしょうか。しかもその二キロに敵が並んでくれていないと一斉射撃は無駄打ちになってしまいます。そもそも射撃の操作には、火薬を銃口に入れて突き固めるなどの作業を要します。手際のよい人もいれば、もたつく人もいるでしょう。このようにリアリティをもって考えると、千挺ずつの一斉射撃はあまりに現実離れしていると言わざるを得ません。

こうした「常識的判断」に加え、史料的にもこれまでの通説はあり得ないことを指摘したのが、日本軍事史を専攻する藤本正行さんです。『長篠の戦い　信長の勝因・勝頼の敗因』（洋泉社、二〇一〇年）など、興味深いご著書を多数書かれています。しかし、藤本さんが長篠の戦いの虚構を論じたのは三十数年前ですが、メジャーな説になりつつあるのは近頃になってからだそうです。私も藤本さんのご著書を読むまで気づきませんでした。小説やテレビの影響もありますが、私たちのリアリティがいかに欠如しているかが反省されます。

しかし、それだけではありません。歴史学研究の中では、史料読解に慣れてきたり、その時代の知識が増えれば増えるほど、史料を一読しただけでその内容をわかった気になってしまうことがしばしばあります。それを克服し、リアリティをもって史料と向き合うには、本書が現実に世界征服をしてみたらどうなるかを考えたように、史料に描かれた場面をできるだけ具体的にシミュレートすることが求められるでしょう。

リアルな分析視角

征服の過程も、征服後も苦労が絶えない「世界征服」。本書を読んでいると、「なぜ世界征服をしたいのか？」という根本的な疑問に行き着きます。アニメや漫画では主人公の活躍ありきで設定されるのかもしれませんが、現実の世界では明確な目的があるはずです。しかし、既存の「世界」や「敵」との「戦い」に注目が集まるあまり、我々はこうした点を見落としているのではないでしょうか。

本書は、懐かしいアニメや漫画も取りあげ、ユーモアを交えながら軽快な文章でつづられていますが、そのなかに我々が意外にも気づかない分析視角のヒントがちりばめられているように思えます。現実に引きつけつつ、ぜひご一読ください。

竹原万雄

東文犬 とーぶんけん研究所

Report 02 日本の映画祭

今号も登場！東文犬です！
ここでは、特集に合わせた
調査の成果をご報告します。

開催回数別

50回以上	1
40~49回	0
30~39回	4
20~29回	25
10~19回	44
1~9回	63
未詳	1

設立年別

1960年代	1
1970年代	2
1980年代	15
1990年代	35
2000年代	71
2010年代	14

まずは左上の二つの表をご覧ください。全国の映画祭について、開催回数別、設立年別に集計したものです。

五〇回、半世紀以上続いているものがある一方で、一〇回未満の若い映画祭の多さが目立ちます。一九六〇年代、七〇年代、八〇年代…と時代が降るごとに、ぎゅうーんと設立ペースが加速化している様子です。

これらの表ができるまでには結構手間がかかっているんですよ！まったく所長ときたら…。次は、

ズドォ〜ン！

と日本地図と一覧表をご覧ください。イチバンの大本が、その一覧表です（でもちょっとその前に歴史へ寄り道）。

日本の映画祭の歴史

History of Film Festival in Japan

作成／東文 犬次郎

1950年代—生まれ始めた映画祭

1954 東南アジア映画祭／日本初の国際映画祭

教育映画祭／政府主導（文部省主催）

1959 科学技術映画祭開始（現・科学技術映像祭）／日本科学技術振興財団主催

1963 日本産業映画コンクール

この時期の映画祭は、業界関係者が業界活性化を狙って企画し参加するイベントという傾向があったようです。そこで…ハヤシマ監督による「Festival of the 業界 ,by the 業界 ,for the 業界」という名文句が生まれた！…ワケではありません。

1970年代—2つの先駆的映画祭が誕生

1970 大阪国際映画祭／本格的映画祭

1976 湯布院映画祭

1977 ぴあフィルム・フェスティバル

湯布院、ぴあは、ともに現在も続いていますね。
先駆者は強し。

1980年代—多くの映画祭が誕生

1985 東京国際映画祭／

広島アニメーションフェスティバル

イメージフォーラム・フェスティバル

1989 山形国際ドキュメンタリー映画祭

YIDFF もここで誕生。要チェック！

1990年代以降—多様化する映画祭

学生映画祭、広域での巡回映画祭、デジタル映画祭の出現

デジタルですか。はい、時代ですよ、ジダイ。ちょっとさびしい気もしますがね。今じゃ、スマートフォンなんかでも、結構立派な動画が撮れてしまいますから。けれどもまあ、「デジタルはなお及ばざるがごとし」といいますからね。いつの時代も大切なのは制作者の心意気。テクノロジーの進歩に甘んじていてはいけませんよね、監督。

注）参考文献①をもとに作成。

北海道	7
青森	2
岩手	2
宮城	2
秋田	1
山形	2
福島	2
茨城	2
栃木	1
群馬	3
埼玉	2
千葉	2
東京	28
神奈川	6
新潟	2
富山	1

すかがわ国際短編映画祭をのちほどピックアーップ!
2011年以降の開催歴（予定も含む）があるものに限定しました。合計で138個。ずいぶんあります。それでも、結構漏れているんじゃないかと…。
やはりというかなんというか、東京がダントツですね。
山形で2つ。東北6県で11個。では、奥羽越列藩同盟では…。おのれ、まだ東京には及ばぬか。数ありゃいいってもんじゃないです！

都道府県を映画祭の数ごとに塗り分け！

といってもほとんど同じ色に
なっちゃったよ〜

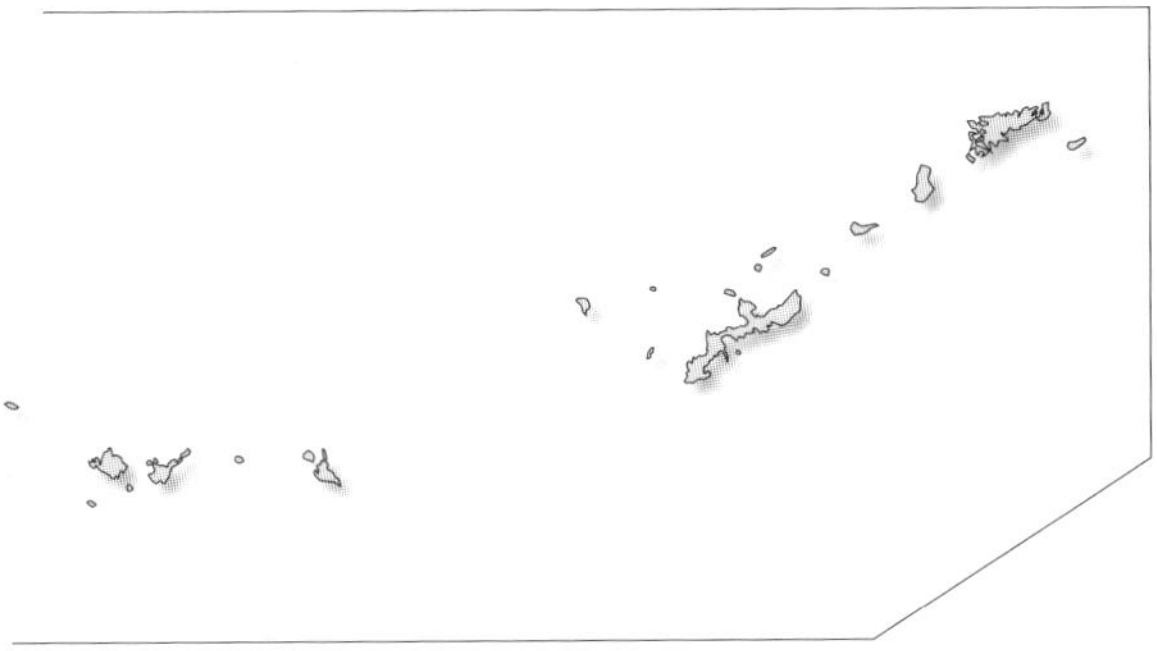

広島	4
山口	3
徳島	1
香川	2
愛媛	1
高知	1
福岡	2
佐賀	1
長崎	1
熊本	2
大分	3
宮崎	1
鹿児島	2
沖縄	1

複数都道府県	8

石川	1
福井	1
山梨	2
長野	5
岐阜	3
静岡	1
愛知	6
三重	1
滋賀	1
京都	3
大阪	3
兵庫	5
奈良	2
和歌山	1
鳥取	4
島根	1
岡山	1

児玉さん（参考文献②）によると、
世界で開催されている映画祭の数は
600とも700ともいわれているが、
正確な数は定かではないとのこと。

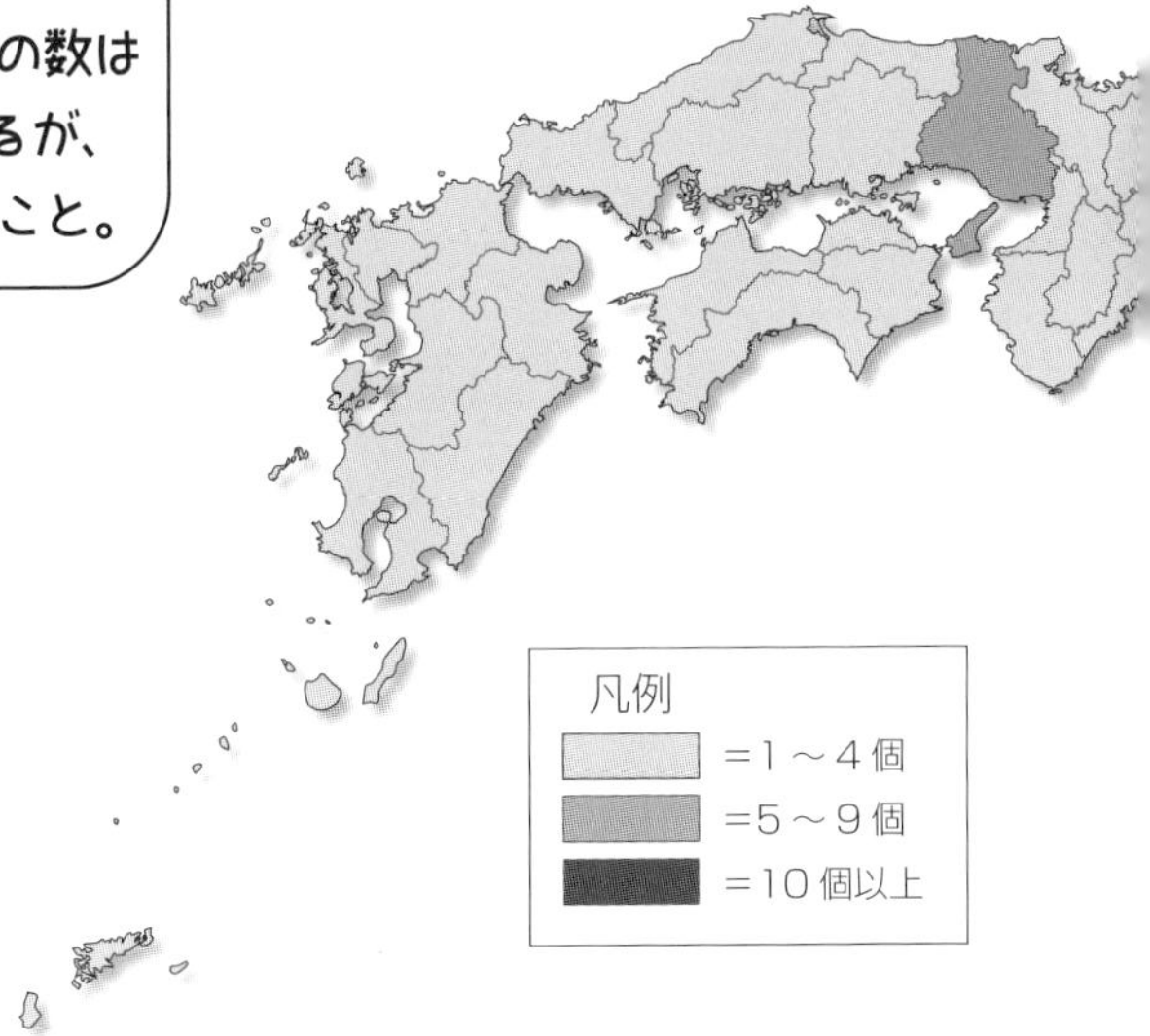

全国映画祭一覧表

作成／東文 犬次郎

都道府県番号	名称	場所	最新開催（予定含）年月日※	初回開催年	頻度	回数
1	オホーツク網走フィルムフェスティバル	北海道網走市	2012.12.1-2	2008	毎年	5
	札幌国際短編映画祭	北海道札幌市	2013.9.11-16	2006	毎年	8
	Shintoku空想の森映画祭	北海道新得町	2013.9.14-16	1996	毎年	18
	函館港イルミナシオン映画祭	北海道函館市	2013.12.6-8	1996	毎年	19
	星の降る里芦別映画学校	北海道芦別市	2012.11.17-18	1993	毎年	20
	北海道ユニバーサル上映映画祭	北海道北斗市	2013.9.22-23	2006	毎年	8
	ゆうばり国際ファンタスティック映画祭	北海道夕張市	2014.2.27-3.31	1990	毎年	24
2	青森インターナショナルLGBTフィルムフェスティバル	青森県青森市	2013.7.20	2006	毎年	8
	@ff あおもり映画祭	青森県	2011.6.11.-7.16	1992	毎年（休養中）	20
3	はなまき映像祭	岩手県花巻市	2013.6.8-9	2005	毎年	13
	もりおか映画祭	岩手県盛岡市	2012.10.19-21	2007	毎年	6
4	アース・ビジョン　地球環境映像祭 20+1	宮城県登米市	2013.3.22-24	1992	毎年	21
	ショートピース！～仙台短篇映画祭～	宮城県仙台市	2013.9.21-23	2001	毎年	13
5	あきた十文字映画祭	秋田県十文字町	2013.2.9-11	1992	毎年	22
6	山形国際ドキュメンタリー映画祭2013	山形県山形市	2013.10.10-17	1989	隔年	13
	山形国際ムービーフェスティバル	山形県山形市	2013.11.8-10	2005	毎年	9
7	すかがわ国際短編映画祭	福島県須賀川市	2013.5.10-12	1989	毎年	25
	福島子どものみらい映画祭	福島県会津若松市	2012.10.27	2009	毎年	4
8	水戸映画祭	茨城県水戸市	2013.2.16-17	1986	毎年	27
	水戸短編映像祭／PJ映像祭	茨城県水戸市	2013.9.21-23	1996	毎年	17
9	栃木・蔵の街かど映画祭	栃木県栃木市	2013.5.18-19	2007	毎年	6
10	伊参スタジオ映画祭	群馬県中之条町	2013.11.23-24	2001	毎年	13
	群馬アジア映画祭	群馬県藤岡市	2013.8.4	1995	毎年	19
	高崎映画祭	群馬県高崎市	2013.3.23-4.7	1987	毎年	27
11	SKIPシティ国際Dシネマ映画祭	埼玉県川口市	2013.7.12-21	2004	毎年	10
	花の街ふかや映画祭	埼玉県深谷市	2012.10.7-14	2004	毎年	9
12	うらやすドキュメンタリー映画祭	千葉県浦安市	2013.2.9-11	2011	毎年	2
	東葛国際映画祭	千葉県東葛地区	2012.9.30	2005	毎年	8
13	あきる野映画祭	東京都あきる野市	2013.7.25-28	1985	毎年	29
	アジアンクィア映画祭	東京都港区	2013.5.24-26、31-6.2	2007	隔年	4
	アムネスティ・フィルム・フェスティバル	東京都	2013.1.26-27	2007	隔年	4
	インディーズアニメフェスタ	東京都三鷹市	2013.3.3	2003	毎年	11
	映画美学校映画祭	東京都	2012.12.23-24	2002	毎年	11
	NHKアジア・フィルム・フェスティバル	東京都渋谷区	2011.10.15-19	1995	毎年	12（終了）
	恵比寿映像祭	東京都目黒区	2013.2.8-24	2009	毎年	5
	吉祥寺アニメーション映画祭	東京都武蔵野市	2012.10.8	2005	毎年	8

13	キンダー・フィルム・フェスティバル	東京都千代田区	2013.8.7-11	1992	毎年	21
	国際有機農業映画祭	東京都	2013.11.24	2007	毎年	7
	さらば戦争！映画祭	東京都	2012.1.28	2005	毎年	7
	シネマアフリカ	東京都	2013.5.17-23	2007	未詳	未詳
	したまちコメディ映画祭in台東	東京都台東区	2013.9.13-16	2008	毎年	6
	ショートショート フィルムフェスティバル&アジア	東京都	2013.5.23-6.16	1999	毎年	15
	TAMA CINEMA FORUM	東京都多摩市	2013.11.23-12.1	1991	毎年	23
	東京学生映画祭	東京都	2013.5.24-26	1991	毎年	25
	東京国際映画祭	東京都	2013.10.17-25	1985	毎年	26
	東京国際女性映画祭	東京都	2012.10.21	1985	毎年	25
	東京国際レズビアン＆ゲイ映画祭	東京都	2013.7.5-6、12 - 15	1992	毎年	22
	Tokyo Downtown Cool Media Festival	東京都墨田区	2012.2.17-19	2010	隔年？	2
	東京フィルメックス	東京都	2013.11.23-12.1	2000	毎年	14
	東京平和映画祭	東京都渋谷区	2013.9.21-23	2004	毎年	10
	トーキョーノーザンライツフェスティバル	東京都	2013.2.9-15	2013		1
	TOHOシネマズ学生映画祭	東京都港区	2013.3.17	2007	毎年	7
	西東京市民映画祭	東京都西東京市	2013.11.17	2000	毎年	14
	日中友好映画祭	東京都	2013.6.15-23	2006	毎年	7
	フランス映画祭	東京都	2013.6.21-24	1993	毎年	21
	町田CON-CAN ショートフィルムフェスティバル	東京都町田市	2012.10.24-28	2012		1
14	大倉山ドキュメンタリー映画祭	神奈川県横浜市	2013.3.23-24	2008	毎年	6
	小田原映画祭シネマトピア	神奈川県小田原市	2013.秋	2005	毎年	7
	KAWASAKIしんゆり映画祭	神奈川県川崎市	2013.	1995	毎年	19
	逗子海岸映画祭	神奈川県逗子市	2013.4.27-5.6	2010	毎年	4
	逗子フィルム・フェスティバル	神奈川県逗子市	2013.12	2005	毎年	9
	ヨコハマ映画祭	神奈川県横浜市	2013.2.3	1980	毎年	34
15	ながおか映画祭	新潟県長岡市	2012.9.17-23	1996	毎年	17
	にいがた国際映画祭	新潟県新潟市	2013.6.8-16	1991	毎年	23
16	世界自然・野生生物映像祭	富山県	2013.8.8-11	1993	毎年	11
17	カナザワ映画祭	石川県金沢市	2013.9.13-20	2007	毎年	7
18	福井映画祭	福井県鯖江市	2013.11.30-12.1	2006	毎年	8
19	富士山・河口湖映画祭	山梨県南都留郡 富士河口湖町	2013.2.23-24	2008	毎年	6
	やまなし映画祭	山梨県甲府市	2013.2.9-10	2005	毎年	8
20	うえだ城下町映画祭	長野県上田市	2012.11.10-11	1997	毎年	16
	小津安二郎記念蓼科高原映画祭	長野県茅野市	2013.9.27-29	1998	毎年	16
20	北信濃小布施映画祭	長野県小布施町	2012.11.17-18	2003	毎年	10
	星空の映画祭（スターダスト・シアター星空の映画祭in原村）	長野県諏訪郡原村	2013.8.4-25	1983	毎年	28
	みゆき野映画祭 in 斑尾	長野県飯山市	2013.2.23	2009	毎年	5
21	アーラ映画祭	岐阜県可児市	2013.6と10と12	2006	毎年	7
	中津川映画祭	岐阜県中津川市	2013.6.1	2002	毎年	11
	飛騨高山映像祭 YouthAward	岐阜県高山市	2013.3.8	1988	毎年	24

22	はままつ映画祭	静岡県浜松市	2012.11.17-25	2002	毎年	11
23	あいち国際女性映画祭	愛知県	2013.8.31-9.8	1996	毎年	18
	円頓寺映画祭	愛知県名古屋市	2011.11.12-13	2009	毎年	3
	小坂本町一丁目映画祭	愛知県豊田市	2013.2.10	2002	毎年	11
	とよはしまちなかスロータウン映画祭	愛知県豊橋市	2013.11.2-24	2002	毎年	12
	なごや国際オーガニック映画祭	愛知県名古屋市	2014.2.23	2012	隔年	2
	名古屋シネマ・フェスティバル	愛知県名古屋市	2011.7.9-15	2006	毎年	6
24	三重映画フェスティバル	三重県四日市市	2013.	2003	毎年	11
25	びわこアメニティーバリアフリー映画祭	滋賀県大津市	2013.2.8-10	2005	毎年	9
26	京都映画祭	京都府京都市	2012.10.2-8	1997	隔年	8
	京都国際学生映画祭	京都府京都市	2013.11中旬-下旬	1997	毎年	16
	キンダーフィルムフェスト・きょうと／京都国際子ども映画祭	京都府京都市	2013.8.9-11	1994	毎年	19
27	阿倍野ヒューマンドキュメンタリー映画祭	大阪府阿倍野区	2013.8.30-9.1	2003	毎年	11
	大阪アジアン映画祭（シネアスト・オーガニゼーション大阪エキシビジョン、アジアン・ミーティング大阪、おおさかシネマフェスティバルを含む）	大阪府大阪市	2014.3.7-16	2005	毎年	9
	大阪ヨーロッパ映画祭	大阪府大阪市	2012.11.22-26	1994	毎年	19
28	アジア国際子ども映画祭	兵庫県 南あわじ市	2013.11.30	2007	毎年	7
	神戸ドキュメンタリー映画祭	兵庫県神戸市	2012.10.19-21、26-28	2009	毎年	4
	神戸100年映画祭	兵庫県神戸市	2012.11.2-3、9-11	1996	毎年	17
	新開地映画祭	兵庫県神戸市	2013.10.25-27	2003	毎年	10
	宝塚映画祭	兵庫県宝塚市	2013.11	2000	毎年	14
29	なら国際映画祭	奈良県奈良市	2014.9.12-15	2010	隔年	3
	奈良名作映画祭	奈良県奈良市・橿原市	2012.11.24-25	2004	毎年	9
30	田辺・弁慶映画祭	和歌山県田辺市	2013.11.8-10	2007	毎年	7
31	イイトコトットリ映画祭（鳥取動画コンテスト）	鳥取県鳥取市	2013.2.24	2013		1
	JCF学生映画祭	鳥取県米子市	2013.10.14	1999	毎年	12
	米子映画事変	鳥取県米子市	2013.9.28-29、10.5-6	2011	毎年	3
	よなご映像フェスティバル	鳥取県米子市	2013.10月中旬	2008	毎年	6
32	しまね映画祭	島根県	2012.9.8-11.25	1992	毎年	21
33	岡山映画祭	岡山県岡山市	2012.11.17-18、23-25	1995	隔年	8
34	ひろしま映像展	広島県広島市	2014	1994	毎年	20
	広島国際アニメーションフェスティバル	広島県広島市	2014.8	1985	隔年	15
	ヒロシマ平和映画祭	広島県広島市	2011.11.29-12.11	2005	隔年	4
	みはら映画祭	広島県三原市	2012.12.1-2	2001	毎年	12
35	海峡映画祭	山口県下関市	2013.5.31-6.2	2011	毎年	3
	しものせき国際映画祭	山口県下関市	2012.11.9-11	2000	毎年	11
	周南映画祭～絆～	山口県周南市	2013.11	2009	毎年	5
36	国際アニメ映画祭	徳島県徳島市	2013.10.12-14	2011	毎年	3

37	香川レインボー映画祭	香川県高松市	2013.10.27	2005	毎年	9
	さぬき映画祭	香川県高松市	2013.2.3-17	2006	毎年	7
38	松山映画祭	愛媛県松山市	2012.11.17-12.9	2001	毎年	12
39	シネマの食堂	高知県	2013.10.9-11.30	2008	毎年	5
40	アジアフォーカス・福岡国際映画祭	福岡県福岡市	2012.9.13-23	1991	毎年	23
	福岡アジア映画祭	福岡県福岡市	2013.7.5-14	1987	毎年	27
41	古湯映画祭	佐賀県富士町	2013.9.21-23	1984	毎年	30
42	浜んまち映画祭	長崎県長崎市	2013.9.7-20	2004	毎年	10
43	菊池国際交流映画祭	熊本県菊池市	2012.10.27-28	2004	毎年	9
	千年映画祭	熊本県熊本市	2013.12.13-14	2010	毎年	5
44	湯布院映画祭	大分県由布市	2013.8.21-25	1976	毎年	38
	ゆふいんこども映画祭	大分県由布市	2013.3.2	1989	毎年	24
	ゆふいん文化・記録映画祭	大分県由布市	2013.6.28-30	1998	毎年	16
45	宮崎映画祭	宮崎県宮崎市	2013.8.24-9.1	1995	毎年	19
46	いぶすき子ども映画祭(兼アジア国際子ども映画祭九州ブロック大会)	鹿児島県指宿市	2013.9.28	2011	毎年	3
	国際オーガニック映画祭inKagoshima	鹿児島県	2013.8.22-25	2008	毎年	6
47	沖縄国際映画祭	沖縄県	2014.3.23-30	2009	毎年	6
48	イタリア映画祭	東京、大阪	2013.4.27-29、5.3-6(東京)、5.11-12(大阪)	2001	毎年	13
	イメージフォーラムフェスティバル	全国各地(東京、神奈川・横浜、愛知・名古屋、京都、福岡)	2013.4.27-7.15(詳しくはHP参照)	1987	隔年	27
	映文連アワード	全国各地(北海道・札幌、東京、大阪、沖縄等)	2013.11.-2014.3	2007	毎年	7
	科学技術映像祭	全国各地(北海道・旭川、帯広、宮城・仙台、茨城・つくば、大洗、埼玉・所沢、東京、神奈川・横浜、名古屋、新潟、富山、大阪、広島、徳島・阿南、福岡、宮崎)	2013.4.15-9.23(詳しくはHP参照)	1960	毎年	54
	関西クィア映画祭	京都、大阪	2013.9.14-16(大阪)、10.4-6(京都)	2005	毎年	9
	韓日ハンマウム映画祭	全国各地	2012	2012		1
	ぴあフィルムフェスティバル:東京	全国各地(東京、名古屋、京都、兵庫・神戸、福岡)	2013.9.14-20、11.12-17(詳しくはHP参照)	1977	毎年	35
	ブラジル映画祭	全国各地(東京、静岡・浜松、京都、大阪)	2012.10.6-11.2	2005	毎年	8

※最新開催年月日は、2013年7月13日までに確認した情報にもとづく。

映画祭」とは

15分程度の短い映画には、監督の思いが凝縮しています。問題の答えまでが描かれるわけではなく、観客が各々で考えるものです。平和で楽天的な作品から、深刻な問題を提示している作品まで、多種多様なものを提供できる映画祭でありたい、そういう思いがあります。

震災の影響も

東日本大震災後は、子どもの観客数が減りました。これまで子ども向け作品上映会場としていた場所が、震災の影響で使えなくなってしまったことが、一番の原因でしょう。

小さな頃の記憶というのは後々まで残るものだから、その頃から文化に親しんでもらうために、という意図が開始当初からありました。そこで、子ども向け作品上映の会場や部門を設けたり、学校の先生や地域の回覧板などを通して中学生一人一人にまでチラシが行き渡るようにしたりしてきました。ただし、子ども向け作品といっても、内容は濃く、大人の鑑賞にも堪えるものです。震災後は一層内容が濃くなっている気がします。それもまた子ども客の減少に影響しているのかもしれません。

できるだけ多くの須賀川市民に映画を観に来てもらいたい。それが最も大きな願いのひとつです。最近では60代のお客さんが多く、また、リピーターも目立ちます。なかには25回すべてに来てくださっている方もいらっしゃいます。ここでしか見られない作品ばかりを上映しているのが魅力となっているのではないでしょうか。

第25回は、600万円（うち340万円は市からの補助）の予算で運営し、国内19本、海外13本、合計32本の作品を上映しました。来場者数は３日間で県内外から1600人。どうしたらさらに多くの方々に来ていただけるか、そのことを日々、考えています。

（取材／東文 犬之助）

ピックアップ

「すがかわ国際短編

人口約８万人の福島県須賀川市で1989年から毎年開催されている、すかがわ国際短編映画祭。2013年５月10～12日には、第25回が開催されました。なんとなくワタクシのハナが動きまして、実行委員会事務局の方からいろいろとお話をうかがいました。その内容をまとめてレポートします。

「短編」にこだわり

1989年にスタートしたこの映画祭。きっかけは金山富男《かねやまとみお》という、須賀川市出身のカメラマン・監督の情熱でした。世の中には、発表機会に恵まれないまま、埋もれてしまう作品も数多くある。それらの作品を多くの人々に観てもらえる場を、ぜひ自分の故郷で設けたい。当時の須賀川市長の厚い援助や、金山氏の情熱に触発された多くの人々の協力もあり、映画祭は実現されました。開始５年後には福島空港の開港を控えていたため、せっかくならばと「国際」に、また、短編映画祭は少ないという当時の状況から、「短編」にこだわりました。以来、25回目を数えるに至りました。現在の実行委員には60代などご高齢・古株の方々も多く、80代の方もいらっしゃいます。それゆえに、他にはないエネルギッシュな映画祭だといわれます。

“オールラウンドさ”が持ち味

上映作品は、国内外から、実行委員会が探すとともに、募集もしています。作品選定や開催に際しての明確なコンセプトやテーマはなく、ある種オールラウンドなものです。それが持ち味だともいえます。自国の深刻な状況、悪しき因習などを映した作品を、ぜひ須賀川から発信してほしい、自国では決して上映できないから。そういった声に応えてゆく、世界のさまざまな国で起こっている深刻な出来事を発信する「場」としての役割を、最近では特に感じています。

映画は「生きもの」です。上映は、その時々の作品の置かれた状況に多々、左右されます。上映に至るまでには、さまざまなハードルをクリアせねばならなかったり、決定していた作品の上映が頓挫してしまったりといったこともあります。しかし、そういった点はやりがいの内であり、苦労ではありません。

今回のレポートまとめ

東文犬のケン解

犬も歩けば映画祭に当たるが
映画祭で当てるのは
なかなか難し

全国にこれだけたくさんの映画祭があったとは。でも、いろいろと課題もあって、お祭り気分とばかりはいかないのが実情のようです。最後に、そのことを示す、ピリッと辛口なコメントを紹介しておきます。

昨今、日本の各地で開催されてきた映画祭が、次々と、中止に追い込まれている。

単独の主体…（中略）…からの「補助金」に過度に依存して運営されている映画祭は、その主体が経営危機に追い込まれれば、一緒に終幕を迎える運命にある…（中略）…映画祭の「持続性」ということを考えれば、如何にして依存体質から脱却し、「自律的」な運営体制を敷くことができるかという点が重要になってくる。

（参考文献②より）

親亀こけたらなんとやら、では悲しいですよね。ただ続ければよいというものでもないでしょうが、亀は万年、有意義に長生きしましょう。

二〇〇〇年以降、五〇を越える映画祭が誕生して、本当に地域の映画文化が豊かになっていると実感されているかというと必ずしもそうは言いきれないようにも思われる。

（参考文献①より）

フクザツな表現だけれど、要するに映画祭は地域活性化にあまり上手く結びついていないってこと？

そんなァ、赤崎サ～ン。

なにはともあれ、みなさん、ぜひ映画祭へ行ってみてくださいね！

〈参考文献〉

①赤崎陽子「映画祭とは何か―映画祭の歴史と現在」（コミュニティシネマ支援センター（編）『「映画祭」と「コミュニティシネマ」に関する基礎調査報告書』二〇〇八年）

②児玉徹「日本の映画祭の現状と課題に関する調査報告―東京国際映画祭と湯布院映画祭に係る事例を基軸に据えながら―」（『芸術工学研究』一〇、二〇〇九年）

〈全国映画祭一覧表〉作成参考資料

「全国映画祭カタログ」（参考文献①と同書に所収）

コミュニティシネマセンター http://jc3.jp/

日本映画祭ネットワーク http://www.filmfestivals.jp/

山形国際ドキュメンタリー映画祭 http://www.yidff.jp/home.htm

※右記文献およびホームページを主に、その他、個別映画祭のホームページなども適宜参照

フィールドノート01

沖縄西表島——森に刻まれたイノシシ猟の記憶

蛯原一平

イノシシ猟の現場

舟はゆっくりと港を出た。海面は静かで波一つなかった。

しかし、ひとたびコンクリート護岸の外へ出ると、波が徐々に出てきて船腹にバシャ、バシャとあたる。陸地が遠ざかるにつれ、船外機の音が大きくなり、舟はどんどん加速していく。

パーン、パーンと波に舟がぶつかるたび小気味良い振動が伝わってくる。空を見上げると厚い雲。沖縄の冬は、真っ青な空とはほど遠い、曇天《どんてん》の日が多い。日によっては強い北風〈ニシカジ〉が吹きつけることもある。今日もまた、いつ小雨が降り出してもおかしくないような天気だ。

舟で山の猟場へ行く。ここ沖縄・西表《いりおもて》島ではそんな猟師も少なくない。

天然記念物のイリオモテヤマネコが唯一生息していることで有名な西表島。沖縄県のなかでは沖縄島に次ぐ面積を有する（地図参照）。琉球列島の最西端、八重山《やえやま》諸島のなかでは最大の島である。山が深く、まるで屏風《びょうぶ》のように山肌がそそり立っているところもある。島の最高峰が標高四七〇メートルの古見《こみ》岳と、峰々はさほど高くない。しかし、島の中央部は起伏に乏しく、枝沢と小尾根が複雑に入り組んでいる。そんな山中でひとたび方向を見失うと、あっという間に道に迷ってしまう。

シイ（イタジイ）やカシ（オキナワウラジロガシ）といった常緑照葉樹を主とした林が島の大部分を占める山地を覆っている。集落は海岸沿いに広がる平地にのみ点在している。それらをつなぐ車道は島の半周分ほどしかない。残りの海岸部分には集落も、車道も存在しない。集落から離れた猟場へ行くには海、あるいは川幅の広い河川がメインロードとなる。

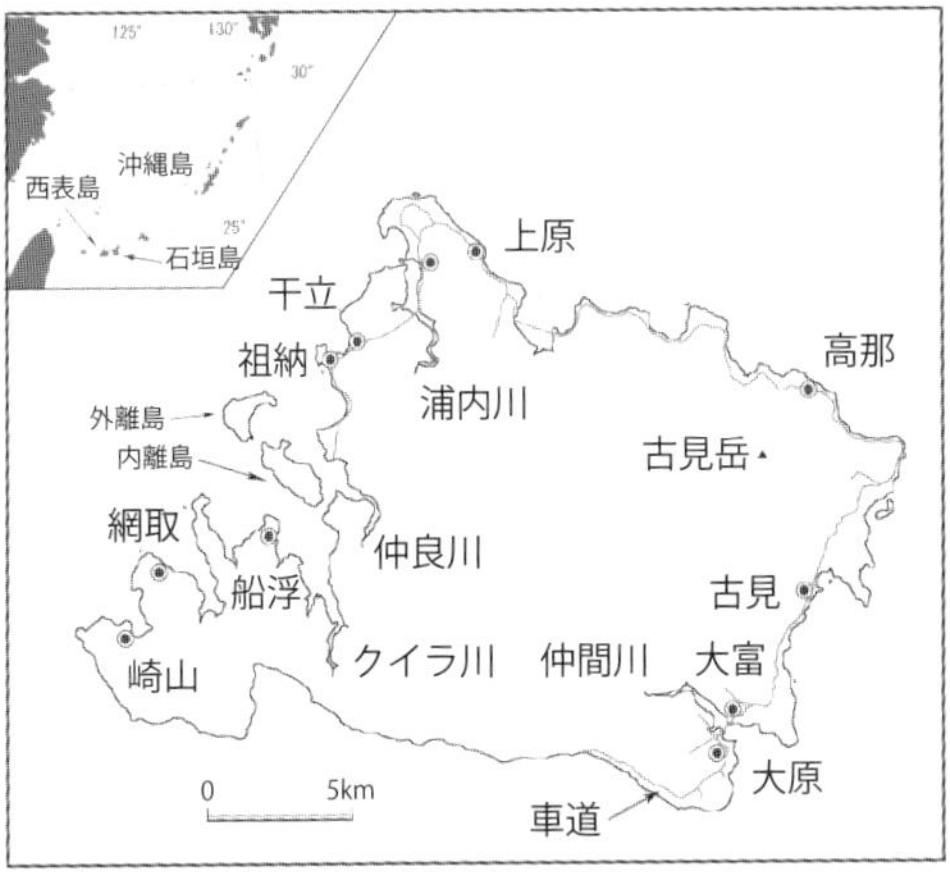

西表島の位置と主な地名

　沖縄というと海のイメージが強く、あまり山の様子は想像できないかも知れない。ましてそこで狩猟がおこなわれていることなどは。しかし、奄美《あまみ》諸島や沖縄島、石垣《いしがき》島、西表島といった豊かな森が広がる島には、イノシシ（リュウキュウイノシシ）が生息している。先史時代以降、島で暮らす人びとによって狩猟され、食資源として利用され続けてきた。

　約二〇〇〇人が暮らす西表島だけでも現在、一〇〇人近くの猟師がいて、冬期三ヵ月間の猟期内に五〇〇～一〇〇

猟場近くのマングローブ林　西表島には国内最大規模のマングローブ林が広がる

○頭ほどのイノシシが捕獲される。西表島（特に西部地域）の方言でイノシシは〈カマイ〉と呼ばれ、今なお大切な山の恵みとして島人たちは利用している。

何とも言えない曇り空のなか舟は湾の奥へ進み、やがてその湾へ注ぐ一つの河川へと入っていく。速度をほとんど落とすことなく河川の支流をのぼっていく。川幅が狭くなってきて、両岸のマングローブ林が迫ってくる。ここまでくると流れも穏やかで、舟の低いエンジン音だけがその静かな川面《かわも》に響いている。

突然、その静寂を切り裂くような甲高い鳥の声がする。前を見ると、羽を休めていたサギが一斉に飛び立った。静と動が交錯する瞬間。

「今日はカマイを見れるかも」。ふと、そんな気がした。

山がずっと好きだった。高校や大学では登山系の団体にも入り、休みのたびあちらこちらの山を登っていた。大学のあった関西の沢や藪山《やぶやま》にもよく行った。入下山の際、たくさんの山村を通った。ひっそりと山間に佇《たたず》む村々。その暮らしにも自然と興味を持つようになった。なかでも山でケモノを獲る狩猟という生き方に強く惹かれた。

小学校六年生の夏、父に連れて行ってもらい、西表島を初めて訪れた。どこまでも広がるサンゴとむせ返るほど濃い森の緑に圧倒された。その森林でイノシシ猟が現在も盛んにおこなわれていると知ったのは大学に入ってからだった。人類学系の研究室で卒業研究をさせてもらえることになり、迷わず課題を「西表島のイノシシ猟」とした。まずは、猟に一緒に行ってみたい。狩猟の現場を見てみたい。リクツよりも何よりもそれが最初にあった。

西表島ではイノシシを跳ね上げ式の脚括《あしくく》り罠で獲る猟師が多い（図参照）。猟期に捕獲されるイノシシの約八割は罠で獲られており、残りが鉄砲である。罠猟師は、森林の中で罠を掛けることのできる場所がそれぞれ決められている。そこでは他の猟師が勝手に自分の罠を掛けることはできない。罠での狩猟を新しく始めようとする猟師は、狩猟の先輩に尋ね、誰も罠を掛けていない場所で猟を始める。

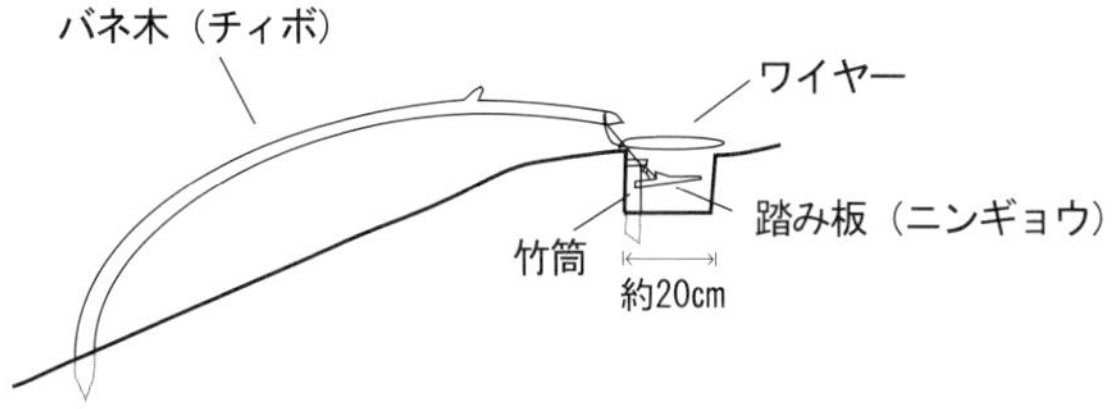

島で主に用いられている跳ね上げ式脚括り罠の構造

猟期が始まると猟師は仕事の合間を見ては、自分の猟場〈ヤマ〉へ行き、罠を掛ける。経験に照らし合わせイノシシの通り道を読み、仕掛けをセットしていく。できるだけ人間の痕跡《こんせき》を残さず、周囲の風景になじむよう細心の注意を払いながら。

罠掛けが終わると、それからはイノシシが罠に掛かるのを待つこととなる。あまり頻繁に罠を見廻ると、匂いや足跡など人間の痕跡を多く残し、警戒心の強いイノシシを自分の猟場から遠ざけてしまう。かといって見廻りの日をあまり長く置くこともできない。罠に掛かっているイノシシが死んでしまうことも起こりうる。他の仕事のスケジュールとの兼ね合いも考慮に入れながら罠を見廻る日を決める。

今日見廻るヤマでは前回の見廻りでイノシシは獲れなかった。

ここで猟をずっとやっている猟師、那良伊孫一《ならいまごいち》さんは西表島西部の集落に住み、稲作を営んでいる。小学生の頃から父に連れられ山へ行っていた。青年期、島に戻って来て以来ずっとイノシシ猟をやってきたベテラン猟師である。

舟をマングローブ林〈プシキヤン〉の片隅に停め、ロープを木にしばる。この時、潮汐《ちょうせき》の暦が頭の中に入っていないと困ったことになる。というのは、特に引き潮だと、山へ行っている間、水がどんどんと引いていく。しばるロープを長めにしていないと舟のあるところは干上がってしまい、最悪の場合、舟が出せなくなってしまうのである。海での漁だけでなく、山の猟でも、潮の流れや、汽水域での水位の変化を計算できる知恵が必要なのである。狩猟に限らず、島で生きていくために必要な知恵をまとめて西表島の人たちは〈ジンブン〉と呼んでいる。

舟から下り、マングローブのタコ状の根伝いにプシキヤンを歩く。今朝、雨が降っていたのか、葉についた滴《しずく》が体に伝わる。

歩き始めてしばらく行くと、一段上がった小高い丘の斜面に最初の罠が現れる。川近くに降りてくるイノシシを捕まえるためのものだ。ただし、そうはいっても罠全体が見えるわけではない。地面を生い茂るシダやコミノクロツグ〈マーニ〉、クマタケラン〈ヤマサニ〉などの広い葉に隠れ、その隙間のわずか数十センチメートル分しか見えない。この時決して罠のすぐそばまで近づいて確認するようなことはしない。人の痕跡を極力残さないようにしなければならないからである。

山の歩き方一つにしても細心の注意が払われる。孫一さんは急な斜面でもほとんど足を滑らせることはない。スッ、スッ、と音を立てず先を行く。

小さな沢を登っては小さな尾根を越え、また沢を登り、と、どんどんと山の上の方へ登っていく。登山道などもちろんない。テープや旗などの目印も全く付けられていない藪斜面をひたすら歩く。孫一さんの頭の中にはすべての罠の場所が入っていて、それらの間をなるべく最短の距離で行けるようルートを決めている。いちいち罠のすぐそばまで近づくのではなく、歩きながら遠く数十メートル先にある罠を目だけで確認していく。知らないと、森のなかをただ歩いているようにしか見えない。

突然足を止め、「あいっ」、と小声でつぶやく。「どうしたんですか?」というような顔で見ると、孫一さんは遠くの方を顎で指す。そっちを見るがよく分からない。孫一さんは何も言わず、その方向を目指し、斜面を登っていく。近づくと、罠がパチくっていることが分かった。〈パチくる〉とは、イノシシが罠に掛かっていないのに仕掛けが外れ、バネ木が跳ね上がっていることである。「踏みパンチ」などという人もいる。イノシシが実際に穴の中の踏み板を踏み外れさせたものもある。しかし、小鳥が地上のエサを探し罠を作動させてしまうことや、踏み板を留めるツメの引っかかりが甘くなり外れてしまう場合もある。

孫一さんは無言で、手際よく踏み板の上にかぶせていた葉や土を取り除き、仕掛け直す。そこに葉をかぶせ、土や落ち葉をのせてカムフラージュを施《ほどこ》した。

「また、小さいの（イノシシ）がいたずらしてる。そこに跡がある」。視線の先には、言われないと気づかないぐらい不明瞭で小さい足跡が落ち葉の隙間にあった。

孫一さんは静かにナタ（山刀）〈ヤンガラシ〉など、罠を直すのに使った道具をしまい、また歩き始めた。

パチクリで罠を直す以外、罠の見廻りで足を止めることはほとんどない。何時間もずっと登り下りを繰り返し、亜熱帯の森を歩き続ける。

西表島の他の猟師と同じく、孫一さんも獲ったイノシシは自分たちで食べる分以外、肉を欲しがる島内外の知り合いにも分け与える。肉を売って現金収入を得ている人も島にはいる。西表島のイノシシ猟は、レジャーといったもののように、単に猟師の個人的な楽しみと言い切れるものではない。島で暮らしていく糧《かて》を得る、島人の生業《なりわい》の一つなのである。多種多様な食べ物が島に入ってくる、そんな現代でさえイノシシを獲ることに必死である。山へ行けば何としてもイノシシを獲って帰ろうとする。決して

「遊び」じゃない。黙々と前を行く孫一さんの背中は強くそう伝えている。

幸いにも大学の先生方から孫一さんを紹介していただき、一年目は約三ヵ月間、ご自宅に住み込ませてもらった。孫一さんの住む西表島西部、祖納《そない》集落は琉球王府時代から続く歴史の古い集落である。孫一さんの家も、その頃の先祖をたどれる古い家系である。代々の米作り〈マイチクリ〉農家でもある。米を作り、魚を捕り、そして時期になると山でイノシシを獲る。そんな暮らしが幾世紀も続いてきた。ところが日本復帰（一九七二年）に伴い、カメムシ防除用農薬の一斉散布が半ば強制的におこなわれるようになった。「農薬を使いたくない。島古来の稲作を続けたい」。孫一さんは、西表安心米生産組合というグループを立ち上げ、現在に至るまで無農薬の米作りに励んできた。

滞在中、孫一さんが農作業に出かけるときは、その手伝いをさせてもらった。田んぼの畦《あぜ》の草刈りや畦草焼き。当時、孫一さんはアイガモに田んぼの雑草を食べさせるアイガモ農法もおこなっていたので、その世話もさせてもらった。

年の暮れ近くになると、稲の播種《はしゅ》（種まき）がおこなれる。イノシシを獲ってきて解体し、それが終わってから夜遅くに種籾《たねもみ》を水につけ、選別作業をした。発芽した種籾を苗箱に播《ま》く作業も生まれて初めて西表島で体験した。

農作業だけでなく、集落行事にも積極的に連れて行ってくれた。他の集落でおこなわれた「節祭《シチ》」という祭祀《さいし》行事。あるいは新築祝い〈ヤータカビ〉。夏の七月に豊年祭があるからおいで、と言ってくれたのも孫一さんだった。行事で魚が必要だからといって、海釣りにも連れて行ってくれた。

そうやって農作業や、自然の品々の採取、年中行事に連れて行ってもらい、手伝わせてもらうことで、島での暮らしのありかたにふれることができた。潮のリズムに合わせ海へ出かける。夏の豊作を祈り、稲を大切に、島の自然の助けも借りながら育てていく。時期が来れば、タケノコを折りに山へ出かける。カマイ捕り（イノシシ猟）もそうした島の暮らしのなかの一つに過ぎない。海に行って魚を捕ってくるのと同じように、技術がある人は時期になれば山へ行ってイノシシを獲ってくる。ごく「自然」な営みなのである。

もっとも最初から山に連れて行ってもらえたわけではなかった。猟期が始まってしばらくの間、連日のように山へ行き、集中的に罠を掛けていく。その時に人が猟場を荒らすとイノシシに警戒され、逃げて行かれかねない。罠掛けは、その年の猟の成果を左右しかねない重要な時期なのである。「あまり人を連れて行きたくない」と言い、最初の年は罠掛けが始まってもしばらく山へは連れて行ってもらえなかった。

その後、七年ほど毎年、猟期を中心に西表島に数ヵ月間滞在し、猟について行った。そうしているうちに、やがて罠掛けの現場へも同行させてもらえるようになった。

舟を降り、登り始めてからもう二時間ほど経っただろうか。

パチくっている罠もいくつかあった。灌木《かんぼく》をかき分け、倒木をまたぐ。しばらく藪をこぎ、なだらかな斜面を下り気味に歩いて行くと、広い谷地に出た。板根《ばんこん》と呼ばれる板状の大きな根を張ったカシの大木が所々に、空を目指し、そそり立っている。幹にはラン科植物の蔓《つる》が絡みついている。

平坦な沢部を歩き始めたその時だった。「いるぞ」。孫一さんが低い声でささやく。その視線の先に自分も目を向けるが、またよく分からない。どこにいるのだろうか。

孫一さんは斜面を少し登りながら、辺りを見まわし、これぞ、という適当な太さの灌木を見つけると、山刀であっという間に伐り倒した。そして枝葉を伐り、二、三〇センチほどの棒をこしらえた。それを持って斜面をさらに登っていく。その先の方に茂みがあり、真ん中に赤茶けた地肌がちらっと見えた。目を凝《こ》らすと、その藪に隠れるようにイノシシがこちらを見ている。鼻先を地面につけ、土を軽く掘って威嚇《いかく》している。カツ、カツと上下の顎を小刻みに動かす音も聞こえる。さらに近づいていくと、罠の前後を素早く動き始めた。

孫一さんはその動きを見ながら間合いを確かめ、すぐそばまで近づく。そして、飛びかかってきたイノシシをとっさに棒で倒したかと思うと、間髪入れず首を押さえ、ナイフで仕留めた。木を伐り、近づいてから時間にして、ほんの数分ほどだろうか。しかし、まるでスローモーションを見ているように光景がゆっくりと鮮明に流れていく。孫一さんはイノシシを見つめている。「ミーファイユー（ありがとう）」と感謝の言葉をつぶやくこともある。

少ししてから、孫一さんはさきほどと違う別の灌木を伐り、イノシシを運ぶための棒を用意した。それにイノシシの手足を縛り、おもむろに持ち上げ、肩に担いだ。立派なオスだった。

見廻らなければならない罠はまだ残っている。イノシシを担ぎながら、孫一さんはウエストポーチに入れてあった煙草を取り出し、火を点けた。薄暗い森の中、白い煙が一筋の線を引き流れていく。煙草をくわえながらゆっくりと歩き出した。

獲ったイノシシを大事に運ぶ　シマの先輩たちから、たとえどんなに険しい崖であっても決して引きずったり、投げてはいけないと教わった、と孫一さんは言う

森を見る猟師のまなざし

イノシシを山から持って帰ってくると、集落で解体をおこなう。

孫一さんがまだ子どもだった頃は、学校から戻るとみんなで遊びつつ、海を眺めてはイノシシ猟から帰ってくる父親の舟を見張った。「向こうの方に親父たちの舟が見えるでしょう。その沈み具合を見れば、ああカマイが獲れたとか分かるわけさね。それから大急ぎで〈シマ〉（集落）中、あちこち行ってクバの葉を集めてくる。ジンブンがある子なんかは前もってどこに葉っぱがたくさんあるか知っているわけ。子どもだから体が小さいさね。前が見えなくなるぐらいたくさんの葉をまとめて頭に載せて持ってくる。毛を焼くクバの葉を集めてくるのが子どもの仕事。そうすればやっとカマイにありつけたから」。

枯れたクバの葉は火力が強く、イノシシの毛を焼くのに最もよかったという。毛を焼き始めると、独特の匂いが集落内に漂《ただよ》う。すると、いつの間にか近所の大人たちが集まり、めいめい解体を加勢してくれる。みんな自分の家からご飯や酒だけは持ってきていて、解体が終わるとイノシシの汁をごちそうになり、腹を満たしたという。イノシシの肉が欲しい人は金を持ってきていて、解体しているそばから肉が売られることもあった。

現在は、ガスバーナーできれいに毛を焼き、猟師だけで解体がおこなわれる。集落の人たちが集まってきて、獲ってきたイノシシをごちそうになる、という風景もほとんど見られなくなった。

孫一さんがイノシシの毛を焼き始めたのでしばらくその様子を眺めていた。こげた毛をこすりおとし、

イノシシの毛焼き風景　ガスバーナーで焼き、海でおおまかに洗う。島ならではの風景

さらに皮も茶色になるまで焼いていく。皮の下からにじみ出る脂《あぶら》がパチパチと音を立てて燃えていく。

そうこうしているうちに孫一さんのお父さん、正伸《しょうしん》さんがやってきた。焼いているイノシシをちらっと見て、「ほう」とだけ言って解体する台のそばに座った。そして、そばにあった包丁を砥石《といし》で研《と》ぎ始めた。

正伸さんもかつてはシマを代表する猟師だった。イノシシを担げず、山を十分に歩けなくもなり、つい数年前に猟をやめた。それでもカマイを見たい。息子の孫一さんがイノシシを獲ってくると、元気な時はやってきて、イノシシの解体を率先しておこなっていた。もちろん孫一さんは自分一人だけで解体することができるが、正伸さんが来ると、たいていは解体を任せていた。「やっぱりカマイを見るのが好きなんだな。あれで親父は元気になるんだよ」と。

正伸さんにイノシシの解体を任せ、孫一さんは内臓の処理を始めた。祖納ではイノシシの内臓を捨てたりせずに、汁に入れたり、野菜と一緒に炒《いた》めたりして食べる家も多い。手際よく胃袋や腸を切り開いていき、中のものを出して、全体を何回も念入りに洗う。孫一さんは、その間ほとんど何もしゃべらない。黙々と単純作業をこなしているだけのように見える。しかし、じつは内容物を観察しているのである。獲ったイノシシはどんなものを食べているのか。健康状態はどうか、寄生虫はあまりいないか。

「あのカマイ、〈アディンガ〉（カシの実のこと）も食べてたよ。山にぼちぼち〈フグ〉（シイの実）がなくなってきたかな。前に獲ったやつはフグがびっしり（おなかの中に入っていた）だったけどね」

かみ砕かれていても、色合いや匂いでそれがシイの実か、カシの実かは分かるという。アクのあるカシの実は通常、アク抜きをしないと人間は食べられないが、シイの実はそのままでも食べられる。孫一さんが子どもの頃は、学校から帰るとみんなで連れ立って山へ行き、シイの実を抱えきれないほどたくさん集めてきた。それを親に煎《い》ってもらって食べたり、ご飯に混ぜて食べたりしたという。

早ければ九月の終わり頃からシイの実は熟し、落ちるのに対し、カシの実はそれより一ヵ月ほど遅い。イノシシも人間とおなじように、渋みのあるカシの実よりはシイの実の方を好み、山にシイの実があるうちはカシの実には見向きもしない、と孫一さんは言う。

森の中でも、日当たりがいいところ、あるいは湿ったところというように環境の条件は異なり、まとまって生える木の種類も場所によって違う。自分の猟場の中で、どこにカシの木が多く生えているのか。あるいはシイがまとまって生えている林、〈シイヤン〉はどこら辺に広がっているのか。猟師の頭の中には、そうした地形や植生など森の様子が盛り込まれた猟場の地図が入っている。

孫一さんの場合、猟期が始まる直前に自分の猟場一帯を歩き、様子を見に行くことがある。また、罠掛けに行ったものの、ひたすら猟場を歩き、結局罠を一本も掛けずに戻ってきたこともあった。すべての罠の見廻りが終わってもまだ時間があったので、罠を掛けていない奥の方へ森の様子を見に、足を延ばしたこともあった。

その年ごとに異なる木の実のなり具合。どこの木が今年は実を多く落としているか。あるいは、夏に来た台風の風がどこら辺の斜面に強く当たったか。そしてカマイはどこら辺にいるのか。実際に山を歩き、森の様子を観察することで頭の中にある地図の情報を書き直していくのである。

猟期が始まり、罠を掛けるためにはイノシシの動きを予測しなければならない。イノシシの道を見つけ罠を掛けても、そこをイノシシが通らなければ意味がない。周辺の状況と照らし合わせてイノシシの行動を考え、罠を掛ける道、場所を判断していく。

「エサ場のすぐそばに罠を掛けてもカマイはなかなか獲れない。エサ場の近くはたいてい道がいっぱい分かれているからね。そこへ行く、枝分かれする前の道に掛けないと。それも『本道』に掛けたらだめ。カマイは人の気配なんかすぐ気づいて、猟期が始まってしばらくすると太い本道なんか通らなくなるよ。ちゃんと目立たない細い迂回路《うかい》、フケ道があるからさ、それを探して（罠を）掛けないと」「カマイを獲りたければ、自分がカマイにならないと。カマイの目線になって、気持ちになって道がどう見えるか、さね」

それでも罠掛けのときに想定していたようにイノシシが動き、獲れるわけではない。見廻りに行って一日中、山を歩いても一頭も獲れない日も、猟期半ば過ぎればよくある。イノシシは一体どこに行ったのかという気にさえなる。残された足跡や草を倒していった跡など、山にあるイノシシの痕跡とともに、獲ったイノシシが伝える情報は、姿の見えないイノシシの動きを知る重要な手がかりなのである。

「見えないものを見ようとする意識が大事」と、孫一さんは言う。「船を走らせるときは海の上だけ見ていてもだめ。深さはどうなっているのか、岩は隠れていないか。海の色を見れば分かるんだよ。そこから海の中の様子を想像しないと。じゃないと思わぬ事故にもつながりかねない。山でも何でもそう。自然が教えてくれるものの意味をちゃんと考えないと」

イノシシの解体が終わり、そのまま猟の慰労会になる。その日の山での出来事でひとしきり話が盛り上がったあと、イノシシの動きについて話題が及ぶ。イノシシは獲れたけど行く前に予想していたところとは違ったとか、前回見廻りに行ったときにはなかったところに新しくイノシシが通った跡があったとか。まるで森の中を歩いているイノシシの姿が見えているかのように、生き生きと、そして、楽しそうに語る。一緒に現場へ行ったからこそ共感できるリアリティーがその語りにはある。何にもまして、どうしてそこまで分かるのだろうかと、そのまなざしの深さに惹き込まれ、いつも夜遅くまで話に聞き

開花期のカシ林　カシの開花・結実状況はイノシシのエサのなり具合に関わる。この時期、猟場へ行く途中、孫一さんはあちらこちらの山肌を観察している

入ってしまう。

西表島の森は、猟師にとって、そのように毎年紡《つむ》ぎあげられていく猟の記憶が蓄積された空間である。山へ一緒に行けば、「その木の下の岩のあるところで三年ぐらい前に一頭、大きなオスを獲ったよ」とか、「そのマーニ（コミノクロツグ）のところに、罠を折って上から逃げてきたカマイが隠れていたよ」など、以前あった猟の出来事を教えてくれることがある。まるで自分の庭のように猟場の地形を覚えている。

「カマイが獲れなくても山を歩いているだけで楽しい」とも言う。「あの木がこんなに大きくなったのかとか、ああ、あの木はついに倒れたんだとかね。何年も前に台風で木が倒れてできた草地が毎年変わっていく。それなんかも見てて面白いよ」と。

イノシシ猟で山に入り、森をずっと見てきて最近、様子がだいぶ変わってきたと感じるそうだ。

「木に勢いがなくなっているというか。（木も）高齢化してるんだろうね。実のなり方が全く違うわけ、昔と最近では。僕らが小さい時分、とりきれないぐらいたくさんのフグ（シイの実）が落ちていたよ。カマイも食べきれないで、芽を出していく実もたくさんあったさ。今は全然。原因は分からないけどね」

島をとりまく不気味な変化。波の音しか聞こえない静寂な夜、重苦しい空気が辺りを包んだ。

暮らしを支えたイノシシ

孫一さんは石垣島の高校を卒業後、島に戻ってきた。親の農業を手伝う傍《かたわ》ら、冬になると一人で、あるいは従兄弟《いとこ》、友人たちとイノシシ猟に出かけた。当時の西表島ではまだ、現在のような法律にもとづく狩猟制度がきちんと定まっていたわけではなかった。時期になると〈シィコマ〉といって、食料とワイヤーを持ち山へ行く。そして数日間、山に泊まりがけで罠を掛けていった。二人で組になり一五〇頭近くのイノシシを獲った年もあったという。一回の見廻りで何頭も獲れたときは、休憩することもできず、イノシシの運搬で往復する間、歩きながらおにぎりを食べた。

しかし、復帰直後に数年連続で襲来した大型台風が森の様子を激変させた。家屋の倒壊や浸水など住民生活にも大きな影響をもたらしたが、山では土砂崩れや大量の倒木を発生させた。エサ不足による栄養不良のためか、疥癬《かいせん》（皮膚病）をもっていたり、ひどくやせ細ったイノシシが獲れるようになった。山では餓死したイノシシもいたという。

「ある時、従兄弟が飼ってた犬を山へ連れて行ったら、海岸でカマイを追ってるのさ。ひどくよがれた

（弱った）カマイで逃げる力もなくて。あれを見て、あがやー、と。しばらくはだめだと思ったさ」と孫一さん。実際にそれから山が回復するまでは数年間、猟へ行くことを控えたという。最近はそうした弱ったイノシシもほとんど見られず、台風の影響からはほとんど回復しただろうとのことである。

この当時から現在に至るまでイノシシ猟の主流として用いられてきたのが跳ね上げ式の脚括り罠であるが、その技術が島内に普及したのは終戦直後のことであり、じつは新しい。西部に一九五〇年代頃まであった炭坑へ働きに来た台湾人がこの罠を用いて狩猟をしていた。それを島民が見て、自分たちも掛けるようになったという。

それ以前、戦前はオトシヤマなどと呼ばれる罠や、数匹の犬でイノシシを追わせ、最後に槍〈フク〉で仕留めるといった猟法でイノシシが獲られていた。そうした報告はいろいろな本や論文にも書かれている。しかし、それらがいつ、どこで、どのようにおこなわれていたのかということは、どこを見てもあまり詳しく説明されていなかった。大学院へ進学してからも西表島通いを続けたが、イノシシ猟への同行だけでなく、かつての猟について古老の猟師たちの話を機会あるたび聞くことも始めた。

オトシヤマは圧殺式の重力罠と呼ばれるものの一つである。何本もの灌木を組み、石を載せる台（天井）をつくる。それを吊り上げておき、下をイノシシが通るとその天井が落ちてくるよう仕掛けをつくる。石の重みでイノシシを押しつぶすのである。木を伐ってくる、あるいは二、三〇〇キログラムぐらいの重さになるよう、たくさんの石を周辺から集める。罠へイノシシを誘導するための木の柵もつくる。といった具合に非常に労力を要する罠で、三〜五人が組になって製作、設置をおこなった。一日二枚（個）つくるのが限度だったという。現在の猟期とほぼ同じように、秋頃になると奥山の沢沿いを中心に、下の方から設置していった。

孫一さんのお父さん、正伸さんも少年だった頃、シマの先輩に連れられてオトシヤマをつくりに行ったことがある。

ある晩、オトシヤマの構造がどうしても分からず、正伸さんに尋ねた。ちゃぶ台の上にあった箸たてから箸を数本取り出しあれこれと説明してくれるものの、どうしても分からない。それからだいぶ時間が経ち、明日は島を発つ、という日の晩に改めて尋ねてみると、模型をつくってくれるということになった。その翌日、出発する前に、正伸さんはあっという間にそこら辺から材料を集め模型をつくってくれたのだが、それは、それまで報告されていたものとは異なる形のものだった。分からないはずだと納得すると同時に、実際にモノにあたる重要性を痛感させられた。

「あんなのを難儀《なんぎ》してつくって、昔人《むかしひと》はかわいそうだね」。正伸さんと同じように、少年時代にオトシヤマをつくったことのある宮良用茂《みやらようもう》さんも当時を振り返る。「食べ物も今みたいにはなかったからね。そうでもして獲らんと」。

戦後、脚括り罠が普及すると、労力のかかるオトシヤマをつくる人はいなくなった。用茂さんが最後にオトシヤマをつくったのは一九四八年だという。

オトシヤマの模型　正伸さんがつくってくれた模型。作製のあまりの早さに驚いた

当時の捕獲統計などの資料はなく、どれくらいイノシシが獲られていたかは分からない。しかし、設置容易な脚括り罠が普及したことで、猟師一人あたりの捕獲頭数が増加したことは容易に想像できる。正伸さん、用茂さんら三人が組になって年間三〇〇頭ほど獲ったことがあったという。

単純に罠を多く掛けたということだけでなく、今よりも奥へ、広く罠を掛けていたようである。また、当時の人は、今では考えられないくらいよく歩いた。島の西部を占める半島の北側から川伝いに登っていき、分水嶺《ぶんすいれい》を越えた南側まで罠を掛けていった。そこでイノシシが獲れると、わざわざ担ぎ上げるのは大変ということで、すべて南海岸に降ろした。そして潮を見計らって、海岸沿いに半島をぐるっとまわって北側に運んできた、という逸話も残っている。海岸線沿いに歩くだけでも一日は優にかかる距離をである。

正伸さんらが青年の頃は二、三頭イノシシが獲れると、天秤《てんびん》のように棒の前後にイノシシを吊るし、それを肩に担ぎ、一気にまとめて運んできたともいう。こうした話を聞くたびに当時の人々の活力に圧倒される。

そうして集落へ持ち帰られたイノシシは戦後復興期で食糧難時代の食生活を支えた。貴重なタンパク質源であり脂でもあった。

軒先に吊るされたイノシシの下顎　かつては獲ったイノシシの下顎を軒先に下げる猟師も多かったという

「カマイが獲れると、それから何日も（イノシシの）汁が続くわけさ。もう最後は身もなにもない。骨とか蹄《ひづめ》が鍋の底を、からん、からん、てね」。孫一さんが笑う。「どうあってもカマイには小さい頃からお世話になってきたからね。感謝もあるし、大事にしないとども思う。山があるから、海があるから、森があるから、カマイがいる。そしてその結果、我々も島で生きていけるんだよ」

生きるため必死に山を駆けめぐった人び

との営み。あるいは彼らが獲ってきたイノシシを目にしたときの喜び。そういった記憶が今、薄れつつあるのかも知れない。

共存の歴史をほりおこす

今でも西表島の森の中には、オトシヤマがかつて仕掛けられた跡と思われる場所が見られる。何もない平坦なところに、大きな石がいくつかまとまって下草の中に埋もれている。表面が苔むしている石もなかにはある。よくまあこんな山奥までイノシシを獲るためオトシヤマをつくりに来たなあ、と驚くとともに、その労苦が偲《しの》ばれる。

島で、イノシシとともに生きてきた共存の歴史が、人々の記憶とともに森の中に眠っている。西表島には他にもそれを伝える遺構が森の中にある。それが猪垣《いのがき》と呼ばれる石垣である。

沖縄島北部や石垣島、そして西表島といったイノシシのいる島では一八、九世紀頃を中心にイノシシから田畑を守るための石垣（猪垣）が築かれた。石垣島や西表島では村人たちが共同で猪垣をきちんと補修するよう指示する琉球王府の布達文書もある。しかし、その多くは管理されなくなり放棄されて久しい。毎年、襲来する台風などの影響で崩壊が進み、森の中に埋もれつつある。

祖納集落を囲む猪垣は祖納岳という山の裾野《すその》に築かれていた。シマのお年寄りに尋ねても小さい頃にはすでに管理されなくなっていたといい、おそらく昭和の初めには放棄されたのだろう。お年寄りたちの多くは、小さい頃に一部は見たものの、全部は見たことがなく、どこにあるかもよく分からないとい

祖納岳の猪垣　石垣の部分。この他、崖と結合させていたり、切り土をしていたりといくつかの構造が組み合わされ猪垣が築かれている

うように、その伝承も途絶えつつあった。西表島に通うなかで、猪垣のことを何度か耳にすることがあった。どういうふうにつくられているのだろうか。興味が芽生え、やがて、自分で歩いて記録してみようと考えるようになった。

　森を歩く猟師は当然、猪垣のことも知っていた。島の歴史文化に詳しいお年寄りの情報も合わせると、どうやら西表島の西部地区では崎山《さきやま》半島、網取《あみとり》半島、そして祖納岳にある猪垣はほぼ起点から終点まで残っているらしい、ということが分かった。実際、それ以外の、五つほどの集落で猪垣を探してみたものの、損壊が激しく、それぞれ部分的にしか見つけることができなかった。明らかに人の手によって積まれたであろう石垣を見つけても数十メートルほどしか続かず、藪となっていてその先はどこにあるのか分からない、といった具合だった。

最初に調べたのは、集落から一番近い祖納岳の猪垣だった。猪垣というのは、沖縄に限らず、西日本を中心として全国的に存在する。そうした各地の事例報告はあるものの、定まった猪垣の調査方法はない。そこでまずGPSを持って猪垣のそばを歩けば、少なくても猪垣の場所は記録できるのではと考えた。しかし、うっそうとした西表島の森では、当時持っていたGPSでは電波をうまく受信できなかった。そのため代わりに、一〇メートルずつ猪垣を区切りその区間の方位を測り記録していくことにした。場所が地図上で特定できる地点からそれらをつないでいけば、猪垣全体の位置を記録できるのでは、と考えたのである。

時期は折りしも八月。夏まっただ中のときで、いくら森の中といっても日中はこまめな休憩が欠かせなかった。一〇メートルずつ、こつこつと記録していった。

そうして祖納岳山麓の猪垣は全長約一・五キロメートルあることが分かった。祖納半島の根元にある祖納山麓をほぼ東西一直線に横切るように築かれていたのである。すべてが石垣でなく、斜面を削って切り土にしているところや自然の大岩とつなげているところ、自然の断崖を利用しているところがあることも分かった。自然の地形をうまく利用し、できるだけ築造の際の省力化をはかっていたのだろう。

次に調査をおこなったのは崎山半島の猪垣である。崎山半島の猪垣は、一九四八年に廃村となった崎

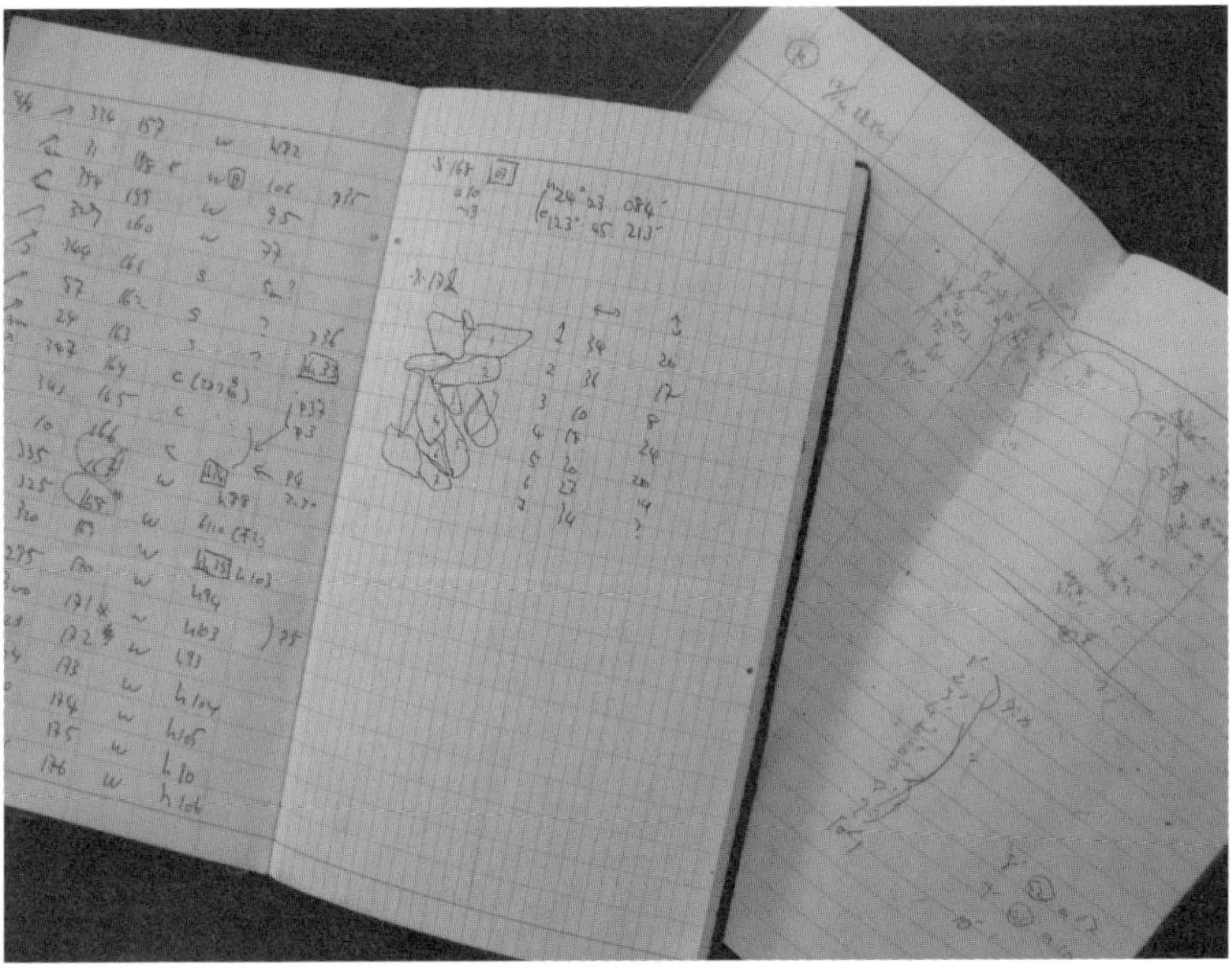

野帳の一部　左は猪垣調査の時のもの。各区間の方位や構造、始点の高さ、石垣のスケッチなどをメモしてある。右は猟に同行した時のもの。罠の大まかな場所を自分が分かるよう概念的に書き、いつどの罠でイノシシが獲れたのかなども記した

山村の村人たちによってつくられた。その崎山村の住居跡は今でも崎山湾の奥に残っている。

ここは祖納集落から離れていて、ここに至る車道もない。歩いていくなら、定期船航路のある船浮《ふなうき》集落まで行き、そこから海岸沿い、あるいは山中の小道を歩いていかなければならない。孫一さんに相談したところ、ありがたいことに、行き帰りは舟で送ってくれるということになった。現地でキャンプして調査する計画を立てた。

九月、台風がはるか南の海上で発生したというニュースをよそに崎山半島へ向かった。送りついでに孫一さんは一緒に森に入り、猪垣の最初（集落側）の部分を探してくれた。このあたりは他の猟師

の猟場で、孫一さんも久しぶりに入ると言っていた。だいぶ以前に先輩の猟師の見廻りに数回ついてきたそうだ。その時の記憶を頼りに、猪垣を探すもののなかなか見つからない。ようやくのことで、それらしきものを見つけ、あとはあっちの方へ続いているだろうと言い残し、戻っていった。

しかし、翌日からスムーズに調査が進んだわけではなかった。昨日見つけた場所から先がよく分からない。また、近くには田んぼ跡と思われるような場所もあり、そこに残存する、畦を補強するための石垣を猪垣と見間違えそうになることもあった。石垣を積む代わりに斜面を削って（切って）猪垣としたと思われるところでも、かなり崩れていたり木々が生えていたりして、人の削った痕跡がほとんど分からなくなっている部分も多かった。

途切れた猪垣の先を探し、小さな沢を越え、尾根を越え歩き回っているうちに元の場所を見失って慌てたこともあった。西表島にいるハブは、サキシマハブという種類で、非常におとなしく、毒も弱いためさほど問題はないが、アシナガバチには困った。草木が生い茂っていて猪垣かどうか分からないので確認しに近づいたところ、ハチの巣を見つけ大急ぎで逃げたということも一度ならず何度もあった。そうして猪垣を辿《たど》っているうちに、分水嶺近くから残存状況がよくなり、南海岸へ向け石垣が下りていっているのが確認できた。しかし、そこへ至るまで結局、丸一日費やさざるを得なかった。

祖納岳のものと比べ、距離がだいぶ長いことが分かったので、ここでは二〇メートルずつに猪垣を区切り、方角を測って記録していった。なるべく頻繁にGPSで場所を測位するようにもした。何日も薄暗い森の中、GPSを片手に、メジャーとコンパスを持ちながら猪垣を往復した。

猪垣の最後（集落の反対側）は南海岸にある。崎山半島の猪垣は長さ約三キロメートル。その末端に到達し、海岸林を抜けると大海原が目に飛び込んできた。誰もいない静かな海岸で海を飽きるまで眺め、安堵《あんど》感とともに充実感にひたった。

台風接近の余波か、この日の晩はテントが壊れるかも知れないと思うぐらいの暴風雨だった。何とか無事、明け方を迎え、早めに撤収して川の方へ降りた。孫一さんは昼頃迎えに来てくれることになっていた。「来たら木を打って合図するから」と。

しかし、待てどもなかなか音が聞こえない。海が荒れて来られなくなったのかな、とも考え少し不安になる。高台に登ってみたが何も見えない。再び川へ降り始めたその時だった。かーん、かーんと谷間に響く音。急いで下まで行くと、見慣れた孫一さんの舟が、潮が引き水位の低くなった川岸に停めてあった。

湾から沖合へ出ると、まだ波は高かった。パーン、パーンと飛ぶように舟が行く。一九七二年に廃村となり、人家がなくなった網取半島を通り過ぎる。高台には海岸林に混ざり、カヤ草が見える。奥にはリュウキュウマツが何本も飛び出ている。そこは、かつて畑が拓《ひら》かれていた場所だ。森の中には、その畑を守るため築かれた猪垣がひっそりと眠っている。

「おっ」と叫び、孫一さんは舟を急に止めた。舟の後ろに流していた曳《ひ》き縄に魚が掛かったのだ。大急ぎで手繰《たぐ》りあげると、きらきらと輝くカツオが針の先に掛かっていた。思わず二人で顔を見合わせ、笑

崎山半島の猪垣　森の中に埋もれゆく石垣、そして記憶

った。

帰ってきてしばらく経ったある晩、孫一さんのお父さん、正伸さんと崎山の猪垣の話をすることがあった。

「あっただろう?」と訊かれたので、調べて分かった詳しい場所を話した。すると「ほう。そっか」と少し感心してくれ、うれしかった。

「(猪垣を)見たことがあるよ。あっちの山にも若い時行ったさ。ヤマシシ(イノシシ)も獲った」。それからしばらく正伸さんは黙り、物思いにふけっていた。頭の中に当時の、野山を闊歩した頃の記憶が駆けめぐっていたのかも知れない。

二月半ば、田植えが始まった。イノシシ猟の時期は終わった。罠あげ(すべての罠を撤収すること)のため山へ行く孫一さんについていった。

最終日のこの日もカマイは獲れなかった。すべての見廻りを終え、舟を停めてあったそばまで降りてきた。孫一さんは〈カンダシカ〉〈オオバルリミノキ〉を伐ってきて地面に置く。持ってきた塩をそばに添え、酒をかける。そして手を合わせ、〈チヌカン〉（土地の神）に無事猟が終わったことへの感謝を、静かに捧げた。

舟で集落へ戻る。かつて刳《く》り舟で航行していた時は難所だったという赤崎の岬も今日は波が穏やかだ。「小さい頃、親父と一緒に山へ行って、戻ってくる時、赤崎とかで波がバシャ、バシャと舟に入ってくるでしょ。寒いから船底に並べられたカマイの間にもぐってたさ」。孫一さんの話をふと思い出す。岬を回ると、目の前に美田良《みたら》浜と呼ばれる弓状の砂浜が広がる。祖納岳とそこから延びる山肌も徐々に迫ってくる。すっかり森に覆われたその山裾にひっそりと埋もれている猪垣。そこにはかつて畑が切り拓かれていた。手つかずに見える森林にも、木を伐り、あるいはカマイを獲り生きてきた島人たちの記憶が濃厚に詰まっている。

島の自然に抱かれ四季折々に繰り広げられてきた島人たちのダイナミックな暮らし。その営みの歴史にできる限り肉薄したい。そのためにはまだまだ島へ通い続けなければ、と思う。

この人の仕事場が見たい（第２回）

壁のアーティスト、「確かなモノ」を残す左官の仕事

土蔵の基礎工事から、漆喰《しっくい》、装飾、彫刻、仕上げまで、左官の仕事は幅が広い。青木優さんが左官の仕事をはじめてから、かれこれ50年経った。長い左官の道のりの中で、道具がないからできないとか、図面がないからできないとか、そういった「問題」は、青木さんには無縁だった。

◆自然環境が育んだ東北左官の「魂」

あるテレビ番組で、私は「自然にあるものとはケンカできない。もともとあるから、受け入れるしかない」というある左官の言葉を聞き、日本人が自然と争わない謙虚さに心を動かされた。

中国には「愚公《ぐこう》、山を移す」という故事《こじ》がある。愚公という老人が家の前の山が邪魔で一族で崩そうと努力したところ、天帝《てんてい》に助けられて成功したという故事で、諦めずやり抜けば夢が叶《かな》うことのたとえとして知られている。

自然に対する思いは、日本と中国ではこんなにも違うのかと、今回の取材を通して改めて感じた。

今回は、日本における左官の伝統技術の素晴らしさや、彼らと自然環境との関わり方、幅広い作品の魅力を取材することで、左官という職に宿っている「魂」を感じ取ってみたい。

現在、山形県河北《かほく》町で左官業を営む青木優さんは、昭和二十六（一九五一）年山形県大石田《おおいしだ》町に生ま

東北を代表する左官の一人、青木優さん

れた。先祖は大工だったという。幼いころから、木造の住宅のよし悪しは壁のあり方によって大きくかわる、ということに気づき、左官の佐藤金太郎氏の下に弟子入りした。高度成長期には、福島や秋田、東京や横浜にある大手建設会社で七~八年間、勉強しながら左官の仕事を続けていた。

その後、山形に戻り、それまでの経験を活かして数々の仕事を残してきた。なかでも、もっとも世間に知られているのは、山形市の重要文化財である、大正五（一九一六）年に建設された文翔館《ぶんしょうかん》（旧県庁舎）の保存修復工事だ。昭和六一（一九八六）年から一〇年間かけて、残された古写真や破片、痕跡《こんせき》を参考にしながら、大正時代の左官技術の粋《すい》を集めた正庁室の天井を見事に漆喰飾りで復元した。その優れた技術が国に評価され、科学技術庁長官賞（「漆喰装飾技術の考案」）を受賞し、山形県卓越技能者と認定された。

その優れた技術は東北の自然環境のなかで育まれたものともいえる。東北地方には豪雪地帯が多い。雪国では住宅や土蔵を建てる際、断熱の効果を上げるのに藁《わら》をたくさん入れるため、左官工事の工程がその分複雑になる。雪のない暖かい地域では、藁の量が少なく砂を入れる方法を用いているので、比較的仕上げ方は簡単なのだ、と青木さんはいう。

また、東北の冬は吹雪が多いから、それを防ぐために硬い壁を塗る技術が必要とされる。しかし、左官の仕事を評価する際、その基準の多くは京都のやり方にしたがっている。なぜならば、京都には多くの神社と仏閣があるからだ、と青木さんは指摘する。

確かに、これまでに読んだ左官に関する書物を見ても、西日本や関東の職人が紹介されることが多く、東北の職人は少ない。その理由について、青木さんは誇りをもって次のように語る。東北の職人は大人しいし、ペラペラ喋《しゃべ》りたがらない。黙っていいものを残すことが大事だと思っている。

そこで私は、何も語らない、何も教えないのでは、伝統技術が後世に伝えられないのではないか、残らないではないか、と尋ねた。

青木さんはこう答えた。いや、職人の気持ちは違うの。大切なものは絶対教えない。東北の自然環境のなかで生まれ、育まれた技術は、関西や京都より複雑だが、自ら宣伝することはしない。なぜならば、それぐらい大切なものだから、簡単には教えないのだと。

わざわざ語らずとも、黙って大切な建物をかたちとして残せば、後世の職人がそれを見抜いてくれる。自分で触って、見て、研究して、どうしてこのように造られたのかを考える。教えられたものはうわべのものであって、残された「ホンモノ」を通して自ら学ぶことが大事なのだ、と青木さんは強い口調でいった。

しかし、勉強したがらない若者もいるから、やはり教えないと技術が消えてしまうのではないか。なおも食い下がる私に対して青木さんは、それはそれでいい、仕方がないのだ。東京駅のような「偽物」

を造るよりはましだ、ときっぱり（筆者註：文翔館復元の経験をもつ青木さんは、東京駅丸の内駅舎復元に関する会議に招かれたことがあり、そこで「左官の伝統技術を採り入れるべき」という提案をした。しかし、それは採用されず、工程を短縮し、長持ちしない今風の建材が使用された経緯もあって、青木さんは東京駅を「プラスチック」との表現で批判している）。

つまり、そのぐらい苦労して、自分の目で先人たちが残したものを見て、わかろうとする努力をして、それでわかるようになるのであれば、本物の一人前の職人ということになるのだ。伝統はそうやって継承されていく、と青木さんは続けた。

この自信はどこから出てくるのか、私は青木さんの言葉に圧倒され、哲学的なものを感じた。左官職人としての強い自負心だけではない。未来を継承する若者たちに対する期待感も感じられた。このぐらい努力しないと、先祖の宝物が消えていくのだ、と若者たちに危機感と感動を与えようとする青木さんの「苦心」に私は頭を垂れた。

◆伝統の技を受け継ぐ壁のアーティスト

土蔵の基礎工事から、漆喰塗り、彫刻、仕上げまで、左官の仕事は幅が広い。さまざまな知識がないとできない仕事であり、それこそが青木さんにとっては最大の魅力なのだ。

どんな図面であっても、どういう仕事がぶつかってきても、道具から考案する、自分で道具を作る、というのが青木さんのスタンスなのだ。

バラエティに富んだ青木さんの仕事はどれも見事だった。代表作ともいえる山形県天童市にあるS家

青木さんの代表作ともいえるS家の土蔵（天童市）――黒磨漆喰塗の手法で造られ、上部には竜の彫刻が施されている

K家土蔵――もともと窓には扉がなかったが、青木さんが修復したときに新たに設計した。壁のかたちは東北の風土に合わせて、雪が溜まりにくいデザインをしている

昭和18年に火災で焼けた土蔵を古い栗の木を用いて修復した。壁の七宝飾りのモチーフ（上）、黒塗りの扉（中）の光沢が見事

河北町谷地の慈眼寺にある鏝絵。朝日連峰や葉山、紅花などをイメージした左官彫刻

天童市内の男寿司の店舗外壁に佇んでいる毘沙門天像の彫刻

店内の壁面に掛かる漆喰彫刻の竜が人間の世界を俯瞰（ふかん）している

の土蔵の作り、とりわけ黒磨《くろみがき》漆喰塗や竜の彫刻を見たときに、私は息をのんだ。

五年前に完成したこの作品は、新築の中でも一番の代表作だ。青木さんと息子さんが二人で三年間をかけて、基礎から造った自慢の作品だ。黒塗りの手法で出す扉の光沢や、東北の風土に合わせて、雪が溜《た》まりにくいデザインをしている壁、上部にある竜の彫刻など、さまざまな点に努力と工夫を感じさせられた。

これ以外にも数々の素晴らしい作品がある。たとえば、二五年前に建てたK家の土蔵や、昭和一八（一九四三）年に火災で焼けたものを、古い栗の木を使って修復した土蔵は、洗い出しの壁や七宝飾りのモチーフがあしらわれ、

青木さんのご自宅。天井や壁にある漆喰彫刻は、文翔館に負けない、いや、超えているかもしれない

黒塗りの扉の光沢がまぶしい。

手がけているのは土蔵ばかりではない。河北町谷地《やち》の慈眼寺にある鏝絵《こてえ》や、天童市にある男寿司の外壁の毘沙門天《びしゃもんてん》像、店内の壁面に掛けられている竜なども、青木さんの漆喰彫刻技術の素晴らしさを見せてくれている。

何より、青木さんのご自宅にある漆喰彫刻は言葉にできないくらい素晴らしいものだ。応接間の家具はアンティークのもので統一されていて、取材の際、私は左官の技とイギリスのアンティーク家具とのハーモニーを楽しみながら、ミニ文翔館にいるような気がしていた。

◆建物と一緒の気持ちにならないと、昔の技術はわからない

今回、数々の作品を見て、左官技術の多様さに驚いた。今の社会では、わざわざこんなに手間のかかる仕事をする人は少ない。いかに時間を短縮できて、経済的に安く仕上げられるかを追求している。しかし、昔の左官職人は手間暇を惜しまず、客室に住み込みで仕事をしていた。お客の側も時間がかかろうとも、長持ちのする材料を使って、何百年も耐えうるような壁を造ってくれることを求めていた。技術というのは考え方ひとつなのだと青木さんはいう。知識や経験を培《つちか》って、古いものを何百回も見て、埃《ほこり》をかぶって、建物と一緒の気持ちにならないと、昔の技術はわからない。ところが、今は現場の知識をもっていない人びとが政策を決めている。仕事が難しいとか、時間がかかるとか、わからないとか、いろいろ理由を付けて左官を使いたがらない人が多い。制度など仕事の環境が整っていないことが一番の苦労だという。

将来に伝統的な技術を残すためには、いい仕事環境を作ると同時に、関心を持つ若者が継いでくれることも重要だ。青木さんは、将来を担う若者に対して、「ホンモノ」を間近で見ることや、技術を熟知することの大切さをわかってほしいと切実に願っている。

いくら時代が進んでいても、百年や二百前に造った「確かなモノ」が残っていれば、われわれはそこに「確かな技術」を見ることができる。それを見たうえで、悪いものは省いて、いいものを新たに採り入れて、内容をよくしていくことが、本当の意味での残すということではないか、と青木さんはいう。

未来を生きる若者たちは、この言葉にどう応えるのか。それによって日本の将来が決まるのだ。がんばれ、未来の左官たち！

謝黎

三陸沿岸、今《いま》

二〇一三年五月 釜石市から久慈市にかけて

蛯原一平

箱崎白浜港の漁船

前回、三陸地方を訪れたのは昨年（二〇一二年）の、お盆が明けた八月末だった。青森県の八戸市から宮城県の石巻市まで急ぎ足での訪問となった。あれから約九ヵ月。三陸沿岸の村々は今、どうなっているのだろうか。

命てんでんこ――釜石　五月一七日

五月一七日、岩手県釜石市から宮古市へ向かう途中、立ち寄った箱崎町の白浜港。新しい小型漁船が船揚場《ふねあげ》に、あるいは漁港岸壁に整然と並べられていた。

「こっちの船はウニ漁用。そんで、それと別に大きいエンジンを積んでっのは（養殖）ワカメ用」と、船をのせる台車の手入れに来た漁師さんが、並べられた新しい船の説明をしてくれる。もうすぐ養殖ワカメの収穫が始まるという。

この箱崎白浜では四二人の津波犠牲者・行方不明者が出た。漁港近くの小高い丘で津波がやって

両石港と堤防

くるのを眺めていて避難が遅れ、なくなった方もおられたという。集落の上にあった小学校跡地では住宅用地の造成がおこなわれていた。

釜石市の海岸線近くにある釜石東中と鵜住居《うのすまい》小学校では、あの三月一一日、学校へ登校していた児童生徒は一人も犠牲にならなかった。マスコミでは「釜石の奇跡」として紹介されることもある。児童生徒たちは地震発生直後、学校で教わってきた訓練に従い自分たちで考え、高台へと避難することができた結果であった。そうした児童への防災教育に震災発生の何年も前から取り組まれてこられた両石《りょういし》町内会会長の瀬戸元《はじめ》氏（昭和二〇年生まれ）のお話をご自宅でうかがった。

深く入り込んだ両石湾の奥に位置する釜石市両石では四五名の犠牲者・行方不明者がでた。二三〇戸中二一五戸の家屋が流失・損壊するという甚大な被害を受けた。ところが、ここ両石では明治、

養殖筏が並ぶ山田湾

昭和の大津波でも被害を受けており、瀬戸さんが幼かった頃にはまだ、昭和八年の大津波の様子を語る年寄りもおられたという。状況をきちんと自分で判断し、自分の命は自分で守るんだという、「命てんでんこ」の教訓も村では語り継がれていた。しかし、そうした伝承者がどんどんいなくなっていく。それに危機感をもち、瀬戸さんは「津浪を語る会」を立ち上げ、教訓を後世へ伝えていく活動を始められた。小中学校にも出向き、毎年おこなわれる防災教室では、避難の指導とともに、実際の津波体験者に記憶を語ってもらった。「小学一年生が自ら逃げることができた。教育がいかに大事か、ということです。『釜石の奇跡』は他の教育とともに、防災教育の柱として語り継がれていくべきだと思います」とおっしゃる。

後世への訓戒——宮古・重茂半島

建物がほとんどない更地の広がる山田町市街地

重茂半島姉吉集落の津波碑

を通り抜け、重茂《おもえ》半島へと進む。進行方向の右手に広がる山田湾には、たくさんの養殖筏《いかだ》が浮かんでいるのが見える。ホタテの養殖だろうか。それともカキだろうか。昨年の夏にこの辺りを通ったときは、まだ、ほとんど筏を目にすることができなかった。そんな湾を眺めていると、つい、うれしくなってしまう。

曲がりくねった細い車道を、対向車に気をつけながら行く。入り江に面した石浜集落に入った。養殖コンブの収穫シーズンを迎えたようだ。一日が終わろうとしている夕方にもかかわらず、小型フォークリフトや軽トラックが慌ただしく家々の間を走り回っている。隣の千鶏《ちけい》集落では、コンブの収穫・出荷に関する注意を促す集落放送が、夕闇に包まれつつある集落に響き渡る。どちらの集落も小さな沢沿いに家屋が並んでいる。ある高さより下の家屋はほとんど流されてしまっている。

津波到達点付近（写真中央部に新しい津波記念碑・上）震災後建てられた津波碑（姉吉・下右）重茂半島里集落の新しい津波碑（下左）

宮古市宿の漁港(上)
宮古市女遊戸(下右)
土が入れ替えられた田んぼ(宮古市松月・下左)

港の近く、集落の低いところには雑草の生い茂る裸地が広がっていた。

津波が来ないような高い場所に家を構えるよう石碑を建て、語り継いできた集落がある。重茂半島の姉吉《あねよし》集落である。森の中にひっそりとたたずむ家々の間を通り、少し下がっていくと道ばたに石碑が見える。この「大津浪記念碑」とある石碑には、「此処《ここ》より下に家を建てるな」という文言がはっきりと刻まれている。それよりも下に新しい石碑が建っていた。今回の大津波の到達点を示すものである。車道の側面やガードレールを見ると、実際に津波がそこまでやってきたことがわかる。

さらに先へ行った重茂半島の里集落。ここにも、明治、昭和の大津波の記念碑に並び、今回の大津波の到達点を伝える石碑が建てられていた。後世への訓戒として「命はてんでんこ」という文言が見える。震災を風化させまいとする人びとの真摯《しんし》な想いが、ここにある。

漁港の復興と手つかずの宅地──宮古　五月一八日

宮古市内に泊まり、翌一八日は久慈《くじ》市へ向かった。まず宮古市魚市場へ行ってみると、新しい綺麗な市場が建っていた。入り口には「全国初　大日本水産会『優良衛生品質管理市場』認定市場」と書かれた案内プレートが貼られていた。市場の入り口側には長いネットのカーテンがあり、さらにトロ箱などを運ぶフォークリフトにも一台一台ネットが覆い被さっていた。作業が大変そうだなあと思いながら、ふと宮古市街の方に目をやると、建物の合間の遥か彼方に頂上に雪をいただいた山が見える。「ああ、あれは早池峰《はやちね》(山)。こっから見えるのは珍しいよ」と、通りすがりの漁師さんが教えてくれた。

宮古市の鍬ヶ崎《くわがさき》、崎山《さきやま》を通り、宿《しゅく》へ行く。漁港のそばにあったであろう建物は何もなく、コンクリートの基礎だけがところどころに点在している。津波に洗われ、岩肌がむき出しとなっている小高い崖のところに、再び安置されてから間もないように見える、龍神《りゅうじん》供養《くよう》塔を見つけた。津波にのまれてしまったためか、その石塔の半分ほどは割れていた。それでも顕然と、むき出しの崖上に据えられているその様に、祈りの力強さを感じずにはいられなかった。

遠くで工事の音がするので行ってみる。隣の女遊戸《おなっぺ》集落で、水産総合研究センターの研究棟、宿舎の再建工事がおこなわれていた。賑やかな工事音が響き、慌ただしく工事車両が行き来する。しかし、すぐそばには壊れたままの防波堤。その違いに奇妙な戸惑いを覚えた。

田野畑村羅賀平井賀港のテトラポット

宮古市田老の大堤防

尾根を挟んで隣にある松月《まつつき》集落では、水をたたえた数枚の田んぼが田植えを待っていた。その下、海岸に近い方では、真っ黒い土でならされた田んぼが広がっていた。そばにはトラクターの修理屋さんを待つ農家の方がおられた。「ああ、ここ？（津波で）潮にやられて土を入れ替えたんだよ。小石がいっぱい混ざってて耕すのが大変。今年からここも始めるんだ。どうなるか分かんないけどね」。静かに、淡々と、そうおっしゃった。

宮古市田老《たろう》の大防波堤でも工事が始まっていた。堤防の上に一列になって小型の重機が並び、休むことなく工事音をたてている。津波によって破壊されたところを補修しつつ、全体的に高さをかさ上げするという。堤防の外には震災後つくられたプレハブの水産加工所が所狭しと並んでいる。その先の埋め立て地には、整然と並べられた、つく

小女子干し（久慈市小袖）

られたばかりのテトラポットも見える。大きなクレーン車がテトラポットの型を忙しそうに持ち上げては別の場所へ降ろしている。そんな地道な作業が、一つずつ、こつこつとこれからも続いていくに違いない。「復興」に向かって。

堤防の内側に広がっていた市街地跡は相変わらずほとんど手つかずの状態だった。縦横に走る黒いアスファルト道路がかつてあった家屋の区画を教えてくれるものの、各々の敷地内には雑草が生い茂る。細かく土地が分けられた市街を復興させることの難しさ、大変さを痛感させられる。

田老を訪れたこの日は、小学校で運動会がおこなわれていた。太鼓とともにグランドに響く応援団の声。玉入れ競技だろうか、数を数えるアナウンスの声も聞こえる。そのたびに歓声が上がる。学校の周辺に広がる空き地には、数えきれないほどの車が停められていた。お孫さんであろうか、小さな子供に先導され、ゆっくりと校門へ行くお年寄りの姿も見える。工事の喧騒《けんそう》を離れ、そこにはいつもの「日常」が流れていた。

今回訪れた岩手県の港々では、総じて護岸の補修工事が急ピッチで進められていた。魚市場や水産加工場など漁港関連施設が再建されているところも多かった。新しい船も多く見かけ、流された船もだいぶ戻りつつあるのではないか。しかしそれに比べ宅地の再建がなかなか進んでいない印象を受けた。津波の被害をまぬがれた高いところに家屋は残るものの、港近くの建物は流され、空き地が広がっている集落も多く目にした。一つの集落として、これからどのように復興、再生がなされていくのだろうか。

北限の海女——久慈　五月一九日

最終日、一九日は久慈市の小袖《こそで》集落に立ち寄った。NHKの朝の連続ドラマの影響で観光客が増え、久慈市街から小袖に至る細い海岸道路では当面、休日はマイカー規制がおこなわれている。五月の連休中は連日千人近くの観光客が訪れたともいう賑わいぶりである。しかし、ここも津波の被害を被《こうむ》っている。漁船や、港付近の家屋は流された。高台にある集落へ登っていく坂道沿いの手すりには、その傷跡が生々しく残されていた。それでも、「北限の海女《あま》」たちを中心に集落の方々は、訪れる観光客を笑顔でもてなしてくれる。

「これ、食べていって」。干している小女子《こうなご》を海鳥に盗み食いされないよう見張りながら、おばあさんが笑顔で、その小魚をひとつまみ差し出してくれた。口の中に入れた瞬間に広がる潮の香り。三陸のまぶしい海の季節が、いよいよまた訪れようとしている。

復興ダイアリー〈2〉

新聞紙面にみる復興〔2012・9・11～2013・3・11〕

震災から一年半、岩手県では震災で発生したがれきの処理率が、二〇一二年八月二七日現在で一五・五％。広域処理が徐々に進んでいる。同九月一一日現在でなお、約四万人が仮設住宅での生活を強いられている状況。岩手県内で防災集団移転促進事業による高台への集団移転は六五地区で計画されているが、国土交通大臣の同意を得たのは一〇地区にとどまる。また二〇一五年度までに約五六〇〇戸の建設を予定している災害公営住宅で着工したのは四〇〇戸余り。一方、岩手県内の一三の魚市場はすべて再開した。

宮城県では、県内八カ所の二次仮置き場のうち六カ所の処理プラントが本格稼働を始め、処理率は二六％となった。被災した一四〇カ所の漁港のうち、復旧作業に入ったのは五一カ所。県が管理する二七漁港のうち二五カ所で着手したが、市町管理の漁港では一一三カ所のうち二六カ所にとどまっている。（以上、岩手は九月一一・一二日付『岩手日報』より、宮城は九月一二日付『河北新報』より抜粋し構成）

●二〇一二年九月（九月一一日～）

九月一一日　新地《しんち》町で津波被災宅地の買収に着手（福島県）

防災集団移転促進事業に伴う措置の一環で、福島県新地町は津波被害を受けた町内の災害危険区域の土地の買い取りを始めた。福島県では被災地の買収は初めて。

九月一五日　津波で校舎が全壊した陸前高田市の高田高で新校舎の着工式、二〇一四年度末の全施設完成を目指す（岩手県）

九月一八日　震災がれきの本格焼却が福島県の津波被災地では初めていわき市で始まる（福島県）

九月一九日　震災がれき専用列車の運行を開始（岩手県・宮城県）

災害廃棄物を輸送するＪＲ貨物の専用列車の運行が仙台貨物ターミナル―東京貨物ターミナル間で始まった。当面は石巻市と女川町《おながわ》のがれきを中心に運搬する。

九月二〇日　大熊町議会、今後五年間は帰還しない方針を明記した町の第一次復興計画案を全会一致で可決（福島県）

九月二五日　陸前高田市高田町の景勝地、高田松原で防潮堤の復旧工事着工式がおこなわれる（岩手県）

九月二八日　大槌の区画整理エリアが決定（岩手県）

大槌町は、町方《まちかた》、安渡《あんど》、赤浜、吉里吉里《きりきり》の四地区について震災復興に伴う土地区画整理事業の都市計画を決めた。岩手県内では陸前高田市の先行区域に次いで二番目。

九月二九日　女川復興事業が着工（宮城県）

女川町は、土地区画整理事業や防災集団移転促進事業など一連の復興事業の着工式をおこなった。先行地区として荒立地区の山林を造成し、一戸建て住宅地を整備するほか、陸上競技場跡地に災害公営住宅二〇〇戸を建設する。また、魚市場周辺の土地のかさ上げも始め、水産加工団地を整備する。

●二〇一二年一〇月

一〇月一〇日　田野畑村《たのはた》で高台移転地造成の起工式がおこなわれる（岩手県）

田野畑村の高台移転先四地区（同村松前沢、同村切牛、同村羅賀《らが》記念林、黒澤山〈通称〉）合同の安全祈願祭と起工式がおこなわれた。この四地区で漁業集落防災機能強化事業による自力再建用の宅地と、災害公営住宅が一体となった団地を造成。合わせて一一八世帯分を整備する（写真1）。

一〇月一二日　浪江町議会、今後五年間（原発事故から六年間）**は帰還できないことを盛り込んだ町第一次復興計画案を全会一致で可決**（福島県）

写真１　田野畑村切牛の宅地造成地（蛯原一平撮影）

一〇月一九日　政府ががれき処理施設を増強することを決定（岩手県・宮城県）

政府はがれき処理の関係閣僚会合を開き、岩手・宮城両県の可燃物など災害廃棄物の処理を加速させるため、両県内の仮設焼却炉や廃棄物を破砕、選別する施設を増強する方針を決めた。政府目標の二〇一四年三月末の処理完了に向け、廃棄物の広域処理を受け入れる自治体や民間施設について本年度中の確定も目指す。

一〇月三一日　大船渡市内の三地区の集団移転を国土交通大臣が同意（岩手県）

大船渡市は定例記者会見で、国土交通大臣が市内三地区（三陸町綾里《りょうり》の港・岩崎、三陸町越喜来《おきらい》の浦浜東と浦浜南）での集団移転促進事業計画に同意したと発表した。同市内での国交相同意は八地区目。

●二〇一二年一一月

一一月二日　復興庁、震災関連死の詳細を公表

復興庁は震災に伴う避難生活で体調を崩すなどしてなくなり、九月末までに「震災関連死」と認定された一都九県の二三〇三人の詳細を公表した。うち約九割の二〇七〇人が六六歳以上。都県別では福島が最も多く一一二一人、次いで宮城八一二人、岩手三三三人、茨城三七人。

一一月四日　石巻市の新市街地、新蛇田《しんへびた》地区の造成着手（宮城県）

防災集団移転促進事業で石巻市の新市街地として整備する新蛇田地区の起工式が現地でおこなわれた。同地区では、災害公営住宅と一戸建て住宅計一四六〇戸分の建築が計画されており、三七〇〇人が移転する見通しで、市内最大の移転先となる。

一一月四日　新地町の被災世帯、自力で住宅団地を整備（福島県）

福島県新地町で、津波で自宅を失った被災世帯一〇軒が自力で町内に住宅団地を整備し、造成完了を祝う式典を開いた。震災に伴う住宅団地の整備としては町内で初めて。

一一月八日　東松島で震災後初のノリ収穫（宮城県）

東松島市大曲浜《おおまがりはま》地区などの漁業者グループが震災後初めてノリの摘み取り作業を開始。宮城県内有数の高品質ノリの産地だった大曲浜地区では、ノリ養殖の再開を目指し前年七月、グループを結成。ノリを収穫できるまでの収入源としてサケの定置網漁やワカメ養殖に取り組んできた。

一一月一一日　南三陸町戸倉折立《とくらおりたて》地区で、住民らが避難した高台の五十鈴《いすず》神社に津波到達点を伝える記念碑が完成（宮城県）

一一月一三日　宮古市田老摂待地区で県内初の圃場の区画整理着工（岩手県）

宮古市田老字摂待地区の農用地災害復旧関連区画整理事業による圃場整備工事が県内で初めて着工した。来年五月末に一部工事が完了し、営農再開できる見通し。岩手県で同事業で圃場整備を計画している被災農地は、同市のほか久慈市、野田村、山田町、釜石市、大船渡市、陸前高田市の計一三工区。

一一月一八日　三陸沿岸道、宮古中央―田老北間で工事着工（岩手県）

国が復興道路として位置付ける三陸沿岸道（二一三キロメートル）のうち、宮古中央―田老北間（二一キロメートル）の起工式が宮古市でおこなわれた。昨年一一月の事業決定から一年以内の即年着工となった。

一一月一九日　大船渡線、気仙沼―盛《さかり》間でBRT工事着工（宮城県・岩手県）

バス高速輸送システム（BRT）による仮復旧を目

指すJR大船渡線で、気仙沼—盛間（四三・七キロメートル）の専用道整備工事が大船渡駅跡地付近で始まった。

一一月二〇日　山元町、気仙沼市など県内四市町、計二一地区の集団移転事業を国が同意（宮城県）

山元町や気仙沼市など県内四市町の復興整備協議会は、計二一地区へ集団移転する事業などを盛り込んだ復興整備計画を了承。山元町の集団移転事業に国が同意するのは初めてで、宮城県内では集団移転事業を計画する一二市町すべてで事業が開始することに。

一一月二二日　南三陸町、大船渡市、陸前高田市などで震災後初のアワビ漁の口開け（宮城県、岩手県）

宮城県で有数のアワビ水揚げを誇っていた南三陸町の歌津《うたつ》で二年ぶりにアワビ漁が解禁となった。岩手県大船渡市の大船渡市漁協、綾里漁協、陸前高田市の広田湾漁協でも震災後初めてアワビ漁がおこなわれた。

一一月二五日　東北横断道釜石秋田線、宮守—東和間で開通（岩手県）

復興支援道路に位置付けられる東北横断道釜石秋田線の宮守—東和間（二三・七キロメートル）が開通。復興支援道路や復興道路で使用を開始したのは初めて。

一一月二七日　山元町で県受託の災害住宅整備工事が着工（宮城県）

山元町で、県が受託し設計、工事をおこなう災害公営住宅一期分二六戸の整備工事の着工式がおこなわれた。宮城県が受託する災害公営住宅では初めて。

一一月二九日　南相馬市、旧警戒区域のすべてのがれき仮置き場を確保（福島県）

南相馬市の旧警戒区域に設けるがれきのすべての仮置き場（計四カ所、一二六・七ヘクタール）について、政府と市が地域住民から同意を取り付けた。

一一月三〇日　復興庁、復興交付金の第四次配分額を決定（青森県・岩手県・宮城県・福島県）

復興庁は東北四県五四市町村に復興交付金の第四次分として計六八九〇億四〇〇〇万円の配分を決めた。一回の配分額としては一〜三次を上回り最も多く、一〜四次の東北四県への配分総額は一兆三三二〇億円になった。

●二〇一二年一二月

一二月五日　宮城県大崎市の古川東中校舎の新築着工、震災で失われた校舎の新築着工は県内初（宮城県）

一二月七日　大槌町浪板《なみいた》海岸の防潮堤が復旧（岩手県）

復旧工事が進められていた大槌町吉里吉里の浪板海岸防潮堤が完成し、現地説明会が開かれた。岩手県が示す沿岸被災地の社会資本整備工程表「復旧・復興ロードマップ」のなかで最初の復旧となり、県では今後、被災した一一五海岸の防潮堤を二〇一五年度までに復旧させる計画。

一二月九日　南相馬市雫《しどけ》行政区で津波犠牲者の慰霊碑が建立（福島県）

一二月一〇日　岩手県内牧草地の除染作業が計画の八割まで進む（岩手県）

岩手県は、県内牧草地の除染作業が本年度は計画の八四％まで進んでいることを明らかにした。一方、放射性セシウムが国の基準値（一キログラム当たり一〇〇ベクレル）以下にならなかった圃場もあり、来年度に二回目の除染をおこなう予定。

一二月一〇日　大船渡市盛町の市営災害公営住宅へ岩手県で初めて入居開始（岩手県）

一二月一四日　伊達市一一七地点（一二八世帯）と川内村一地点（一世帯）の特定避難勧奨地点指定が解除（福島県）

一二月二二日　宮古地区の漁具、漁網を金沢市へ搬出開始（岩手県）

震災の災害廃棄物（がれき）の処理協定に基づき、宮古地区の漁具・漁網約三〇トンを金沢市へ搬出した。岩手県内で漁具・漁網の本格的な県外への搬出は初めて。金沢市は一一月から宮古地区の漁具・漁網を試験的に受け入れてきた。

一二月二二日　ＪＲ気仙沼線、柳津《やないづ》―気仙沼間でバス高速輸送システム（ＢＲＴ）の正式運行が開始（宮城県）

一二月二五日　岩手県、防潮堤着工遅れる、「復旧・復興ロードマップ」の更新（岩手県）

岩手県は沿岸被災地の社会資本（インフラ）整備について市町村別にまとめた「復旧・復興ロードマップ」を更新し、公表した。それによると、本年度中に防潮堤などの海岸保全施設一二二カ所で工事着手を予定していたが、実際は七二カ所に減少。土地の地権者が行方不明などで取得が進まないことが要因とされる。

一二月二八日　宮城県の災害公営住宅の着手戸数が計画戸数全体の三割未満（宮城県）

宮城県は、震災で自宅が全壊し、自力再建が困難な被災者向け災害公営住宅について一二月二八日現在の整備状況をまとめた。整備に着手したのは計三九五六戸で、前月末に比べ一二地区計八一五戸の増加。整備着手は計画戸数全体（一万五〇〇〇戸）の二六・三％となった。

一二月二九日　宮城県内の主要漁港で本年最後の競り、水揚げ震災前の五～六割に回復（宮城県）

石巻や気仙沼など宮城県内の主要漁港で本年最後の競りがおこなわれた。前年は震災前の二〇一〇年に比べ二～三割にとどまった水揚げ高は五～六割まで回復。石巻漁港では水産加工施設が復旧し、水揚げの受け入れ態勢が整ったこともあり、二〇一〇年に比べ数量で四二％、金額で五二％まで戻った。気仙沼港でも数量で五五％、金額で六三％にまで回復した。

●二〇一三年一月

一月七日　下水管撤去、国が負担する方針へ

国土交通省は、東日本大震災の津波で流された住宅地に残った下水管の撤去費用の全額を、国が負担する方針を明らかにした。自治体が進める土地整備を支援するのが狙い。

一月九日　政府、原発事故の避難者が放射線量の低い地域に集団移転する町外コミュニティー（仮の町）づくりの費用を全額国負担とする方針を固める（福島県）

一月一九日　阿武隈《あぶくま》川河口部堤防の復旧事業が着工（福島県）

津波により崩壊した阿武隈川河口部堤防の本格復旧事業の着工式がおこなわれた。工事区間は、岩沼市側の左岸一・七キロメートルと、亘理《わたり》町側の右岸約三キロメートル。

一月二三日　大島架橋事業が着工（宮城県）

気仙沼市の大島架橋事業の着工式が同市三ノ浜地内でおこなわれた。構想から四十数年余り、昨年一月の事業着手から一年以内の即年着工となった。

一月二五日　環境省、がれき広域処理必要量が半減と発表（岩手県・宮城県・福島県）

環境省は、震災がれきで被災地以外の自治体で代行する広域処理が必要な量は、従来推計の約半分の六九万トンに減ったと発表。岩手、宮城両県内で処理できる量が増えたためで、広域処理のうち、両県からの木くずと可燃物の約八割が二〇一三年内に終了する見通しとなった。

一月二六日　岩手県の震災がれきを積んだ第一陣が大

阪湾へ到着（岩手県）

一月二九日　野田村、高台住宅団地の造成工事に県内で初めて着手（岩手県）

野田村の高台移転用地造成と復興関連道路工事の安全祈願祭が、同村野田の米田地区でおこなわれた。同村では城内地区と米田・南浜地区に防災集団移転促進事業による県内初の団地を造成し、城内地区高台と接続する県道を新設する計画。二〇一四年度末までに個人住宅と災害公営住宅の計一〇八戸の団地造成を実施する予定。

●二〇一三年二月

二月五日　気仙沼港で生コンクリート原料の海上輸送が本格化（宮城県）

復興事業に必要な生コンクリートの原材料を海上輸送で、県外（青森県つがる市）から調達する取り組みが気仙沼港で本格的に開始。復興需要のピークとなる二〇一三年度以降の生コン不足に備えた措置。

二月六日　三陸沿岸道、唐桑北《からくわ》―陸前高田間が着工（岩手県・宮城県）

国が復興道路として位置付ける三陸沿岸道のうち、岩手、宮城両県を結ぶ唐桑北―陸前高田間（一〇キロメートル）の起工式が陸前高田市でおこなわれた。岩手県内の復興道路の着工は三カ所目で、今後一〇年以内の開通を目指す。

二月一三日　仙台市、集団移転先の宅地整備工事に着手（宮城県）

仙台市は、津波被災地で進める防災集団移転促進事業で宮城野区蒲生《がもう》雑子《ざっこ》袋《ふくろ》地区の宅地整備に着手した。市が造成する移転先七地区のうち工事が着手したのは初めて。

二月二〇日　相馬市にある国の仮設焼却炉が本格稼働（福島県）

環境省が相馬市、新地町のがれきを代行処理するため同市に整備した仮設焼却炉が本格稼働。国の代行処理の第一号。

二月二二日　陸前高田市で初めて集団移転事業に着手（岩手県）

陸前高田市の気仙町上長部《かみおさべ》、双六《すごろく》第二の両地区での防災集団移転促進事業が始まり、造成工事の起工式が上長部地区でおこなわれる。陸前高田市が計画する三二地区のなかで着工は初めて。

写真2　グリーンピア三陸みやこの仮設住宅
グリーンピア三陸みやこ（宮古市田老地区）のグラウンド、テニスコートには岩手県内最大規模となる仮設住宅約400棟が立っており、今なお多くの方々がここで生活されている（蛯原一平撮影）。

二月二三日　女川町で集団移転事業に着手（宮城県）

女川町の離島・出島《いずしま》で防災集団移転促進事業の安全祈願祭がおこなわれた。島内の出島、寺間《てらま》の二地区のうち出島地区については、集団移転事業が予定されている町内の離島・半島部一五地区のなかで最も早く、来月造成工事が始まる。分譲住宅と災害公営住宅計二八戸分の宅地と道路、公園などを整備する計画。

二月二四日　亘理町荒浜で犠牲者追悼の慰霊碑「鎮魂の杜《もり》」が建立（宮城県）

二月二五日　三陸沿岸道路、吉浜—釜石間が着工（岩手県）

復興道路と位置付けられる三陸沿岸道路のうち、吉浜—釜石間（約一四キロメートル）の起工式が大船渡市三陸町吉浜でおこなわれた。

二月二五日　厚労省、仮設入居、一四年度末までの延長を検討

厚生労働省は、現在、二〇一三年度末までの三年間となっている仮設入居の入居期間を延長し、二〇一四年度末までの四年間とする方向で検討に入った。東北の被災三県で、これまでに完成した災害公営住宅は、大船渡市と相馬市の計五六戸にとどまり、整備が遅れているため。延長対象の仮設住宅は、民間から借り上げている「みなし仮設住宅」も含めると、愛媛県を除く四六都道府県の計約一一万九〇〇〇戸で、計約三〇万人が暮らしている（写真2）。仮設住宅の入居期間は原則二年間であったが、二〇一一年五月に政令を改正し、必要があれば一年間の延長ができ、さらに一年ごとに再延長できるようにした。しかし、二〇一四年度末までの住宅整備が困難な自治体もあり、単年度ごとの延長ではなく被災地の実情に応じた柔軟な対応を求める声も。

●二〇一三年三月

三月二日　JR大船渡線、気仙沼—盛間でバス高速輸送システム（BRT）運行開始（岩手県）

不通となっていたJR大船渡線の気仙沼—盛間（四三・七キロメートル）で、仮復旧のバス高速輸送システム（BRT）の運行が始まった。JR東日本は今夏、さらに一三・二キロメートル（小友《おとも》—盛間）を延伸する方針。その後の整備は沿線自治体などと協議中。

三月七日　政府、葛尾村《かつらお》・富岡町・浪江町の避難区域の見直し、区域再編を決定（福島県）

原発事故に伴う避難区域の見直しで、政府の原子力災害対策本部は葛尾村、富岡町、浪江町の警戒区域と計画的避難区域を、放射線量に応じて「帰還困難区域」、「居住制限区域」、「避難指示解除準備区域」の三区域に再編することを決定。警戒区域と計画的避難区域に設定された一一市町村のうちこれまで田村、川内、南相馬、飯舘《いいたて》、楢葉《ならは》、大熊の六市町村で再編を終えている。

三月八日　復興庁、復興交付金の第五次配分額を決定（青森県・岩手県・宮城県・福島県）

復興庁は東北四県五八市町村に復興交付金の第五次分として計一九八二億一〇〇〇万円の配分を決めた。被災地の要望を踏まえ、交付金の使途を拡大。基幹事業の採択範囲や基幹事業に関連する効果促進事業の対象を見直し、津波復興拠点施設の建設や農業用機械の購入、観光再生に向けた事業なども取り込んだ。

三月八日　宮城県の漁港復旧進捗《しんちょく》率五九％、農地七五％（宮城県）

宮城県は津波被害を受けた漁港と農地の復旧状況を

公表。県営二七漁港の復旧工事の進捗率は五九%に上ったものの、漁港別にみると進捗率に大きな開きが出た。県が復旧を最優先させる「水産業集積拠点漁港」をみると、気仙沼三六・四%、志津川七八・二%、石巻五一・一%、女川四七・〇%、塩釜六一・二%となった。県内農地は七五%で復旧に着手。被災面積が県内最大の二〇二〇ヘクタールだった石巻市では一三八〇ヘクタール（六五%）で工事が始まった。

三月一一日　震災発生から二年、被災地各地で追悼式

（本コーナーは『岩手日報』、『河北新報』、『福島民報』の三社新聞紙の記事をもとに、蛯原一平が編集・作成しています）

執筆者一覧

田口洋美（たぐち・ひろみ）
一九五七年生まれ。東北芸術工科大学教授。同大東北文化研究センター所長。人類学・環境学専攻。著書『越後三面山人記―マタギの自然観に習う』（農山漁村文化協会、一九九二年）、『マタギ―森と狩人の記録』（慶友社、一九九四年）、『マタギを追う旅―ブナ林の狩りと生活』（慶友社、一九九九年）、など。

木村迪夫（きむら・みちお）
一九三五年小作農の長男として上山市牧野に生まれる。戦後農政に翻弄されながらも牧野にとどまり農業を続け、十代からこれまで詩作を行い、一六の詩集を出版し、現代詩人賞、丸山薫賞、日本農民文学賞、土井晩翠賞、齋藤茂吉文化賞、真壁仁・野の文化賞など多数受賞。「ゴミ屋の記」など多くの優れたエッセイも執筆。

矢野和之（やの・かずゆき）
国際交流基金でアフリカ映画祭などに携わり一九八五年に退職、映画配給会社を設立。今までにキドラット・タヒミック作品、ペドロ・コスタ作品等の他、中国映画、エチオピア映画等、二〇一三年にロバート・クレイマー監督『アイス』および『マイルストーンズ』を配給。山形映画祭には企画段階から関わり、一九八九～二〇〇七年東京事務局長。

藤岡朝子（ふじおか・あさこ）
山形国際ドキュメンタリー映画祭東京事務局ディレクター。一九九五～二〇〇三年、「アジア千波万波」プログラム・コーディネーター。映画関係の通訳や字幕翻訳も手がける。二〇〇六年より釜山映画祭AND（アジア・ネットワーク・オブ・ドキュメンタリー）アドバイザー。映画『長江にいきる』『ビラルの世界』の日本配給を手がける。

日下部克喜（くさかべ・かつよし）
山形国際ドキュメンタリー映画祭山形事務局次長。一九七六年生まれ。二〇〇七年より映画祭事務局員。映画祭の現場運営全般、広報を担当。また同映画祭の映像文化推進事業を担い、映写技師として県内各所、隣県各地に赴く。

石井義人（いしい・よしと）
有限会社シネマトグラファー。一九六四年生まれ。第二回目より関わりをはじめ、以降二〇年間にわたり映写を担当。映画のデジタルシフトは職人的な映写作業の機会を駆逐した。それだけでは済まない世界をどこかに残せないものか、捨てられない物を置いておける場所を探してゆきたい。

阿部宏慈（あべ・こうじ）
一九五五年宮城県仙台市生まれ。東北大学大学院文学研究科博士課程中退。山形大学人文学部教授（フランス文学・表象文化論）。山形国際ドキュメンタリー映画祭理事。著書に『プルースト距離の詩学』（平凡社、一九九三年）、ジャック・デリダ『絵画における真理』（共訳、法政大学出版局、一九九七年）など。

髙橋卓也（たかはし・たくや）
一九五六年山形市生まれ。フォーラム運営委員会、山形県映画センターで映画の配給や上映に係わる。『わらびのこう』（恩地日出夫監督）の製作と上映を支援する会・事務局長。『よみがえりのレシピ』プロデューサー。一九八九年「映画祭ネットワーク」を有志と立ち上げ、二〇〇五年映画祭事務局に入局、現在、事務局長。

岡崎孝（おかざき・たかし）
一九六〇年生まれ。特定非営利活動法人山形国際ドキュメンタリー映画祭正会員。同映画祭を支える市民グループ「ネットワーク」の一員でもある。映像作家としては二〇一三年五月、「紫月いろは」という女性の生き様を通して人間社会の多様性をとらえた第三作『人間（じんかん）』が完成した。山形市在住。

加藤到（かとう・いたる）
一九五八年生まれ。東北芸術工科大学教授。山形国際ドキュメンタリー映画祭副理事長。実験映画作品を中心に、メディアアート作品を数多く発表。『SPARKLING』はハンガリーの実験映画祭「レティナ'91」にてシゲトヴァール市長賞受賞。著書『美術×映像』（美術出版社、二〇一〇年、共著）など。

小泉修吉（こいずみ・しゅうきち）
記録映画作家。グループ現代会長。一九三三年横浜に生まれる。早稲田大学文学部卒。主な監督プロデュース作品に『農薬禍』『ある村の健康管理』『老いる—五人の記録』『林作二の授業・人間について』シリーズ『自然農・川口由一の世界』『センス・オブ・ワンダー—レイチェル・カーソンの贈りもの』のほか、民族文化映像研究所の日本の基層文化を記録した作品群、鎌仲ひとみ監督の原発問題シリーズなど多数。

あべ美佳（あべ・みか）
一九七一年生まれ。作家・脚本家。日本テレビシナリオ登龍門優秀賞（二〇〇四年）。NHK創作テレビドラマ脚本懸賞最優秀作（二〇〇六年）。NHK仙台開局八〇周年記念ドラマ『お米のなみだ』で東京国際ドラマアウォード・ローカルドラマ賞受賞。著書『雪まんま』（NHK出版、二〇一二年）など。

舩橋淳（ふなはし・あつし）
一九七四年生まれ。映像作家。東京大学教養学部卒後、ニューヨークで映画制作を学ぶ。監督初作品『echoes』は仏アノネー国際映画祭で審査員特別賞、観客賞を受賞。『フタバから遠く離れて』は二〇一二年ベルリン国際映画祭に正式出品された。そのほか『BIG RIVER』『桜並木の満開の下に』（二〇一三年、主演臼田あさ美、三浦貴大）など。

たくきよしみつ
一九五五年生まれ。作家・作曲家。著書『裸のフクシマ』（講談社、二〇一一年）、『3・11後を生きるきみたちへ　福島からのメッセージ』（岩波ジュニア新書、二〇一二年）、『マリアの父親』（集英社、一九九二年）、『カムナの調合』（読売新聞社、一九九六年）、『狛犬かがみ』（バナナブックス、二〇〇六年）など。
音楽アルバム『狸と五線譜』『ABUKUMA』など。
WEBサイト http://takuki.com/

羽根田治（はねだ・おさむ）
一九六一年生まれ。フリーライター。山岳遭難や登山技術の記事を専門誌や書籍で発表する一方、沖縄、自然、人物などをテーマに執筆活動を続ける。著書に、『パイヌカジ—沖縄・鳩間島から』（山と溪谷社、一九九七年）、『山の遭難—あなたの山登りは大丈夫か』（平凡社新書、二〇〇〇年）、『ドキュメント単独行遭難』（山と溪谷社、二〇一二年）など多数。

竹原万雄（たけはら・かずお）
一九七八年生まれ。東北芸術工科大学専任講師。同大東北文化研究センター研究員。日本近世・近代史専攻。主要論文に「疫病予防の問題点　一八八二年、宮城県の「コレラ騒動」」（『講座　東北の歴史　第4巻　交流と環境』（清文堂、二〇一二年））など。

読者の方々へ

『東北学』は1999年の創刊以来、第１期・２期刊行とおよそ13年間にわたり、数多くの読者や東北文化研究センター「東北文化友の会」の方々から熱いご支援を受けてきました。

第３期は、年２回、皆様のもとに新たな『東北学』をお届けしていきます。

編集後記

山形もいよいよ夏本番。そしてまた、あの２年に一度の熱い時期がやってくる。

震災・原発事故が起こり社会が動揺し続けていた２年前、初めて山形国際ドキュメンタリー映画祭の会場に足を運んだ。スクリーンに映し出された作品から静かに、強烈に発せられる“伝える力”。あるいは上映を待つ観衆たちからみなぎる高揚感。場で醸成される得たいの知れない雰囲気に酔った。あの“祭り”がまたやってくる。

ドキュメンタリー映画祭を創りあげる地域の活力から明日の東北の姿を考えてみたい。これが本特集の企画コンセプトでした。その想いを形としてお届けし、山形をはじめ各地で奮闘されている映画祭を応援できれば幸いです。

本号の制作を進めるにあたり、山形国際ドキュメンタリー映画祭事務局には多大なご協力をいただきました。開催準備でご多忙のなか、細やかに対応してくださり感謝に堪えません。また、国内外でご活躍されている監督をはじめ多くの方々のお力添えもいただきました。あわせてお礼申し上げます。

本巻を１号ずつ丁寧に刊行してゆくことで、新たな「東北学」の地平を読者の皆様とつくり上げてゆきたいと考えています。忌憚ないご意見やご感想をお待ち申し上げるとともに、今後とも温かな応援のほどをよろしくお願い申し上げます。

編集スタッフ

企画・監修／田口洋美
企画編集／森本　孝
制　　作／佐久間章仁（はる書房）
　　　　　蛯原一平（東北文化研究センター）
　　　　　中村只吾（同）

蛯原一平（えびはら・いっぺい）
一九七八年生まれ。東北芸術工科大学東北文化研究センター専任講師。地域研究専攻。論文「亜熱帯の森に眠る猪垣─沖縄県西表島の猪垣の配置形態と構造」（『日本のシシ垣』古今書院、二〇一〇年）、「イノシシとの共存─奄美沖縄における狩猟文化誌」（『奄美沖縄環境史資料集成』南方新社、二〇一一年）など。

謝黎（しゃ・れい）
一九六六年生まれ。東北芸術工科大学専任講師。同大東北文化研究センター研究員。文化人類学専攻。著書『チャイナドレスをまとう女性たち─旗袍にみる中国の近・現代』（青弓社、二〇〇四年）、『チャイナドレスの文化史』（青弓社、二〇一一年）、論文「中国のモダン─チャイナドレスの物語」（『繊維製品消費科学学会誌』五三五～五五三号のうち不定期一〇回シリーズ、二〇〇九年～二〇一〇年）など。

東北学 02

二〇一三年七月三〇日初版第一刷発行

発行者　徳山詳直（東北芸術工科大学理事長）

発行所　東北芸術工科大学　東北文化研究センター

山形県山形市上桜田三丁目四番五号　〒九九〇-九五三〇

電話（〇二三）六二七-二一六八　FAX（〇二三）六二七-二一五五

責任編集　東北文化研究センター

発売所　株式会社はる書房

東京都千代田区神田神保町一丁目四四番地　〒一〇一-〇〇五一

電話（〇三）三二九三-八五四九　FAX（〇三）三二九三-八五五八

組　版　樋口潤一（放牧舎）・三宅秀典（シナプス）・黒瀬章夫（nakaguro graph）

印刷・製本　中央精版印刷

◉落・乱丁本はお取り替えいたします。定価はカバーに表示してあります。

ISBN978-4-89984-134-0

東北文化研究センターからのお知らせ

◆センターの指針◆

東北文化研究センターは、大きな節目を迎えました。

山形盆地東部の山裾に東北芸術工科大学が開学されたのは一九九二年、まだバブル景気の余韻醒めやらぬ時代でした。以降、日本経済の成長は減速し、人々の生活に対する不安が高まってゆきました。そして一九九九年、二〇世紀末に東北文化研究センターが大学附属の研究機関として誕生し、大学建学の理念の具現化とアイデンティティー創出を目指し、ユーラシア大陸あるいは環太平洋に存在する周辺諸国、諸民族との歴史的関係性に基づいた新たな日本文化の掘り起こしを目指す研究がスタートしました。当初は民俗学を軸に思想史的視座から東北、日本、東アジアへと広がるまなざしをもって日本文化の読み直しを試み、やがて民俗的視点に人類史をも包含する民俗・人類、考古、歴史といった三学協働体制の研究機関へと成長しました。

『東北学』は、地域に生きる人々と学問を繋ぐ場として存在してきました。今回の東日本震災とそれにつづく放射能問題は、学問とは何かという命題も突きつけています。学問的野心と現実の生活との断層が露わとなりました。人々の幸福のために存在すべき学問が人々を守れなかった。その現実は、学問に生きる私たちに「変われ」と要求しています。少なくとも『東北学』という場は、学問のための学問ではなく、人々とともに在る学問を目指さなければなりません。とりわけ、この大地にこれから生きてゆこうとする若者たちに開かれた場としての学問へと脱皮しなければなりません。東北文化研究センターの仕事は、何気ない日常の風景の中に歴史と文化を発見し、人々にとっての幸福とは何かを追求する人間学の実践に他なりません。そのような意味で、私たちの仕事の成果は、卒業し社会へと出てゆく若者たちの生き方の中に顕著に現れることになります。

東北文化研究センターは学生と地域、大学と地域をつなぐ場として存在します。今後とも皆様のご指導とご支援を賜りながら研鑽に励んでまいりますので宜しくお願いを申しあげます。

◆センターの役割と機能◆

①市民・研究者との交流拠点

調査・研究（自主／共同）、『東北学』『研究紀要』の編集・発行、シンポジウム・講演会・企画展・上映会の開催、文献・映像の資料収集とデータベース化、研究者・研究機関とのネットワーク作り

②地域社会の活性化に貢献

委託研究にかかわる調査・研究、地域づくりセミナーの開催

③地域・市民に開かれた場

水上能楽堂「伝統館」の運営、公開講座の開催、社会人教育、「東北文化友の会」の運営、東北芸術工科大学図書館の開放

④学内外の教育・研究機関との連携

地域を担う若者の育成、若手研究者の育成

東北文化友の会会員募集！

◆年会費◆

一般会員　一〇、〇〇〇円
法人会員　三〇、〇〇〇円
学生会員　五、〇〇〇円
本学卒業生及び本学学生保護者会員
五、〇〇〇円

◆特典◆

1友の会会報『まんだら』の配付
2雑誌『東北学』の贈呈
3公開講座・上映会・講演会・シンポジウムなどの早期案内と先行予約
4水上能楽堂「伝統館」公演の早期案内と先行予約
5資料閲覧室の利用（貸出可能）

東北文化友の会へのご入会を希望される方は、巻末の郵便振込用紙通信欄に、お名前(フリガナ)・ご住所・お電話番号・性別・ご職業をご記入のうえ、会費をお振込みください。会期はお振込みいただいた翌月から一年間になります。

東北芸術工科大学東北文化研究センター出版物のご案内①

（株）作品社 ●発売
〒102-0072 東京都千代田区飯田橋2-7-4 電話（03）3262-9753
FAX（03）3262-9757 振替00160-3-27183

こちらの書籍のお取り寄せにつきましては、作品社までお問い合わせください。なお、東北文化研究センターでも通信販売をおこなっております。（お申込み方法など通信販売の詳細につきましては、末尾の「すべてのお問い合わせは……」をご覧ください。）

東北学

A5判 各号2100円（税込）
赤坂憲雄責任編集

東北学1【総特集】いくつもの日本へ
99年10月 304頁（品切れ）

東北学2【特集】巫女のいる風景
【小特集】考古学と民俗学のあいだ
00年4月 336頁

東北学3【総特集】狩猟文化の系譜
00年10月 416頁

東北学4【特集】南北論の視座
【小特集】列島の焼畑文化
01年4月 416頁

東北学5【特集】海と島の民族史
【小特集】宮田登以後
01年10月 412頁（品切れ）

東北学6【総特集】〈南〉の精神史
02年4月 376頁（品切れ）

東北学7【総特集】〈北〉の精神史
02年10月 408頁

東北学8【総特集】飢えの記憶
03年4月 458頁

東北学9【総特集】いくつものアジアへ
03年10月 392頁

東北学10【総特集】山の神とはだれか
04年4月 358頁

別冊東北学

A5判 各号2100円（税込）
赤坂憲雄・森繁哉責任編集

別冊東北学1【総特集】記憶の海へ
00年9月 300頁

別冊東北学2【特集】家族の肖像
01年7月 432頁

別冊東北学3【特集】死者と生きる
02年1月 425頁

別冊東北学4【特集】海を渡る
02年7月 468頁

別冊東北学5【特集】壁を超える
03年2月 532頁

別冊東北学6【特集】幻想としての壁
03年7月 456頁

別冊東北学7【特集】東北ブランドは可能か
04年1月 442頁

別冊東北学8【特集】旅学の時代
04年8月 424頁（品切れ）

東北芸術工科大学東北文化研究センター出版物のご案内②

東北文化研究センター　●発売／発行

〒990-9530　山形市上桜田3丁目4番5号
電話（023）627-2168　FAX（023）627-2155

こちらの書籍のお取り寄せにつきましては、東北文化研究センターまでお問い合わせください。なお、通信販売もおこなっております。（お申込み方法など通信販売の詳細につきましては、末尾の「すべてのお問い合わせは……」をご覧ください。）

東北文化の広場
A5判　各号525円（税込）

東北・生と死の風景　00年5月　78頁
いま、東北は元気だ　00年9月　64頁
真壁仁とともに　00年12月　56頁
景観・観光・デザイン～地域づくりへの視点～　01年10月　74頁（品切れ）
日本の狩猟文化について考える　02年3月　107頁（品切れ）

まんだら
東北文化友の会会報
B5判　420円（税込）

まんだら1【特集】日本の深層、東北　99年9月　18頁（品切れ）
まんだら2【特集】東北から開く日本　99年12月　18頁
まんだら3【特集】内藤正敏「十の質問」　00年3月　18頁
まんだら4【特集】「真壁仁の世界」　00年6月　18頁（品切れ）
まんだら5【特集】東北学と京都学　00年9月　24頁
まんだら6【特集】みちのくプロレスは東北学だ
まんだら7【特集】いくつもの東北学が始まる　00年12月　24頁
まんだら8【特集】東北学への期待　01年3月　24頁
まんだら9【特集】地域の時代は可能か　01年6月　24頁
まんだら10【特集】萱野茂氏講演会　01年9月　32頁（品切れ）
まんだら11【特集】文化の道・最上川　01年12月　32頁（品切れ）
まんだら12【特集】映像民俗誌の試み　02年3月　30頁
まんだら13【特集】水上能舞台の可能性　02年6月　32頁
まんだら14【特集】東アジアのなかの日本文化　02年9月　32頁
まんだら15【特集】東北をデザインせよ　02年12月　32頁（品切れ）
まんだら16【特集】東北文学の可能性　03年3月　32頁（品切れ）
まんだら17【特集】岡本太郎の世界　03年6月　32頁

03年9月　32頁
まんだら18【特集】地域学の時代
03年12月　32頁
まんだら19【特集】日本文化とは何か
04年3月　44頁（品切れ）
まんだら20【特集】東北学を支えた若い力
04年6月　40頁
まんだら21【特集】東北学講座
04年11月　64頁（品切れ）
まんだら22【文化フォーラム】
イザベラ・バードが見た明治の日本
05年2月　64頁
まんだら23【特集】内藤正敏の宇宙
05年5月　66頁
まんだら24【特集】田口洋美のフィールド
05年8月　64頁（品切れ）
まんだら25【特集】地域誌の
さらなるあゆみ
05年11月　64頁（品切れ）
まんだら26【特集】東北遺産を探る
06年2月　64頁（品切れ）
まんだら27【特集】獅子芸能の世界へ
06年5月　64頁（品切れ）
まんだら28【特集】食べて保全
06年8月　64頁
まんだら29【特集】いま、よみがえる建物
06年11月　64頁
まんだら30【特集】廃校から始まる

07年2月　64頁（品切れ）
まんだら31【特集】東北ルネサンス・
プロジェクト
07年5月　88頁（品切れ）
まんだら32【特集】東北一万年の
フィールドワーク
07年8月　72頁（品切れ）
まんだら33【特集】人と思想の
ネットワーク
07年11月　64頁
まんだら34【特集】東北からの文学
08年2月　64頁（品切れ）
まんだら35【特集】地域にひらく
08年5月　64頁（品切れ）
まんだら36【特集】東北の深層へ
08年8月　64頁
まんだら37【特集】「もののけ姫」から
歴史・民俗・考古の世界へ
08年11月　64頁（品切れ）
まんだら38【特集】芸術が地域を繋ぐ
09年2月　64頁
まんだら39【特集】地域と映像
09年5月　64頁（品切れ）
まんだら40【特集】知の運動、
東北学一〇年
09年8月　64頁（品切れ）
まんだら41【特集】地域とミュージアム
09年11月　64頁

まんだら42【特集】東北を読みとく
10年2月　56頁
まんだら43【特集】『遠野物語』
一〇〇年に寄せて
10年5月　64頁
まんだら44【特集】発見する芸術学
10年8月　64頁
まんだら45【特集】宮崎駿アニメを読む
10年11月　64頁（品切れ）
まんだら46【特集】風土としての東北
11年2月　64頁
まんだら47【特集】いま、問われている
ものは何か
11年5月　48頁
まんだら48【特集】世界遺産・平泉を語る
11年8月　48頁
まんだら49【特集】東北
あるく・みる・きく
11年11月　48頁
まんだら50【特集】自然・エネルギー・
放射能汚染
12年2月　48頁
まんだら51　12年7月　24頁
まんだら52　13年2月　24頁
まんだら特別号　09年11月　76頁

真壁仁研究

A5判　各号2100円（税込）
真壁仁研究編集委員会編

真壁仁研究1　00年12月　442頁
真壁仁研究2　01年12月　412頁
真壁仁研究3　02年12月　468頁
真壁仁研究4【特集】地域からの思想　03年12月　424頁（品切れ）
真壁仁研究5【特集】真壁仁の芸術文化論　04年12月　360頁
真壁仁研究6【特集】真壁仁と教育　06年1月　474頁
真壁仁研究7【特集】真壁仁と農業　07年1月　378頁

研究紀要

B5（A4）判　無料（送料有料）

研究紀要1【特集】東北山の神信仰の研究　02年3月　B5判　232頁（品切れ）
研究紀要2【特集】オシラサマ信仰の研究　03年3月　B5判　286頁（品切れ）
研究紀要3【特集】東北の小正月と来訪神　04年3月　B5判　328頁（品切れ）
研究紀要4【特集】東北の農耕文化　05年3月　B5判　250頁（品切れ）
研究紀要5【特集①】映像民俗学は可能か【特集②】韓国多島海民俗調査報告
研究紀要6【特集】茅葺き集落の調査研究—山形県村山市上五十沢—　06年3月　B5判　304頁（品切れ）
研究紀要7　07年3月　A4判　300頁
研究紀要8　08年3月　A4判　144頁（品切れ）
研究紀要9　09年3月　A4判　270頁（品切れ）
研究紀要10　10年3月　A4判　142頁
研究紀要11　11年2月　A4判　158頁
研究紀要12　12年3月　A4判　157頁
　13年3月　A4判　218頁

研究報告書

無料（送料有料）

東北文化の広場6
東北文化研究センター研究報告書
牛房野のカノカブ—映像制作の記録—　03年3月　A5判　110頁（品切れ）
東北文化の広場7
平成14年度
オープン・リサーチ・センター整備事業研究報告書
東北文化シンポジウム報告　いくつもの東北
東北文化の広場8　03年3月　A5判　110頁（品切れ）
平成15年度
オープン・リサーチ・センター整備事業研究報告書
東北文化シンポジウム報告　北の狩猟文化　04年3月　A5判　82頁（品切れ）
平成14〜18年度私立大学学術研究高度化推進事業
「オープン・リサーチ・センター整備事業」
「東アジアのなかの日本文化に関する総合的な研究」研究成果報告書
07年3月　A4（B5）判　全四巻（品切れ）

（438頁／676頁／194頁／270頁）

平成19〜23年度私立大学学術研究高度化推進事業
「オープン・リサーチ・センター整備事業」
「東北地方における環境・生業・技術に関する歴史動態的総合研究」

平成19年度研究成果報告書
　08年3月　A4判　80頁（品切れ）

平成20年度研究成果報告書
　09年3月　A4判　160頁（品切れ）

平成21年度研究成果報告書
　10年3月　A4判　155頁

平成22年度研究成果報告書
　11年3月　A4判　98頁

平成19年度〜平成23年度文部科学省私立大学学術研究高度化推進事業
「オープン・リサーチ・センター整備事業」
東北地方における環境・生業・技術に関する歴史動態的総合研究　研究成果報告書Ⅰ
　12年3月　A4判　456頁

平成19年度〜平成23年度文部科学省私立大学大学院高度化推進事業
「オープン・リサーチセンター整備事業」
東北地方における環境・生業・技術に関する歴史動態的総合研究　研究成果報告書Ⅱ
　12年3月　A4判　385頁

プロジェクト1「東北地方における環境・生業・技術に関する歴史動態的研究」

陸奥国磐井郡五串村本寺（岩手県一関市厳美町）佐藤家文書詳細目録・報告書
　09年6月　A4判　123頁

陸奥国磐井郡猪岡村小猪岡（岩手県一関市厳美町）槻山家文書追加目録
　12年3月　A4判　160頁

「弘前藩庁御国日記」狩猟関係史料集（一）
　11年3月　A4判　376頁

「弘前藩庁御国日記」狩猟関係史料集（二）
　11年9月　A4判　361頁

「弘前藩庁御国日記」狩猟関係史料集（三）
　12年3月　A4判　362頁（品切れ）

蕨山遺跡発掘調査報告書
　11年3月　A4判　72頁（品切れ）

プロジェクト2「映像アーカイブの高度な活用に関する研究」

東北一万年のフィールドワーク1　飛鳥
　09年2月　B5判　48頁（品切れ）

東北一万年のフィールドワーク2　八森養蚕の記録
　10年3月　B5判　48頁

東北一万年のフィールドワーク3　上郷
　10年3月　B5判　48頁

東北一万年のフィールドワーク4　小玉川
　11年3月　B5判　48頁

東北一万年のフィールドワーク5　人と動物の近代―絵はがきのなかの動物たち―
　11年9月　B5判　67頁

東北一万年のフィールドワーク6　五味沢
　11年12月　B5判　48頁

東北一万年のフィールドワーク7　信州秋山郷　小赤沢
　12年3月　B5判　48頁

東北一万年のフィールドワーク8　木造和船―東北編―
　12年3月　B5判　48頁

平成24〜28年度文部科学省私立大学戦略的研究基盤形成支援事業
「環境動態を視点とした地域社会と集落形成に関する総合的研究」

平成24年度研究成果報告書
　13年3月　A4判　93頁

受託研究報告書

無料（送料有料）

東北の風土に関する総合的研究　平成12年度　共同研究テーマ「山村の民俗誌」
01年3月　A4判　122頁（品切れ）

東北の風土に関する総合的研究　平成13年度　共同研究テーマ「川の民俗誌」
02年3月　A4判　116頁（品切れ）

東北の風土に関する総合的研究　平成14年度

（1）最上川文化資料集1治水・利水編
03年3月　A4判　150頁（品切れ）

（2）山河とともに
—東北河川担当者聞き書き
03年3月　A5判　90頁（品切れ）

東北の風土に関する総合的研究　平成15年度

（1）最上川文化資料集2　舟運編
04年3月　A4判　114頁（品切れ）

（2）山河とともに
聞き書き［生業の場としての河川］
04年3月　A5判　148頁（品切れ）

（3）二〇〇三年度報告書
〈第一部〉海と島〈第二部〉平野・屋敷林
04年3月　B5判　220頁（品切れ）

最上川文化研究

B5判　無料（送料有料）

最上川文化研究1
03年3月　296頁（品切れ）

最上川文化研究2
04年3月　288頁（品切れ）

最上川文化研究3
05年3月　158頁（品切れ）

最上川文化研究4
【特集】最上川に関わる絵図　絵画資料の研究
06年3月　174頁（品切れ）

最上川文化研究5
【特集】最上川と紅花
—その源流・栽培・色彩文化を探る—
07年3月　270頁（品切れ）

舞台評論

森繁哉責任編集
A4判　2100円（税込）

舞台評論1【特集】土方巽と東北
04年5月　160頁（品切れ）

舞台評論2【特集】故郷とはなにか
—寺山修司の遺言—
05年6月　160頁

舞台評論3【特集】東北からの大衆芸能
06年6月　160頁

舞台評論4【特集】物語とはなにか
—東北・民譚の想像力から
08年3月　144頁

舞台評論5【特集】東北からの映画芸術
09年3月　152頁

真澄学

真澄学編集委員会編
A5判　2100円（税込）

真澄学1　04年11月　328頁
真澄学2　05年11月　346頁
真澄学3　06年11月　285頁
真澄学4　08年12月　330頁
真澄学5　10年2月　199頁
真澄学6　11年2月　199頁

東北芸術工科大学東北文化研究センター出版物のご案内③

柏書房（株）●発売

〒113-0021 東京都文京区本駒込1-13-14
電話（03）3947-8251 FAX（03）3947-8255

こちらの書籍のお取り寄せにつきましては、柏書房までお問い合わせください。なお、東北文化研究センターでも通信販売をおこなっております。（お申込み方法など通信販売の詳細につきましては、末尾の「すべてのお問い合わせは……」をご覧ください。）

季刊東北学

A5判 各号2000円（税込）

季刊東北学1【特集】〈国史〉を越えて 網野善彦追悼 04年11月 208頁
季刊東北学2【特集】〈稲作以前〉再考 05年2月 238頁
季刊東北学3【特集】暴力のフォークロア 05年5月 217頁
季刊東北学4【特集】宮本常一、映像と民俗のはざまに 05年8月 217頁
季刊東北学5【特集】里山・里海—暮らしの中の山と海 05年11月 322頁
季刊東北学6【特集】地域学のいま 06年2月 252頁
季刊東北学7【特集】廃村—少子高齢化時代を迎えて 06年5月 270頁
季刊東北学8【特集】現代アジアを歩く 06年8月 274頁
季刊東北学9【特集】家畜とペット 06年11月 229頁
季刊東北学10【特集】日本の狩猟・アジアの狩猟 07年2月 274頁
季刊東北学11【特集】焼畑と火の思想 07年5月 211頁
季刊東北学12【特集】獅子舞とシシ踊り 07年8月 216頁
季刊東北学13【特集】明日の岡本太郎 07年11月 214頁
季刊東北学14【特集】東北の森一万年の旅 08年2月 184頁
季刊東北学15【特集】新たな縄文像を探る—縄文考古学最新情報 08年5月 262頁（品切れ）
季刊東北学16【特集】平泉、一万年の系譜のもとに 08年8月 225頁
季刊東北学17【特集】在日という〈希望〉 08年11月 226頁
季刊東北学18【特集】坪井洋文・再考 09年2月 252頁
季刊東北学19【特集】東北の原像—縄文から弥生・続縄文へ 09年5月 230頁
季刊東北学20【特集】環境と景観 09年8月 187頁
季刊東北学21【特集】骨寺村に日本の原風景をさぐる 09年11月 228頁
季刊東北学22【特集】モノの考古学からコトの考古学へ

季刊東北学23【特集】遠野物語百年
10年2月　251頁
季刊東北学24【特集】旅学の時代へ
10年5月　271頁
季刊東北学25【特集】宮崎駿の世界
10年8月　201頁
季刊東北学26【特集】縄文の河川景観
10年11月　189頁
季刊東北学27【特集】いくつもの
日本の神話へ
11年2月　223頁
季刊東北学28【特集】地震・津波・原発
東日本大震災
11年5月　235頁
季刊東北学29【特集】東北の海
東日本大震災②
11年8月　332頁（品切れ）
季刊東北学30【特集】若者たちの東北
東日本大震災③
11年11月　305頁
12年2月　305頁

在庫切れの書籍は、最寄りの図書館でご高覧ください。

すべてのお問い合わせは……

東北文化研究センターに関すること、東北文化友の会の入会方法、公開講座等の催し、出版物など、すべてのお問い合わせは、左記の連絡先にて受け付けています。どうぞお気軽におたずねください。

また、東北文化研究センターでは、出版物の通信販売も行っています。バックナンバーをご希望の方は、電話・FAX・Eメールにてご注文ください。センターのホームページでもご注文を承っています。お支払いは出版物到着後で結構です。

〒990-9530
山形県山形市上桜田3丁目4番5号
東北芸術工科大学東北文化研究センター
電話（023）627-2168
FAX（023）627-2155
Eメール　tobunken@aga.tuad.ac.jp
URL　http://gs.tuad.ac.jp/tobunken/
＊巻末の振込用紙は、東北文化友の会年会費振込用です。通信販売用ではありませんので、ご注意ください。
＊表示価格は税込みです。

払込取扱票

00

口座番号		金額
※02220−※2−※ 86197		※

加入者名	※東北文化友の会	料金		特殊取扱

通信欄

※こちらは、「東北文化友の会」年会費42専用払込取扱票です。
雑誌類の購読料は別用紙になりますので、ご注意ください。

ご依頼人

おところ（郵便番号　　　　）
※

おなまえ　　　　様

（電話番号　　−　　−　　）

受付局日附印

裏面の注意事項をお読みください。

これより下部には何も記入しないでください。

各票の※印欄は、ご依頼人において記載してください。

切り取らないで郵便局にお出しください。

記載事項を訂正した場合は、その箇所に訂正印を押してください。

払込金受領証

口座番号	※02220−※2 ※ 86197
加入者名	※東北文化友の会
金額	※　千百十万千百十円
ご依頼人	おなまえ ※　　　様
料金	（消費税込み）　円
特殊取扱	

受付局日附印

この受領証は、郵便局で機械処理をした場合は郵便振替の払込みの証拠となるものですから大切に保存してください。

ご注意

この払込書は、機械で処理しますので、口座番号及び金額を記入する際は、枠内に丁寧に記入してください。

また、本票を汚したり、折り曲げたりしないでください。

この払込取扱票の裏面には、何も記載しないでください。